6

Forum Geschichte

Sachsen

Vom Römischen Reich bis zum Ende des Mittelalters

Cornelsen

Forum Geschichte

Band 6 wurde erarbeitet von:
Timo Blanken, Nicky Born, Hans-Joachim Cornelißen, Christine Fuchs, Silke Lehmacher, Tim Lodemann, Hans-Otto Regenhardt, Marco Schulz, Götz Schwarzrock, Sylvia Semmet, Josephine Storch, Claudia Tatsch, Veronika Weidemann, Sylvia Wimmer, Andreas Zodel

Redaktion: Götz Schwarzrock
Didaktische Beratung: Mathias Kögler, Leipzig

Bildassistenz: Martha Altenstein
Grafik und Illustrationen: Klaus Becker, Oberursel; Thomas Binder, Magdeburg; Elisabeth Gallas, Bad Breisig; Markus Kluger, Berlin; Carsten Märtin, Oldenburg; Michael Teßmer, Hamburg; Hans Wunderlich, Berlin
Karten: Carlos Borrell Eiköter, Berlin; Klaus Kühner.hüttenwerke, Hamburg
Technische Umsetzung: Arnold & Domnick, Leipzig
Layoutkonzept und Umschlaggestaltung: Ungermeyer – grafische Angelegenheiten, Berlin
Umschlagbild: Zwei Menschen aus dem 13. Jahrhundert, Skulpturen am Grabmal des Bischofs Ferry de Beauvoir in der Kathedrale von Amiens, akg-images/Bildarchiv Monheim/Paul M. R. Maeyaert

www.cornelsen.de

1. Auflage, 1. Druck 2019

Alle Drucke dieser Auflage sind inhaltlich unverändert
und können im Unterricht nebeneinander verwendet werden.

Druck: Firmengruppe APPL, aprinta Druck, Wemding

ISBN 978-3-06-065783-4 (Schülerbuch)
ISBN 978-3-06-065665-3 (E-Book)

PEFC
PEFC/04-32-0928

PEFC zertifiziert
Dieses Produkt stammt aus nachhaltig bewirtschafteten Wäldern und kontrollierten Quellen.

www.pefc.de

1 Die römische Zivilisation prägt Europa

2 Wer herrschte im Mittelalter?

3 Wie lebten die Menschen im Mittelalter?

4 Religionen und Kulturbegegnungen

5 Längsschnitt: Erziehung zum Bürger

6 Wahlbereich: Regionalgeschichte – Sachsen im Mittelalter

Anhang

Umschlag

So arbeitest du erfolgreich mit Forum Geschichte

Hier bekommst du einige Hinweise, damit du dich in diesem Buch gut zurechtfindest: wie die Kapitel aufgebaut sind, was die unterschiedlichen Farben bedeuten oder welche Texte, Materialien und Aufgaben es gibt.

Fragen stellen und sich orientieren

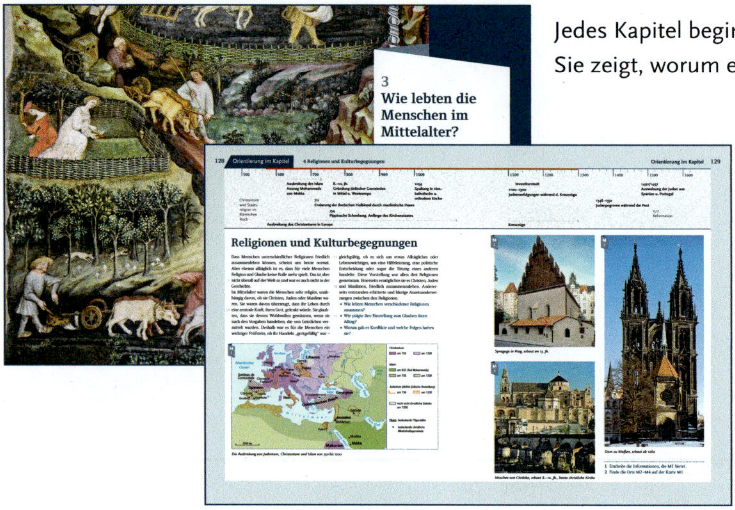

Jedes Kapitel beginnt mit der **Auftaktseite**. Sie zeigt, worum es in dem Kapitel geht.

Auf der **Orientierungsseite** erfährst du mehr: Die Zeitleiste gibt dir den Zeitraum an, mit dem du dich beschäftigen wirst. Ereignisse, die in dem Kapitel vorkommen, sind fett gedruckt. Die anderen, nicht-fetten Einträge verweisen auf Ereignisse davor und danach oder auf gleichzeitige Entwicklungen. Die Karte zeigt dir den Raum, um den es geht. Der Text führt dich in das Kapitelthema ein.

Ein Thema untersuchen

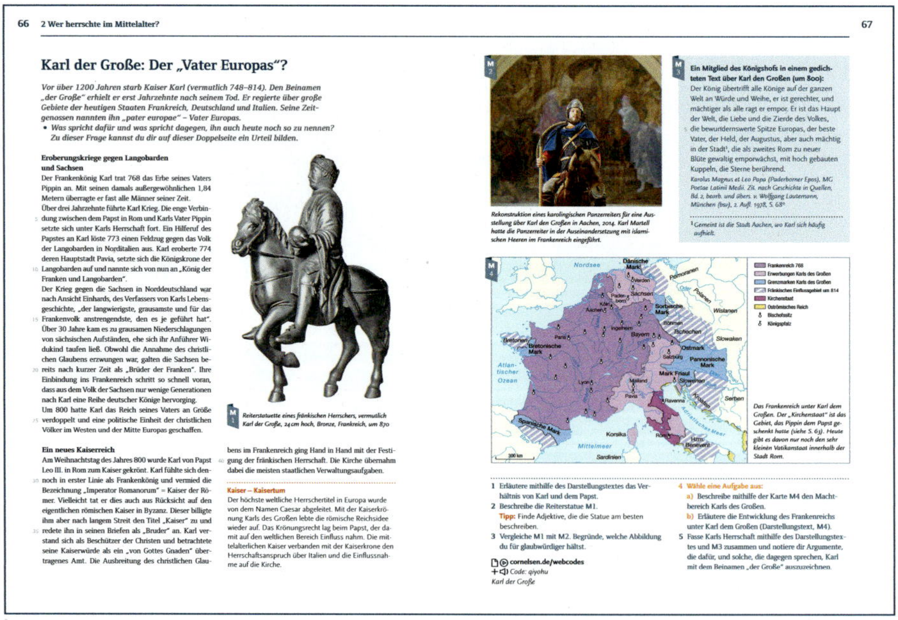

Auf den **Themenseiten** erklärt dir ein kurzer Text unterhalb der Überschrift, um welches Thema es auf der Doppelseite geht. Der Schulbuchtext (= Darstellungstext), die Abbildungen, die blau unterlegten „Quellentexte" oder Begriffserklärungen helfen dir, ein geschichtliches Thema zu untersuchen. Die Arbeitsaufträge sind vielfältig: Oft kannst du eine Aufgabe **auswählen** oder du findest Hinweise zu **Partner- oder Gruppenarbeit**.

Differenzierung: Unterschiedliche Lernwege auswählen

4 Wähle eine Aufgabe aus:
a) Beschreibe das Verhalten der Kreuzritter bei der Eroberung Jerusalems (M1).
b) Fasse das Verhalten der Kreuzritter bei der Eroberung Jerusalems zusammen (Darstellungstext).

Auf vielen Seiten siehst du **„Wähle-aus-Aufgaben"**. Wie der Name schon sagt, darfst du hier **a**, **b** oder **c** auswählen. Die Aufgaben sind unterschiedlich, aber sie beziehen sich auf eine gemeinsame Frage.

2 Beschreibe mithilfe der Materialien (M1–M3) den Handel zwischen Römern und Germanen am Limes.
Tipp: Welche Waren wurden gehandelt? Welche Seite profitierte davon?

Bei manchen Aufgaben findest du **Tipps** zur Lösung. Nutze sie, wenn du möchtest.

Zusatzaufgaben

M1 **Beinamen der Wettiner Fürsten**
Da Könige, Fürsten und Herzöge aus einem Adelsgeschlecht oft dieselben Vornamen hatten, hat man zur Unterscheidung offiziell zum Namen römische Zahlen ergänzt (Heinrich I., II. usw.). Es gab aber auch inoffizielle Beifügungen zu den Vornamen. Aus dem Adelsgeschlecht der Wettiner sind folgende überliefert:
Dedo III. der Fette
Konrad der Fromme
Otto der Reiche
Albrecht I. der Stolze
Dietrich der Bedrängte
Heinrich III. der Erlauchte
Albrecht II. der Entartete
Friedrich I. der Gebissene
Friedrich Tuba der Stammler
Hermann der Lange
Ludwig III. der Milde
Friedrich II. der Ernsthafte
Friedrich I. der Strenge
Albrecht III. der Beherzte
Wilhelm I. der Einäugige

2 Erkläre, warum man den einzelnen Landesherren diese Beinamen gegeben hat. Versuche bei Beinamen, die du dir nicht erklären kannst, herauszubekommen, worauf sie zurückzuführen sind.

Wenn du dich für weitere Aspekte eines Themas interessierst, findest du manchmal **Zusatzaufgaben** im Anhang. Du kannst sie entweder mit den Informationen der Doppelseite oder mit anderen Materialien lösen.

Wähle-aus-Seiten

104 Wähle aus — 3 Wie lebten die Menschen im Mittelalter?

Die Ritter: Tapfere Krieger und gut erzogen?

Ritter waren Berufskrieger und als Untervasallen oft Teil des Lehnswesens (siehe S. 89). Mit sieben Jahren begann ihre Ausbildung an einem fremden Hof. Mit 20 Jahren wurden sie mit dem „Ritterschlag" in den Kreis der Krieger aufgenommen.
- *Was waren die Ziele der ritterlichen Ausbildung?*
- *Erfüllten die Ritter diese Anforderungen?*

Wähle aus, ob du diese Fragen mit Textquellen (A) oder Bildquellen (B) bearbeiten möchtest.

Wie wurden die Kinder adliger Familien erzogen?
Adelsfamilien lagen im Mittelalter häufig in Streit („Fehde"*) um Besitz und Ehre. Deshalb wurden die adligen Söhne von Anfang an darauf vorbereitet, als Ritter gegen andere Adlige in den Krieg zu ziehen und sich in Zweikämpfen zu bewähren. Pferd, Kettenhemd, Lanze und Schwert gehörten zur Kampfausrüstung.
Lesen und Schreiben mussten die Ritter nicht können, aber neben dem Kriegshandwerk verlangte man von Rittern auch ein „kultiviertes" Benehmen, z. B. Höflichkeit, Anstand und gute Tischmanieren. Noch heute bezeichnen wir Menschen mit guten Manieren als „ritterlich" und „höflich". Die jungen Ritter erlernten auch die „Minne". Das waren Regeln für die Verehrung einer adligen Dame. Der Ritter kämpfte für sie auf Turnieren und erfreute sie mit Liebesgedichten und Gesang (Minnedienst*).
Adlige Mädchen lernten lesen und schreiben. Auch ein Musikinstrument sollten sie spielen können. Sie wurden auf ihre späteren Aufgaben in der Hauswirtschaft sowie der Pflege von Kranken und der Burgverwaltung bei Abwesenheit des Burgherrn vorbereitet. Außerdem mussten sie die Verhaltensregeln bei Turnieren kennen und wissen, wie sie dem Minnedienst eines Ritters begegneten. Oft lernten sie auch die Sprache ihres künftigen Ehemannes.

A

M1 **Aus dem Ritterroman „Parzival" von Wolfram von Eschenbach (um 1210)**
Der junge Parzival wird am Hof des Adligen Gurnemanz in die gewünschten Eigenschaften (= Tugenden) eines Ritters eingeführt:
Ihr habt eine schöne Gestalt und seht gut aus, Ihr könnt wohl ein Herrscher werden. Doch auch, wenn Ihr von hoher Geburt seid ..., so sollt Ihr doch stets Erbarmen mit den Notleidenden haben. Bekämpft ihre Not mit Großherzigkeit und Güte; seid immer bereit, anderen zu dienen ... Ihr sollt das rechte Augenmaß behalten, ob Ihr nun arm oder reich seid. Verschwendung steht einem Herrn ebenso wenig an wie das Anhäufen von Schätzen; auch das ist unehrenhaft. Haltet immer das rechte Maß.
*Wolfram von Eschenbach, Parzival 170,21–172,16, hg. v. Walther Hofstaetter, Stuttgart (Reclam) 1934/2001. Übers. v. Wilhelm Hertz**

M2 **Bischof Jakob von Vitry über Ritter (13. Jh.):**
Es fehlt nämlich nicht Hochmut bei den Rittern, wenn sie, ... eitlem Ruhm zuliebe, unfromm und eitel herumstolzieren. Es fehlt auch nicht der Neid bei ihnen, wenn einer den anderen beneidet, weil dieser im Waffenhandwerk für tüchtiger gehalten wird und größeres Lob erntet. Es fehlen nicht Hass und Zorn bei ihnen, wenn einer den anderen durchbohrt und ... meistens tödlich verwundet oder direkt gleich tötet ... Sie ..., rauben die Güter von anständigen Menschen, ohne Mitleid zu haben, sie zertrampeln die Ernte oder rauben den Ernteertrag ... und schädigen und bedrängen die armen Bauern sehr. Die Turniere sind auch mit der Fress- und Trunksucht verbunden, ... nicht nur ihre Güter, sondern auch das Eigentum der armen Leute verschwenden sie bei ihren Gelagen.
*Zit. nach Hans-Henning Kortüm, Menschen und Mentalitäten. Einführung in die Vorstellungswelten des Mittelalters, Berlin (Akademie) 1996, S. 58f. Bearb. v. Verf.***

1 Stelle aus dem Darstellungstext zusammen, was adlige Kinder lernen sollten.
2 Erläutere, welche Merkmale eines Ritters in M1 hervorgehoben werden.
3 Arbeite aus M2 heraus, wie der Autor Ritter bewertet. Vergleiche mit M1.
Tipp: Nimm den Begriffskasten „Raubritter" zu Hilfe.

Wähle aus 105

B

M3 *Ritterturnier, Abbildung aus einer Lieder- und Gedichtsammlung, um 1300*

M4 *Ritter rauben und plündern in einem Dorf. Ausschnitt aus einer Zeichnung, um 1470*

1 Arbeite aus dem Darstellungstext die Regeln heraus, denen ein Ritter gehorchen musste.
2 a) Beschreibe M3.
b) Erkläre die Bestandteile der Ritterrüstung und die Bedeutung der Personen oben.
3 Beschreibe, welche Regeln die Ritter in M4 verletzten.
Tipp: Nimm den Begriffskasten „Raubritter" zu Hilfe.

Raubritter
Seit dem 14. Jahrhundert konnten viele Adlige das teure Ritterleben auf der Burg nicht mehr finanzieren. Neue Waffen wie Kanonen und Feuerwaffen machten die Burgen verwundbar und die Ritter als Krieger überflüssig. In dieser Situation wurden Ritter zu Raubrittern. Sie zogen durchs Land und überfielen Händler und Dörfer, um ihren Lebensunterhalt zu sichern.

Aufgabe für alle:
Ein Knappe und ein adliges Mädchen berichten über ihre unterschiedliche Ausbildung. Gestaltet ein Gespräch.

Historische Fragen lassen sich auf verschiedene Weise beantworten. Auf den orangefarbenen **Wähle-aus-Seiten** kannst du dich für ein Material entscheiden: Traust du dir zu, eine längere Textquelle zu bearbeiten? Oder arbeitest du lieber mit Bildquellen? Interessieren dich Zahlen und Statistiken? Wähle aus, was zu dir passt! Bei einer abschließenden **Aufgabe für alle** könnt ihr trotz unterschiedlicher Lösungswege zu einem gemeinsamen Ergebnis kommen.

Mit Methoden und Medien arbeiten

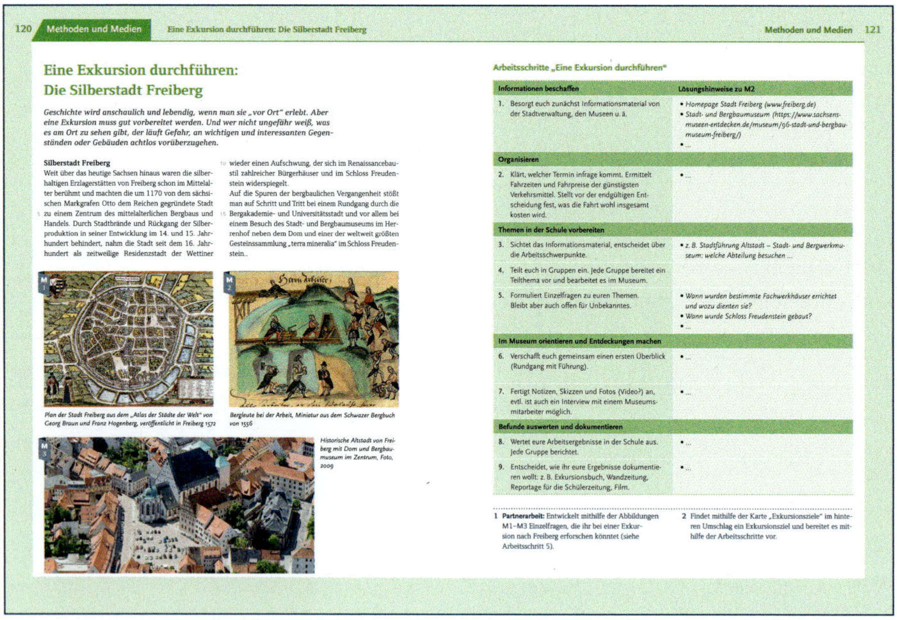
120 Methoden und Medien | Eine Exkursion durchführen: Die Silberstadt Freiberg | Methoden und Medien 121

Eine Exkursion durchführen: Die Silberstadt Freiberg

Geschichte wird anschaulich und lebendig, wenn man sie „vor Ort" erlebt. Aber eine Exkursion muss gut vorbereitet werden. Und wer nicht ungefähr weiß, was es am Ort zu sehen gibt, der läuft Gefahr, an wichtigen und interessanten Gegenständen oder Gebäuden achtlos vorüberzugehen.

Silberstadt Freiberg
Weit über das heutige Sachsen hinaus waren die silberhaltigen Erzlagerstätten von Freiberg schon im Mittelalter berühmt und machten die um 1170 von dem sächsischen Markgrafen Otto dem Reichen gegründete Stadt zu einem Zentrum des mittelalterlichen Bergbaus und Handels. Durch Stadtbrände und Rückgang der Silberproduktion in seiner Entwicklung im 14. und 15. Jahrhundert behindert, nahm die Stadt seit dem 16. Jahrhundert als zeitweilige Residenzstadt der Wettiner wieder einen Aufschwung, der sich im Renaissancebaustil zahlreicher Bürgerhäuser und im Schloss Freudenstein widerspiegelt.
Auf die Spuren der bergbaulichen Vergangenheit stößt man auf Schritt und Tritt bei einem Rundgang durch die Bergakademie- und Universitätsstadt und vor allem bei einem Besuch des Stadt- und Bergbaumuseums im Herrenhof neben dem Dom und einer der weltweit größten Gesteinssammlung „terra mineralia" im Schloss Freudenstein.

Plan der Stadt Freiberg aus dem „Atlas der Städte der Welt" von Georg Braun und Franz Hogenberg, veröffentlicht in Freiberg 1572

Bergleute bei der Arbeit, Miniatur aus dem Schwazer Bergbuch von 1556

Historische Altstadt von Freiberg mit Dom und Bergbaumuseum im Zentrum, Foto, 2009

Arbeitsschritte „Eine Exkursion durchführen"

Informationen beschaffen	Lösungshinweise zu M2
1. Besorgt euch zunächst Informationsmaterial von der Stadtverwaltung, den Museen u. ä.	• Homepage Stadt Freiberg (www.freiberg.de) • Stadt- und Bergbaumuseum (https://www.sachsens-museen-entdecken.de/museum/96-stadt-und-bergbaumuseum-freiberg/) • …
Organisieren	
2. Klärt, welcher Termin infrage kommt. Ermittelt Fahrzeiten und Fahrpreise der günstigsten Verkehrsmittel. Stellt vor der endgültigen Entscheidung fest, was die Fahrt wohl insgesamt kosten wird.	• …
Themen in der Schule vorbereiten	
3. Sichtet das Informationsmaterial, entscheidet über die Arbeitsschwerpunkte.	• z. B. Stadtführung Altstadt – Stadt- und Bergwerkmuseum: welche Abteilung besuchen …
4. Teilt euch in Gruppen ein. Jede Gruppe bereitet ein Teilthema vor und bearbeitet es im Museum.	
5. Formuliert Einzelfragen zu euren Themen. Bleibt aber auch offen für Unbekanntes.	• Wann wurden bestimmte Fachwerkhäuser errichtet und wozu dienten sie? • Wann wurde Schloss Freudenstein gebaut? • …
Im Museum orientieren und Entdeckungen machen	
6. Verschafft euch gemeinsam einen ersten Überblick (Rundgang mit Führung).	• …
7. Fertigt Notizen, Skizzen und Fotos (Video?) an, evtl. ist auch ein Interview mit einem Museumsmitarbeiter möglich.	• …
Befunde auswerten und dokumentieren	
8. Wertet eure Arbeitsergebnisse in der Schule aus. Jede Gruppe berichtet.	• …
9. Entscheidet, wie ihr eure Ergebnisse dokumentieren wollt: z. B. Exkursionsbuch, Wandzeitung, Reportage für die Schülerzeitung, Film.	• …

1 **Partnerarbeit:** Entwickelt mithilfe der Abbildungen M1–M3 Einzelfragen, die ihr bei einer Exkursion nach Freiberg erforschen könntet (siehe Arbeitsschritt 5).

2 Findet mithilfe der Karte „Exkursionsziele" im hinteren Umschlag ein Exkursionsziel und bereitet es mithilfe der Arbeitsschritte vor.

Auf den **Methoden- und Medienseiten** lernst du, gegenständliche und schriftliche Quellen, Bilder oder Karten fachgerecht auszuwerten. Du findest auch Hinweise, um Zeitschriften oder Filme zu historischen Themen zu interpretieren oder das Internet für Recherchen zu nutzen. In der grünen Tabelle stehen links die Arbeitsschritte, nach denen du vorgehst. In der rechten Spalte gibt es Lösungshinweise zu dem Beispiel auf der Seite.

Geschichte regional und Geschichte heute

100 Geschichte regional | 3 Wie lebten die Menschen im Mittelalter? | Geschichte regional 101

Burg Gnandstein: Mehr als ein festes Haus

146 Geschichte heute | 4 Religionen und Kulturbegegnungen

Vielfalt ist auch anstrengend

Dein Ort, deine Stadt und dein Bundesland Sachsen haben ihre eigene Geschichte. Häufig weisen dich Bilder und Texte in diesem Buch darauf hin. Es gibt aber auch besondere **Geschichte-regional-Seiten**, die die Geschichte Sachsen als Thema haben.
Auf den **Geschichte-heute-Seiten** kannst du der Frage nachgehen, welche Spuren vergangene Ereignisse hinterlassen haben. Auch erfährst du etwas darüber, welche Bedeutung heutige Probleme wie das friedliche Zusammenleben unterschiedlicher Kulturen oder der Klimawandel in früheren Zeiten hatten.

Wiederholen sowie das Wissen und die eigenen Kompetenzen prüfen

Auf der **Zusammenfassungsseite** am Schluss des Kapitels fasst ein Text den Inhalt noch einmal zusammen. Die Zeitleiste hilft dir, die wichtigsten Daten zu wiederholen. Wenn du wissen möchtest, was du im Kapitel gelernt hast, solltest du die Aufgaben auf der Seite **Wissen und Kompetenzen prüfen** lösen. Falls du mit einzelnen Aufgaben Schwierigkeiten hast, liest du im Kapitel noch einmal nach. Lösungshilfen findest du im Anhang.

Hilfen im Anhang und im Umschlag

Der **Anhang** unterstützt dich bei der Arbeit.
Hier findest du:

- Zusatzaufgaben
- Lösungshinweise zu den Seiten „Wissen und Kompetenzen prüfen“
- Tipps für Kurzreferate oder Rollenspiele („Unterrichtsmethoden“)
- Übersicht Methoden und Medien aus den Bände 5 und 6
- ein Lexikon mit Erklärungen schwieriger Begriffe
- ein Register zum schnellen Nachschlagen

In den **Umschlagklappen** kannst du die „Operatoren“ nachschlagen, die in den Arbeitsaufträgen verwendet werden.

Materialien für die Medienbildung

Passend zu diesem Buch gibt es Selbsteinschätzungsbögen, Filme, Tonquellen, virtuelle Museen und Archive im Internet. Du findest sie mithilfe der **Webcodes**, die auf den Schulbuchseiten abgedruckt sind, z. B.

cornelsen.de/webcodes
Code: qiyohu
Karl der Große

So geht es:

1. Gehe auf die Seite www.cornelsen.de/webcodes
2. Gib dort den Webcode ein und du findest ein passendes Internetangebot.

1

Die römische Zivilisation prägt Europa

Das antike Rom am Tiber – eine Millionenstadt, in der Menschen aus Italien, Afrika, Spanien, Gallien, Griechenland und dem Vorderen Orient lebten. Sie nahmen an den Festen und Spielen teil, die die römischen Kaiser im Kolosseum veranstalteten, und feuerten ihre Favoriten bei den Wagenrennen im Circus Maximus an. Manchmal gingen sie auch zum Forum Romanum im Zentrum Roms, um einen siegreichen Feldherrn zu feiern. Von hier aus wurde das riesige Weltreich regiert. Alle Wege führten wirklich nach Rom!

Unternimm einen Stadtrundgang durch das antike Rom. Notiere dir Gebäude, über die du mehr erfahren möchtest.

Modell der Stadt Rom zur Kaiserzeit im 2. Jahrhundert n. Chr.

800 v. Chr.	700 v. Chr.	600 v. Chr.	500 v. Chr.	400 v. Chr.	300 v. Chr.	200 v. Chr.

753 v. Chr. Gründung Roms der Sage nach

ca. 500 v. Chr. Rom wird Republik

494–287 v. Chr. Ständekämpfe zwischen Patriziern und Plebejern

264–133 v. Chr. Rom wird durch Eroberungen zur Großmacht

508/507–322 v. Chr. Demokratie in Athen

Die römische Zivilisation prägt Europa

Rom war lange Zeit eine kleine Stadt, vergleichbar mit einer griechischen Polis. Doch anders als in Griechenland wurde aus der kleinen Bauernsiedlung das Zentrum eines riesigen Weltreichs, das sich über drei Kontinente erstreckte. Nur in Ostasien entstand zur gleichen Zeit mit dem Chinesischen Reich ein ähnlich mächtiger Staat. Das Römische Reich hat bis heute Spuren hinterlassen, denn römische Lebensart und Kultur begegnen uns noch immer: Einige von euch lernen die Sprache der Römer im Unterrichtsfach Latein. Wir schreiben mit lateinischen und nicht mit griechischen Buchstaben. Unsere Monatsnamen und unser Kalender sind römischen Ursprungs. Wusstet ihr, dass viele unserer heutigen Obstsorten von den Römern zu uns gebracht wurden? Unser Gerichtswesen und unsere politische Sprache enthalten viele Begriffe aus römischer Zeit. In diesem Kapitel kannst du folgende Fragen untersuchen:

- Wie organisierten die Römer ihr Zusammenleben?
- Welche Konflikte mussten sie lösen?
- Wie sah der Alltag im Römischen Reich aus?

M 1

Italien um 500 v. Chr.

1 Betrachte die Karte M1. Benenne die Völker, die du bereits kennst. Was weißt du über sie?

2 **Partnerarbeit:** In M2–M4 sind „Spuren" des Römischen Reichs abgebildet:

a) Besprecht, welche Spuren euch bereits begegnet sind (z. B. bei einem Museumsbesuch, in Filmen und Büchern oder bei Spielen).

b) Notiert in Stichworten: Was wisst ihr schon darüber? Was möchtet ihr noch wissen?

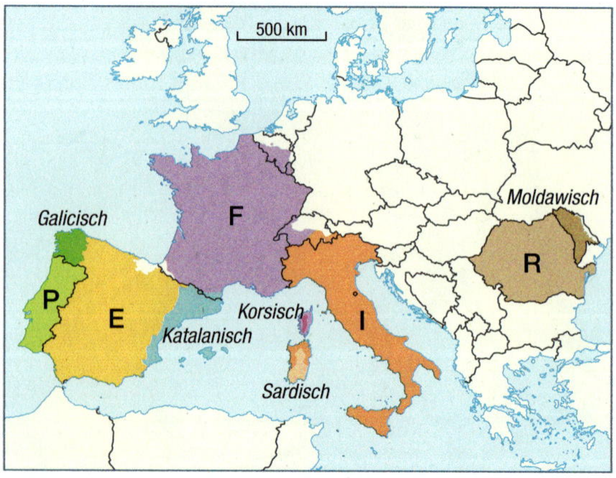

Romanische Sprachen in Europa 2020

100 v. Chr.	Christi Geburt	100 n. Chr.	200 n. Chr.	300 n. Chr.	400 n. Chr.	500 n. Chr.

44 v. Chr.
Ermordung Caesars

9 n. Chr.
Varusschlacht

27 v. Chr.–14 n. Chr.
Kaiser Augustus – Rom wird zum Kaiserreich

2. Jahrhundert n. Chr.
größte Ausdehnung des Römischen Reichs unter Kaiser Trajan

391
Christentum wird Staatsreligion im Römischen Reich

395
Teilung des Römischen Reichs

476 n. Chr.
Ende des Weströmischen Reichs

M 2

Der Hafen von Puteoli (heute Pozzuoli) in der Bucht von Neapel, römisches Fresko, 1. Jh. n. Chr.

M 3

Amphitheater der römischen Stadt Nimes in Südfrankreich. Im 1. Jh. n. Chr. nach dem Vorbild des Kolosseums in Rom erbaut, bot es 25 000 Zuschauern Platz.

M 4

Römische Legionäre im Kampf bei Festspielen auf der römischen Saalburg, Foto, 2010

Rom – ein Stadtstaat wird Weltreich

„Alle Wege führen nach Rom" lautet ein Sprichwort. Es erinnert an die Jahrhunderte, in denen Rom Zentrum eines Weltreichs war, das viele heutige Länder in Europa, Afrika und Asien umfasste.

- *Wie ist die Sage der Gründung Roms einzuschätzen?*
- *Welche Völker siedelten am Fluss Tiber und legten den Grundstein für das spätere Rom?*
- *Unter welchen Bedingungen wurde Rom Hauptstadt eines Weltreiches?*

Der Mythos der Stadtgründung

Römische Geschichtsschreiber haben nach einer Sage die Gründung Roms in das Jahr 753 v. Chr. gelegt. Im Mittelpunkt dieser Sage, die man als Gründungsmythos* bezeichnet, stand der Trojaner Äneas, der mit Vater und Sohn aus der brennenden Stadt Troja floh und nach einer Irrfahrt in Italien ein neues Leben begann. Die ausgesetzten Zwillinge Romulus und Remus, Nachkommen von Äneas, wurden von einer Wölfin großgezogen und gründeten die Stadt Rom.

Die Römer erzählten sich gern Geschichten über ihre eigene Herkunft. Adlige Familien führten ihre Herkunft auf berühmte Helden, Götter oder Halbgötter zurück. Das erscheint uns heute merkwürdig, doch für die Menschen der Antike* war es gut vorstellbar, göttliche Vorfahren zu haben. So verwundert es nicht, dass die Römer die Gründung ihrer Stadt in einer Sage, einer Mischung aus Wahrem und Erfundenem, erzählten.

Roms Entstehung aus Sicht der Archäologen

Um 1000 v. Chr. zogen Völkergruppen nicht nur nach Griechenland, sondern auch in das heutige Italien. An der Stelle, an der später die Stadt Rom entstand, ließen sich die Sabiner und die Latiner nieder. Sie waren Hirten und Bauern und lebten in einfachen Hütten. Der Boden war fruchtbar, und der Fluss Tiber konnte leicht durchquert werden. In der Nähe führte ein Handelsweg vorbei, auf dem Händler kostbares Salz vom Mittelmeer ins Hinterland transportierten. Allmählich wurde die einfache Siedlung zu einem bevorzugten Handelsplatz, der durch einen einfachen Wall und einen Graben geschützt war.

Um 700 v. Chr. wanderte das Volk der Etrusker ein. Dieses ließ sich zunächst nördlich vom heutigen Rom nieder. Die Etrusker brachten eine neue Lebensweise mit und sprachen eine ganz andere Sprache. Sie bauten Städte mit Häusern aus Stein und Ziegeln, waren Fachleute für Wassertechnik, importierten Kunst aus Griechenland und Ägypten und kannten neue Verfahren zur Metallverarbeitung. Sie unterwarfen die Bevölkerung am Tiber und begannen damit, ihren Handelsplatz zur Stadt auszubauen. Das tiefer gelegene Land wurde trockengelegt und das Forum zum Stadtmittelpunkt. Die etruskischen Könige schützten die Stadt durch eine Mauer. Nach dem etruskischen Geschlecht der Ruma erhielt die Stadt den Namen „Rom".

Um 500 v. Chr. stürzten adlige Römer (Patrizier*) die Etrusker und vertrieben ihren König. Die Römer hassten ihn, weil er sie mit immer neuen Abgaben belastete. Künftig sollte die Politik eine Angelegenheit aller Bürger sein. Rom wurde eine Republik. Anfangs hatten jedoch nur die adligen Patrizier das Sagen, während sich der Großteil der Bevölkerung, die Plebejer*, erst in den folgenden zwei Jahrhunderten politische Mitsprache erkämpfte.

Der Aufstieg zur Weltmacht

Der kleine Bauernstaat am Tiber beherrschte 250 Jahre nach Gründung der Republik ganz Italien, nach weiteren 100 Jahren einen großen Teil des Mittelmeergebietes. Aus einer Vielzahl von Kriegen mit ihren Nachbarn gingen die Römer als Sieger hervor.

Zu den längsten Auseinandersetzungen gehörten die drei Kriege gegen die nordafrikanische See- und Handelsmacht Karthago*, die schließlich im Jahr 146 v. Chr. mit der Zerstörung Karthagos, der Versklavung der Bevölkerung und der Gründung der Provinz Africa endeten. Rom hatte nun die uneingeschränkte Herrschaft über den westlichen Mittelmeerraum. Von Nachfolgestaaten des Alexanderreiches im östlichen Mittelmeerraum wurde Rom seit etwa 200 v. Chr. als Schutzmacht angerufen und in mehrere Kriege verwickelt, die auch hier zur Ausweitung der römischen Herrschaft führten. In den folgenden zwei Jahrhunderten vergrößerten die Römer ihren Herrschaftsbereich noch weiter, sodass wir seit dem 1. Jahrhundert n. Chr. vom römischen Weltreich, dem Imperium Romanum, sprechen.

M 1

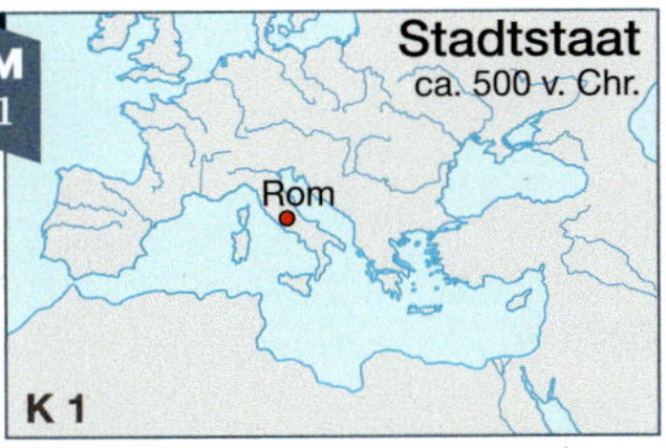

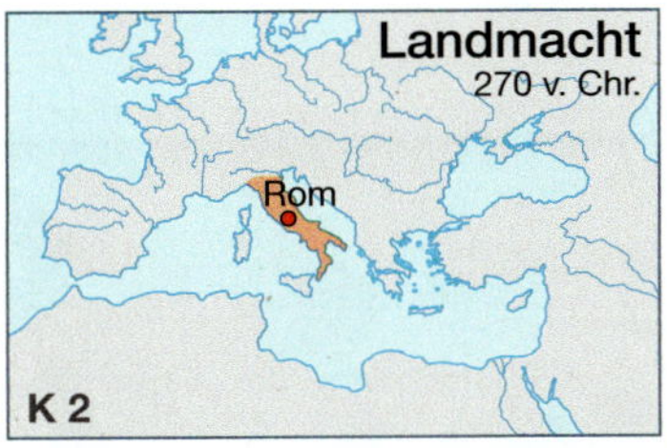

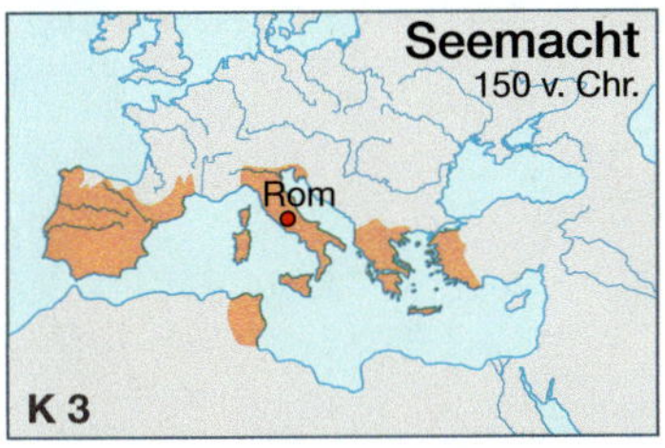

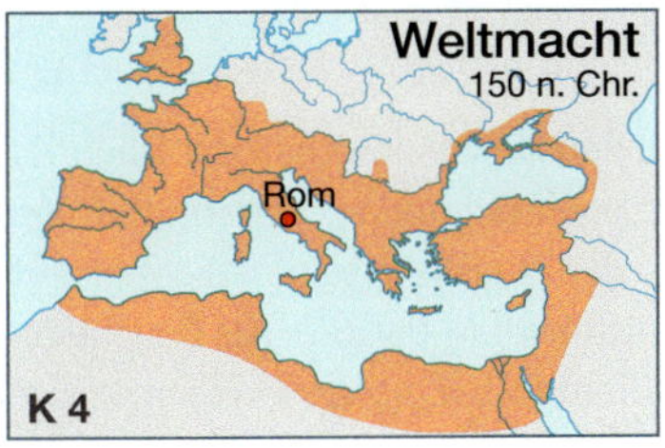

Die Ausdehnung des Römischen Reichs
Die Karten 1–4 zeigen die Größe des Reichs zu einem bestimmten Zeitpunkt. Karte 5 gibt die Entwicklung über einen längeren Zeitraum wieder und setzt sich aus den vier Karten links zusammen.

Provinz
Provinzen waren römische Besitzungen, die außerhalb Italiens lagen. Sie wurden von einem Vertreter Roms (Statthalter) verwaltet und mussten Abgaben zahlen.

Imperium Romanum
(von lat. imperare = befehlen). Unter Imperium verstanden die Römer ursprünglich die militärische und zivile Befehlsgewalt der römischen Verwalter einer Provinz; allmählich wurde es dann zur Bezeichnung des gesamten römischen Herrschaftsgebietes.

1 Erläutere mithilfe des Darstellungstextes, warum die Römer die Gründung Roms mit dieser Sage beschrieben.

2 Informiere dich im Internet über den genauen Inhalt der Gründungssage von Rom. Vergleiche ihn mit den wissenschaftlichen Erkenntnissen über die Besiedlung (Darstellungstext).

3 Stelle mithilfe des Darstellungstextes und M2 den Aufstieg Roms zur Weltmacht dar. Unterteile dabei in drei Phasen.

4 Partnerarbeit:

a) Setze dich mit einem Partner zusammen und versuche mithilfe der Karten K3–K5 herauszufinden, in welchem Zeitraum sich das Römische Reich besonders schnell vergrößerte.

b) Diskutiere mit deinem Partner mögliche Gründe für die schnelle Ausdehnung. Der Darstellungstext nennt einige, aber nicht alle.

c) Stellt Vermutungen an, warum das Reich nicht noch weiter gewachsen ist.

Zusatzaufgabe: siehe S. 168

Ist eine „familia" eine „Familie"?

Heute stellen wir uns unter einer Familie* meistens Mutter, Vater und Kinder vor, auch wenn sich diese Auffassung in letzter Zeit stark verändert hat. In der altrömischen Gesellschaft lebten Eltern und Kinder in einer „familia" ebenso unter einem Dach.

- ***Was unterschied eine römische „familia" von heutigen Formen der Familie?***

M1

Szenen aus dem Leben eines römischen Kindes, Relief, um 150 n. Chr.

Die Bedeutung des pater familias

Der wichtigste Bereich im Zusammenleben war bei den Römern die Hausgemeinschaft der „familia". Darin besaß der Familienvater (pater familias) eine herausragende Stellung. Als Hausvater herrschte er über alle Dinge und Personen seiner „familia", einschließlich seiner Ehefrau. Auch für die religiöse Erziehung und die Opfer für die Götter war er verantwortlich. Kein Gesetz schränkte seine Gewalt ein. Wer gegen die Entscheidungen des pater familias aufbegehrte, der verstieß gegen die Sitten der Ahnen, die man stets zu achten hatte. Nach dem Tod des Familienvaters wurde der älteste Sohn zum neuen Familienoberhaupt.

Wer gehörte zur römischen „familia"?

Zur römischen „familia" zählten nicht nur Vater, Mutter und Kinder, sondern auch Sklaven und Klienten*. Die meisten Sklaven waren Kriegsgefangene aus den Eroberungszügen Roms. In selteneren Fällen konnten auch Menschen, die ihre Schulden nicht mehr bezahlen konnten, zu Sklaven werden. Sklaven arbeiteten in Haushalten, als Handwerker und in der Landwirtschaft. Ein pater familias konnte seine Sklaven freilassen. Deren Kinder durften dann römische Soldaten werden. Klienten waren von der Familie abhängige Menschen wie Handwerker und andere Arbeiter. Sie lebten außerhalb des Hauses. Der Hausherr sicherte den Lebensunterhalt der Klienten und lieh ihnen in Notlagen Geld oder Lebensmittel. Bei Streitigkeiten vertrat der Hausherr seine Klienten vor Gericht. Er war ihr Beschützer (= Patron). Als Gegenleistung stimmten die Klienten bei Abstimmungen in der Stadt für ihren „pater familias". Je mehr Klienten ein Hausherr im alten Rom besaß, desto höher war sein gesellschaftliches Ansehen.

Das Leben der Kinder in der römischen „familia"

Kam ein Kind zur Welt, legte die Hebamme das Neugeborene auf den Boden. Hob der pater familias das Kind auf den Arm, zeigte er damit, dass er es anerkannte. Ein missgebildetes Kind konnte ausgesetzt oder getötet werden. Die Kinder unterstanden ihr Leben lang der Hausgewalt des Vaters. Solange er lebte, hatten die Söhne keinen Anspruch auf eigenen Besitz. Er bestimmte über die Erziehung, die Berufswahl und die Eheschließung seiner Kinder. Zudem musste er für den militärischen Schutz der Mitglieder seiner Familia sorgen. Im Extremfall durfte der pater familias Angehörige mit dem Tode bestrafen. Das musste er allerdings gegenüber den anderen Verwandten in einem Hausgericht rechtfertigen. Söhne und Töchter konnten nur vom Vater aus der Hausgemeinschaft entlassen werden. Dieser Akt hieß „emancipatio" (= aus der väterlichen Hand entlassen).

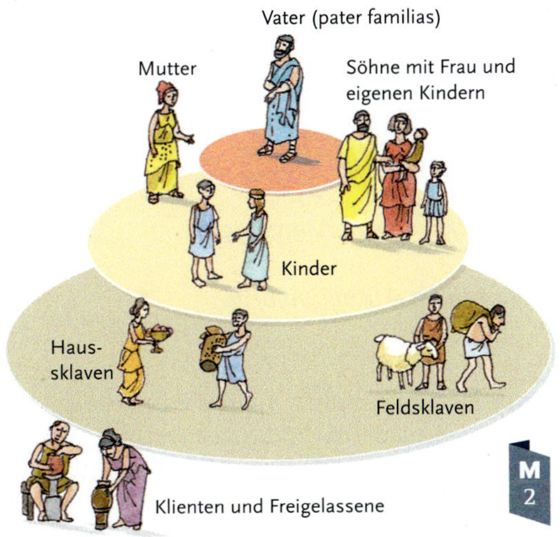

M 2 *Der Aufbau einer altrömischen „familia"*

Formen der Eheschließung im alten Rom

Bei der Eheschließung gab es zwei Formen. Bei der älteren Form übernahm der Ehemann das Erbe der Frau. Nur wenn die Frau keine Kinder bekommen konnte oder Ehebruch beging, konnte die Ehe gelöst werden. In späteren Formen der Eheschließung blieb die Ehefrau rechtlich unter der Gewalt ihres Vaters. Eine Scheidung war ebenfalls möglich, wenn einer der Ehepartner diese erklärte. In solch einem Fall erhielt die Frau das in die Ehe mitgeführte Vermögen zurück.

M 3 **Quintus, ein (erfundener) römischer Junge, stellt sich vor:**

Ich bin Quintus. Ich bin schon zwölf Jahre alt! Meine Geschwister sind schon aus dem Haus. Mein Bruder Lucius ist 17. Er war ein Jahr bei meinem Großvater Gaius Aemilius, das ist der Vater meiner Mutter. Großvater hat Lucius in die Politik Roms eingeführt. Bald wird Lucius seinen Wehrdienst beginnen. Wenn Großvater etwas von den Taten unserer Vorfahren erzählt, höre ich gerne zu. Auch mit meinem Hauslehrer würde ich gerne solche Erzählungen lesen. Doch der hat mir Texte über Viehzucht vorgelegt, ausgesucht vom Vater. So etwas Langweiliges! Aber gegen Vaters Hausgewalt kommt halt keiner an. Wenn ich doch bloß erst so alt wäre wie Lucius. Vor zwei Jahren durfte er am Altar, der unseren Familiengottheiten geweiht ist, seine Kindertoga ablegen. Meine Schwestern Romilia und Claudia sind schon verheiratet. Meine dritte Schwester Caecilia ist Priesterin im Vestatempel und darf daher nicht heiraten. Aber alle sind stolz auf sie, auch unsere Sklaven und Klienten.

Verfassertext

M 4 **Cornelia, eine (erfundene) Römerin, stellt sich vor:**

Ich bin die Frau von Marcus Romilius. Seit zwanzig Jahren sind wir verheiratet. Mein Vater, Gaius Aemilius, hatte mit seinem Vater die neue Form der Eheschließung vereinbart. Deshalb unterstehe ich nicht der Verfügung meines Mannes, sondern der meines Vaters. So kann ich meine schöne Mitgift – das Vermögen, das ich von meinen Eltern für die Ehe erhalten habe – zurückverlangen, wenn Marcus und ich uns trennen sollten. Im Haus gibt es für mich viel zu tun, obwohl nur noch Quintus, der Jüngste, bei uns lebt. Ich bin für den Speisezettel verantwortlich und beaufsichtige die Köchin beim Brotbacken. Von meiner Mutter habe ich gelernt, wie man webt und spinnt. Hätte ich doch nur nicht so viel Arbeit damit, die Vorräte der Gutswirtschaft zu verwalten: Mehl, Eier und Unmengen von Trockenobst! Jupiter sei gedankt, dass Marcus mir nicht viel hineinredet. Nur sparsam muss ich sein. Aus dem Haus gehe ich nicht so oft wie mein Mann.

Verfassertext

1 Beschreibe anhand des Darstellungstextes die Stellung des pater familias in der „familia".

2 Zeichne M2 in dein Heft ab. Trage Pfeile und Stichworte ein, die die Rechte und Pflichten der einzelnen Mitglieder der „familia" zeigen.

3 **Wähle eine Aufgabe aus:**
Gib Vor- und Nachteile des Klientelwesens wieder:
a) aus Sicht des Patrons **b)** aus Sicht des Klienten

4 Beschreibe mithilfe von M1 und M3 das Leben der Kinder in der römischen „familia".

5 **Gruppenarbeit:**
a) Erstellt mithilfe von M3 ein Standbild (siehe S. 179).
b) Vergleicht euer Standbild mit M1.
c) Erläutert die Stellung der Ehefrau Cornelia in der römischen „familia" (M2, M4). Vergleicht sie mit der des pater familias.

6 Diskutiert: Ist eine „familia" eine „Familie"?

Was hielt die römische Gesellschaft zusammen?

„Res publica“ – aus dem Lateinischen übersetzt heißt das „öffentliche Angelegenheit“. So nannten die Römer ihren Staat.

- ***Auf dieser Doppelseite findest du heraus, was den Römern im Alltag wichtig war und zu welchen Konflikten es in ihrer Republik kam.***

Das Gemeinschaftsgefühl der Römer

Alle Römer waren überzeugt, dass die Tüchtigkeit ihrer Vorfahren Rom groß und bedeutend gemacht hatte. In der Frühzeit Roms waren alle Einwohner Bauern. Sie mussten hart arbeiten und sparsam wirtschaften. Der vornehme wie der einfache Römer sollte von der Landwirtschaft leben. Handel und Geldgeschäfte galten als unehrenhaft. Selbst als in späteren Jahrhunderten Rom unermesslich reich wurde, Männer und Frauen in kostbarer chinesischer Seide gekleidet und mit Schmuck behängt waren, betonten Politiker in ihren Ansprachen immer noch das Ideal der einfachen und sparsamen Lebensweise aus der Frühzeit. Die Römer versuchten mehrfach durch neue Gesetze den Hang zum Luxus einzudämmen. Dies erwies sich jedoch als wirkungslos.

Die Religion als fester Bestandteil des Alltagslebens

Die Römer verehrten – wie die Griechen – viele Götter (Polytheismus*). Oft waren es dieselben, nur mit lateinischem Namen. Im Umgang mit anderen Religionen waren die Römer relativ offen, denn fremde Götter wurden oftmals mit den römischen gleichgesetzt und in die eigene Götterwelt aufgenommen. Dies geschah nicht nur mit griechischen, sondern auch mit ägyptischen, keltischen oder germanischen Göttern.

Römische Familien besaßen einen Hausaltar in Form eines Wandbildes oder eines Steinsockels. Hier wurden das Hausfeuer umsorgt und die Hausgötter verehrt. Auch die Büsten der Vorfahren standen dort neben einer Statue des Stammvaters Äneas.

Die Religion berührte viele Lebensbereiche der Römer. So befragten sie beispielsweise vor einem Kriegszug die Götter. Die dafür zuständigen Auguren waren römische Beamte, die bestimmte Zeichen wie den Vogelflug deuteten, um den Willen der Götter zu erfassen. Anhand des Fluges und des Geschreis eines Vogels überprüften sie, ob die Götter mit einem geplanten Unternehmen einverstanden waren. Mit Trank- oder Tieropfern und Gaben von Feldfrüchten sollten die Götter außerdem gnädig gestimmt werden. Öffentliche Kulte dienten dem Erfolg im Leben, der Abwehr von Unheil oder der Wiedergutmachung von Schuld.

Kämpfe zwischen Patriziern und Plebejern

Etruskische Könige herrschten ab 600 v. Chr. für rund 100 Jahre über Rom. Dann vertrieben adlige Römer den etruskischen Herrscher. Diese adligen Römer, auch Patrizier* genannt, teilten Macht und Besitz unter sich auf und besetzten die hohen Ämter in Staat, Religion und Militär. Ihre Herrschaftsform bezeichneten sie als Republik.

Um 500 v. Chr. hatte die „res publica“ 35 000 männliche Bewohner und beherrschte ein Gebiet von rund 60 Kilometern nach Süden. Im Krieg mussten die nichtadligen Bewohner, die Plebejer*, als Soldaten zu Fuß aufbrechen, ihre Waffen selbst herstellen oder kaufen und ihre Höfe und Werkstätten im Stich lassen. Da die Plebejer nur einfache Bauern, Handwerker oder Händler waren, verschuldeten sie sich für den Kriegsdienst bei den reichen Patriziern. Als um 450 v. Chr. die römischen Gesetze im „Zwölftafelgesetz“ niedergeschrieben wurden, verbesserte sich ihre rechtliche Situation, und sie bekamen Anspruch auf ein Stück Land aus den Eroberungen. Dennoch kam es zwischen 494 und 287 v. Chr. zu ständigen Auseinandersetzungen zwischen Patriziern und Plebejern, Ständekämpfe genannt. Schritt für Schritt erreichten dabei die Plebejer eine Beteiligung an der Macht.

M 1

Hausaltar einer römischen Familie aus Pompeji mit Stein- und Gipsbüsten der Vorfahren, Foto, 2004

M 2

Münze mit der Göttin Concordia (= Eintracht), 42 v. Chr.

M 3

Menenius Agrippa in einer Rede (494 v. Chr.)

Die Plebejer verweigerten den Wehrdienst und forderten einen Erlass der Schulden. Menenius Agrippa war von den Patriziern als Vermittler zu den Plebejern geschickt worden.

Früher war im Menschen noch nicht alles so perfekt wie heute. Jeder Körperteil hatte seinen eigenen Willen und seine eigene Sprache. Viele Körperteile ärgerten sich, dass sie nur für den faulen Magen sorgen sollten, für ihn arbeiten und alles heranschleppen mussten. Der Magen tue doch nichts anderes, als sich an den mitgebrachten Dingen satt zu essen. Da fassten die anderen Körperteile folgenden Beschluss: Die Hände sollten keine Nahrung mehr zum Munde führen, der Mund nichts annehmen und die Zähne nichts kauen. Da sie den Magen durch Hunger schwächen wollten, merkten sie bald, dass auch sie selber schwach und elend wurden. Da sahen sie ein, dass der Magen nicht nur faul war. Wurde er ernährt, dann stärkte er durch sein Blut auch die anderen Körperteile.

*Titus Livius, Ab urbe condita libri, Buch 2, 32. Zit. nach http://www.thelatinlibrary.com/livy/liv.2.shtml (Stand: 20. 10. 2018)). Übers. d. Verf.**

M 4

Aus dem Zwölftafelgesetz (um 450 v. Chr.)

Lange Zeit wurden die Gesetze Roms nur mündlich überliefert. Das Zwölftafelgesetz war eine schriftliche Gesetzessammlung, die auf zwölf Tafeln auf dem Forum Romanum ausgestellt wurde, damit jeder die Gesetzestexte sehen konnte.

- Wer vor das Gericht gerufen wird, der muss hingehen … Wenn er nicht geht, Ausflüchte macht oder fliehen will, soll er verhaftet werden.
- Wenn jemand ein Körperteil verstümmelt, soll der Täter das Gleiche erleiden oder sich mit dem Verletzten einigen.
- Hat jemand nachts einen Diebstahl begangen und wurde der Dieb dabei getötet, dann war das rechtens.
- Hat das Gericht eine Geldschuld festgesetzt, hat der Schuldner 30 Tage Zeit zur Tilgung seiner Schuld.
- Zahlt der Schuldner seine Schuld nicht, kann der Gläubiger ihn mit einem Strick fesseln und Fußfesseln mit 15 Pfund Gewicht anhängen.

*Das Zwölftafelgesetz, Tafel 1 und 3. Zit. nach Rudolf Düll (Hg.), Das Zwölftafelgesetz, 3. Aufl., München (Heimeran) 1959. Übers. v. Rudolf Düll, bearb. v. Verf.***

1 Untersuche anhand des Darstellungstextes und M1 die Bedeutung der Vorfahren für die Römer.

2 Fasse die Rede in M3 in eigenen Worten zusammen.

3 **Partnerarbeit:** Diskutiere mit deinem Banknachbarn:

a) Was hätte ein Patrizier zu dem Streik (M3) vermutlich gesagt?

b) War der Streik der Plebejer deiner Meinung nach berechtigt?

4 Erkläre, warum auf der Münze M2 die Göttin Concordia abgebildet ist. Schreibe auf, was der Handschlag bedeuten könnte.

cornelsen.de/webcodes
+ *Code: wikike*
Römische Götter

5 **Wähle eine Aufgabe aus:**

a) Ein Athener besucht im 5. Jahrhundert v. Chr. Rom – was könnte er den Athenern nach seiner Rückkehr über Rom berichten? Verfasse einen Bericht.

b) Informiere dich über das Zwölftafelgesetz (Darstellungstext und M4). Erkläre, welche Folgen es für einen einfachen Plebejer hatte.

6 Beurteile den Umgang der Römer mit fremden Göttern (Darstellungstext Z. 17–24).

Tipp: Hat es das Zusammenleben mit anderen Kulturen vereinfacht?

Ein Schaubild auswerten

In fast allen Staaten regelt heute eine Verfassung als „Grundgesetz" das Zusammenleben der Menschen. Auch im Römischen Reich gab es eine solche Ordnung. Um die Verfassung eines Staates darzustellen, verwenden Historiker häufig Schaubilder. Wie du ein solches Schaubild richtig entschlüsselst, erfährst du hier. Am Ende kannst du die Fragen beantworten, wie die römische Republik regiert wurde.

Der Senat

Der Senat war das Zentrum der politischen Ordnung, denn hier wurde über die Grundzüge der Politik sowie über Krieg und Frieden entschieden, obwohl er eigentlich nur die Magistrate beraten sollte. Tagungsort des Senates war die „Curia" am Rande des Forum Romanum*. Im Senat saßen 300 (später 600) Männer der einflussreichen Patrizierfamilien. Ab 300 v. Chr. durften auch wohlhabende Plebejer Senatoren* werden. Wer einen Senatssitz erhalten sollte, entschieden die Zensoren. Einmal in den Senat berufen, gehörte man ihm bis zum Tode an, außer man machte sich schwerer Verbrechen schuldig.

Die Magistrate

Die römischen Beamten hießen Magistrate. Damit sie ihre Macht nicht missbrauchen konnten, blieben sie immer nur für ein Jahr im Amt (Prinzip der Annuität*). Jedes Amt wurde mit zwei Männern besetzt (Prinzip der Kollegialität). Zwei Konsuln standen an der Spitze des Staates. Hinzu kamen weitere Beamte: Sie waren für das Gerichtswesen (Prätoren), die öffentliche Ordnung (Ädile) und die Finanzen (Quästoren) zuständig. Zensoren überwachten die Sitten und die Steuereinnahmen. Schied ein Beamter aus seinem Amt aus, wurde er Senator. Nur reiche Römer konnten sich die Tätigkeit als Beamte leisten, denn es waren Ehrenämter ohne Bezahlung. Um in ein hohes Amt gewählt zu werden, mussten römische Männer tief in die Tasche greifen: Bestechung war an der Tagesordnung. Wer nicht gut reden konnte, der musste einen Redner bestellen und bezahlen.

Welche Aufgabe hatten die Volkstribune?

Die zehn Volkstribune wurden von der Versammlung der Plebejer gewählt. Sie schützten die Rechte der Plebejer. Die Volkstribune konnten alle Entscheidungen des Senats und der Magistrate blockieren. Dazu genügte es, das Wort „Veto" (= ich verbiete) auszusprechen.

Die Volksversammlung

In der Volksversammlung kamen alle wehrfähigen Männer Roms zusammen, Patrizier wie Plebejer. Ausgeschlossen waren Frauen, Sklavinnen und Sklaven. Voraussetzung für den Zugang zur Volksversammlung war das römische Bürgerrecht*. In der Volksversammlung wurde aber nicht wie in Athen nach Personen abgestimmt, sondern nach Vermögen. Daher hatten reiche Bürger viel mehr Einfluss als arme. Auch bei der Abstimmung nach Wohnbezirken waren die reichen Bürger im Vorteil. Jeder der 35 Wohnbezirke hatte eine Stimme. Der größte Teil der einfachen Bevölkerung lebte in der Stadt, aber es gab nur vier städtische Wohnbezirke. Die anderen 31 Bezirke lagen auf dem Land, und ärmere Römer dort konnten sich die Anreise in die Stadt nicht leisten. Daher gaben nur die vermögenden Bürger vom Land ihre Stimme ab.

Eine römische Volksversammlung dürfen wir uns nicht wie eine heutige Parlamentsdebatte vorstellen. Über die von den Magistraten eingebrachten Vorlagen wurde nicht diskutiert; sie konnten nur angenommen oder verworfen werden. Außerdem waren nur wenige Entscheidungen den Volksversammlungen vorbehalten. Die politische Ordnung in Rom war – anders als die Polis im antiken Griechenland – keine Demokratie, sondern eine Adelsherrschaft.

1 **Partnerarbeit:** Notiere in einer Tabelle die wichtigsten Institutionen der römischen Republik. Vergleiche mit deinem Nachbarn.

Versammlung/Amt	*Aufgaben*
Volksversammlung	

2 Werte M2 mithilfe der Arbeitsschritte in der Tabelle aus. Ergänze die Lösungshinweise, die du in der rechten Spalte vorfindest.

3 Überprüfe anhand des Schaubildes M2 und des Darstellungstextes folgende Aussagen. Schreibe sie richtig auf und erläutere sie:

M 2

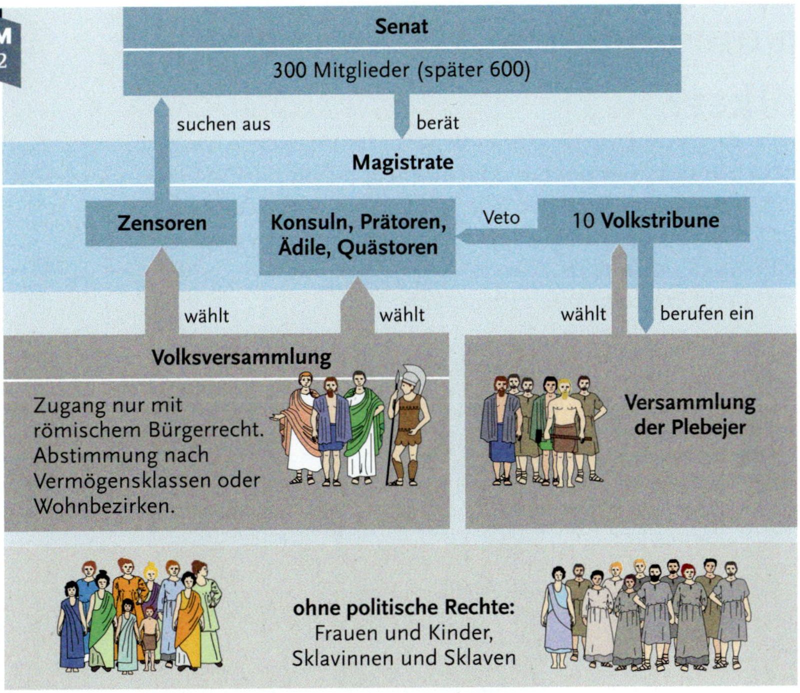

Die Verfassung der römischen Republik

Arbeitsschritte „Ein Schaubild auswerten“

Einzelne Elemente des Schaubildes erfassen	Lösungshinweise zu M2
1. Welche Fachbegriffe werden verwendet und müssen geklärt werden?	• *z. B. Magistrat, Senat, Zensor …*
Aufbau des Schaubildes untersuchen	
2. Wie ist das Schaubild zu lesen?	• *Das Schaubild lässt sich am besten von unten nach oben lesen, weil …*
3. Welche Versammlungen und Ämter gab es?	• *Es gab die Volksversammlung, an der … teilnahmen (siehe M1) und …* • *Zu den Ämtern der römischen Republik gehörten …*
Inhalt vertiefen und bewerten	
4. Was waren die Aufgaben der einzelnen Ämter und Versammlungen?	• *Die … waren zuständig für …* • *Die Volksversammlung wählte …*
5. Wie war die Macht im Staat verteilt?	• *Der Senat steht im Schaubild ganz oben, weil …* • *Ohne politische Rechte waren …* • *Zur Volkversammlung zählten …* • *Die Plebejer wählten 10 Volkstribune. Diese durften …*
6. Sammle offene Fragen.	• *Unverständlich bleibt für mich …*

a) Der Senat ist den Magistraten unterstellt.
b) Ein Diktator wird von den Magistraten ernannt und übt sein Amt höchstens ein Jahr lang aus.
c) In der Volksversammlung haben alle das gleiche Stimmrecht.
d) Die römische Republik war eine Demokratie.

Wie behandelten die Römer unterworfene Völker?

Mit der Ausdehnung des Römischen Reichs seit dem 3. Jahrhundert v. Chr. wurde Rom zu einem Weltreich und zu einem Vielvölkerstaat. Die Regierenden standen nun vor der Aufgabe, die neuen Völker in die Gesellschaft einzugliedern, um ihre Herrschaft in den eroberten Gebieten dauerhaft zu sichern.

- ***Untersuche, wie die Römer mit den Unterworfenen umgingen.***

M 1

Triumphbogen des Septimius Severus auf dem Forum Romanum in Rom zum Sieg der Römer gegen die Parther, 203 n. Chr.

M 2

Ein Ausschnitt aus dem Triumphbogen zeigt einen römischen Soldaten und einen gefangenen Parther, 203 n. Chr.

Die Gallier – erst besiegt, dann integriert

Gallien (in etwa das heutige Frankreich) wurde 58 bis 51 v. Chr. in den gallischen Kriegen von Julius Caesar für Rom erobert. Gallien war reich an Bodenschätzen und Holz – einem an den Küsten Südeuropas knapper werdenden Rohstoff. Die Eroberung wurde mit großer Härte geführt und über eine Million Menschen fanden den Tod. Der Anführer der Gallier, Vercingetorix, kam als Gefangener nach Rom und wurde nach einem Triumphzug Caesars 46 v. Chr. hingerichtet.

Mit der Eingliederung Galliens als römische Provinz erhielten Mitglieder der gallischen Oberschicht das römische Bürgerrecht*. Ihr Leben unterschied sich nach drei Generationen kaum noch von dem reicher Römer.

Römischer Bürger werden – ein Gewinn?

Die Verleihung des römischen Bürgerrechts war für Unterworfene aus allen neuen Gebieten des Reichs ein begehrtes Ziel. Das Bürgerrecht schützte vor Willkür durch römische Beamte und ermöglichte eine gültige Einheirat in andere römische Familien. Wer das Bürgerrecht besaß, durfte ein Testament verfassen und Geschäftsverträge abschließen. Zudem waren Bürger von bestimmten Gemeindesteuern befreit und erlangten das Wahlrecht in der Volksversammlung. Römische Bürger durften nicht gefoltert oder zum Tod verurteilt werden.

Das Bürgerrecht konnte an einzelne Personen, Städte oder ganze Provinzen verliehen werden. In der Zeit der Republik erhielten als Erste die Verbündeten in Italien das Bürgerrecht, da sie für Rom kämpften. Die Verleihung war uneinheitlich geregelt und oft mit Einschränkungen für die neuen Bürger versehen. Erst 212 n. Chr. erhielten alle frei geborenen Einwohner des Reichs das Bürgerrecht.

Die Parther – unbesiegter Gegner im Osten

Das Reich der Parther war der große Rivale Roms im Vorderen Orient. Gegen sie führten die Römer immer wieder Kriege. Ein Mitkonsul Caesars, Licinus Crassus, kam 53 v. Chr. bei einem Krieg gegen die Parther ums Leben. Die Mehrzahl seiner Soldaten wurde ebenfalls getötet, und die Römer verloren die wichtigsten militärischen Abzeichen, die Legionsadler. Dies wurde in Rom als schlimme Demütigung empfunden. Im 3. Jahrhundert wurde der römische Kaiser bei einem Feldzug gegen die Nachfolger der Parther, die persischen Sassaniden*, geschlagen. Er geriet in Gefangenschaft und starb dort.

M 3

Triumphrelief Schapurs I., König der Sassaniden, in Naksch-e Rostam (Iran), ca. 260 n. Chr. Schapur hält den neben ihm stehenden Valerian zum Zeichen der Gefangennahme am Arm fest.

M 4

Aus einer Rede von Kaiser Claudius (48 n. Chr.):

Was wurde denn den Spartanern und Athenern trotz ihrer militärischen Übermacht zum Verhängnis? Sie grenzten die Besiegten aus. Da besaß doch der Gründer unseres Staates, Romulus, mehr Weisheit. Die meisten der besiegten Völker wurden an ein und demselben Tag zuerst als Feinde und dann als Bürger behandelt ...

Wenn man in der Rückschau auf unsere Kriege blickt, dann wurde keiner schneller beendet als der gegen die Gallier. Seitdem herrscht ohne Unterbrechung ein sicherer Frieden. Da die gallischen Oberen mit uns durch gleiche Sitten, Bildung und Heirat verbunden sind, sollen sie doch ihr Gold und ihre Schätze lieber zu uns bringen, als sie für sich zu behalten. Alles, Senatoren, was man heute für uralt hält, ist einmal neu gewesen: Plebejische Beamte folgten patrizischen Beamten, latinische auf die plebejischen, Beamte aus anderen Völkern Italiens auf die latinischen. Auch diese neue Regel wird sich einbürgern.

*Tacitus, Annales 11, 24. Zit. nach www.thelatinlibrary.com (20. 5. 2014). Übers. d. Verf.**

M 5

Der Historiker Uwe Walter schrieb 2012:

Zu den gängigen, aber falschen Auffassungen über das Römische Reich gehört, dieses habe allein oder im Wesentlichen auf den Schwertern und pila (Speeren) seiner Legionen geruht. Wäre dem so gewesen, hätte es keine zwei Generationen lang existiert. Das Geheimnis des römischen Erfolgs bestand vielmehr in der Bereitschaft und Kraft zur Integration[1]. Spannend ist nun, dass die Römer diese Tatsache bereits in ihren Gründungsmythos eingeschrieben hatten. Aeneas war ein Flüchtling aus Troja. Und als Romulus daranging, die Stadt Rom zu gründen, mangelte es an Bewohnern. Romulus richtete daher am Rande des Kapitols ein Asyl[2] ein, wo sich Männer einfinden konnten, die nicht nach ihrer Herkunft gefragt werden wollten: Flüchtlinge, Verbannte, Enteignete, vagabundierende Krieger. Zum Selbstverständnis der Römer gehörte es, „Zugereiste" zu sein und nicht schon immer einen Platz besiedelt zu haben. Rom ist ein Ergebnis von Immigration[3] und Integration.

*Uwe Walter, Wachstum durch Integration: das Imperium Romanum. Eine Anregung für den Unterricht, in: geschichte für heute 1/2012, S. 44. Bearb. v. Verf.**

[1] *Eingliederung*
[2] *Zufluchtsort, Notunterkunft*
[3] *Einwanderung*

1 Betrachte M1–M3. Nenne mögliche Erklärungen, warum die Herrscher diese Bauwerke in Auftrag gaben.

2 Erläutere mithilfe des Darstellungstextes, welche Vorteile die Erlangung des römischen Bürgerrechtes hatte.

3 **a)** **Methode:** Arbeite mithilfe der Arbeitsschritte „Eine schriftliche Quelle untersuchen" auf S. 71 aus M4 die Argumente heraus, die Kaiser Claudius für eine Eingliederung der gallischen Oberen angibt.

b) Beurteile, welche Absicht der Kaiser damit verfolgt.

4 Gib M5 in eigenen Worten wieder. Erläutere anschließend, worin der Verfasser das „Geheimnis des römischen Erfolgs" (Z. 6 f.) sah.

5 Verfasse aus der Sicht eines Galliers einen Tagebucheintrag, in dem du beschreibst, wie die Römer mit den besiegten Völkern umgingen.

Warum geriet die römische Republik in die Krise?

In den Krieg zu ziehen war für die römischen Bauern ein selbstverständlicher Teil ihres Lebens. Ein Krieg begann in der Regel im Frühsommer, und nach wenigen Wochen waren die Soldaten wieder zurück bei ihren Familien und auf ihren Feldern – mit dem ausgezahlten Sold und einem Anteil an der Beute. Als Rom begann, Kriege außerhalb Italiens zu führen, blieben die Soldaten jedoch oft Jahre weg oder starben in der Fremde.

- *Welche Auswirkungen hatte die römische Expansion auf die römische Gesellschaft?*
- *Wer profitierte davon und wer gehörte zu den Verlierern?*

Die Reichen werden noch reicher

Durch die Kriege gegen Karthago und die griechischen Staaten kamen Hunderttausende Kriegsgefangene als Beute nach Italien – Männer, Frauen und Kinder. Auf Sklavenmärkten wurden sie als billige Arbeitskräfte verkauft. Wohlhabende Römer nutzten ihr Vermögen und pachteten weite Flächen des Staatslandes, kauften Hunderte oder gar Tausende Sklaven und ließen sie auf ihren Landgütern in großem Stil Getreide, Wein, Oliven und Früchte anbauen. Auch die Viehzucht warf hohe Gewinne ab. Von der Ausdehnung des Reichs profitierte auch der neue Stand der Ritter. Diese waren nichtadlige Bürger, die durch Handwerk oder durch den Handel von Waren reich wurden. Viele Ritter machten auch als Transport- oder Bauunternehmer Karriere. Mithilfe von Gewinnen aus Kriegen oder durch Steuereinnahmen aus den Provinzen konnten der Staat und reiche Patrizier Aufträge zum Bau von Brücken, Straßen, Wasserleitungen, Villen und Tempeln vergeben.

Aus Bauern werden „Proletarier"

Die Last der Kriege trugen vor allem die einfachen Bauern. Viele Bauern und deren Söhne waren gefallen. Andere hatten jahrelang ihre Höfe nicht richtig bewirtschaften und die Pacht an die Großgrundbesitzer nicht bezahlen können. Jetzt mussten sie deshalb in vielen Fällen ihr Land an Großgrundbesitzer verkaufen und als Tagelöhner arbeiten. Sklaven waren aber noch billiger als Tagelöhner, und so blieb vielen landlosen Familien nur der Umzug in die Städte. Dort versuchten sie, mit Gelegenheitsarbeiten ein Auskommen zu finden. Diese Menschen nannte man Proletarier (von proles = Nachkommen), da sie außer vielen Kindern nichts besaßen. Ein anderer Begriff für diese neue Unterschicht lautete „plebs".

Die Reformversuche der Gracchen

Im 2. Jahrhundert v. Chr. erzielte das Römische Reich in der Ferne zwar große Gewinne, diese konnten die Armut zu Hause jedoch nicht ausgleichen. Armut, Entvölkerung und der Mangel an Soldaten führten zu einer Staatskrise. Daher suchten führende Patrizier und Plebejer nach einem Ausweg. Der Volkstribun Tiberius Gracchus beantragte 134 v. Chr., dass die Großgrundbesitzer nur noch eine bestimmte Höchstmenge an Land besitzen und pachten dürften. Landlose Bauern sollten aus den frei werdenden Feldern sieben Hektar (das entspricht ungefähr einer Fläche von zehn Fußballfeldern) zur eigenen Bewirtschaftung und etwas Startkapital erhalten. Bedürftige sollten verbilligt an Getreide kommen. Diese „Ackergesetze" stießen jedoch auf erbitterten Widerstand vieler Senatoren und Ritter. Bei einer Versammlung wurde Tiberius Gracchus von aufgebrachten Senatoren erschlagen. Seinem Bruder Gaius Gracchus gelang es später noch, einige der Reformen durchzusetzen, diese wurden aber nach und nach wieder aufgehoben.

M 1

Pachtzahlung eines Bauern, Grabrelief aus Trier aus dem 2./3. Jh. n. Chr.

Eine Heeresreform als Mittel gegen die Krise

Der Einfall germanischer Völker nach Italien zeigte die Verwundbarkeit des Römischen Reichs. Es standen nicht mehr genug Soldaten für die Verteidigung zur Verfügung. Daher führte Konsul Gaius Marius (158 bis 86 v. Chr.) eine grundlegende Reform der Armee durch. Diese Reform besagte, dass sich jeder Römer als Legionär für eine Dauer von 20 Jahren gegen Zahlung eines festen Soldes zum Heer verpflichten konnte. Wer das Ende seiner Dienstzeit erlebte, der erhielt einen Hof mit Ackerland. Durch diese Reform entspannte sich die soziale Lage in den Städten, da viele landlos gewordene Bauern Berufssoldaten wurden. Diese neuen Legionäre unterstanden nur noch dem Kommando ihres Feldherrn, dem sie bald mehr vertrauten als den Entscheidungen der führenden Politiker im fernen Rom.

M 2

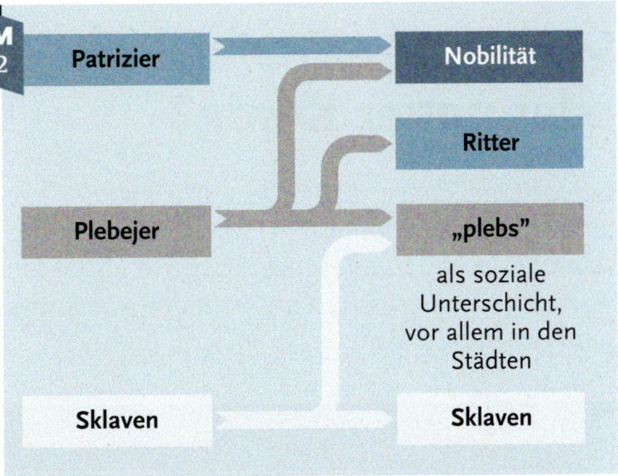

Wandel der römischen Gesellschaft in der Zeit der Republik. Nobilität = führende patrizische und plebejische Familien, die unter ihren Vorfahren mindestens einen Konsul hatten.

M 3

Tiberius Gracchus berichtete 134 v. Chr. über die Lage der römischen Soldaten:

Die wilden Tiere, die in Italien hausen, haben ihre Höhle. Jedes weiß, wo es sich hinlegen und verkriechen kann. Die Männer aber, die für Rom kämpfen und sterben, sie haben nichts außer Luft und Licht. Heimatlos und gehetzt irren sie mit Frau und Kind durch das Land. Die Feldherren lügen, wenn sie vor der Schlacht die Soldaten aufrufen, für ihre Gräber und Heiligtümer gegen den Feind zu kämpfen. Denn keiner von diesen römischen Soldaten besitzt einen Altar, den er vom Vater geerbt hat, und keiner ein Grab, in dem seine Vorfahren ruhen. Vielmehr kämpfen und sterben sie für das Luxusleben und den Reichtum von anderen. Herren der Welt werden sie genannt, aber sie besitzen noch nicht einmal ein eigenes Stück Land.

*Plutarch, Tiberius Gracchus 9. Zit. nach Konrat Ziegler (Hg.), Große Griechen und Römer, Bd. 3, Zürich/München (Artemis) 1955. Übers. v. Konrat Ziegler, bearb. v. Verf.**

M 4

Der Geschichtsschreiber Appian (95–165 n. Chr.) schreibt über die Gründe der Heeresreform:

Die Soldaten bildeten sich ein, nicht so sehr in einem regelrechten Heer zu dienen, als vielmehr nach eigener Gunst und Entscheidung Beistand zu leisten, und meinten, ihre Führer benötigten sie gezwungenermaßen zur Verfolgung persönlicher Ziele. Das Desertieren[1], ehedem bei den Römern unnachsichtig verfolgt, wurde jetzt sogar mit Geschenken honoriert ... Der allgemeine Vorwand der Feldherrn, sie stritten samt und sonders für das Wohl des Vaterlandes, machte den Leuten das Überlaufen leicht, denn jeder konnte glauben, dass er überall bei jeder Partei diesem Vaterlande helfen könne. Das wussten auch die Feldherrn und duldeten darum das Betragen ihrer Soldaten.

*Appian, Römische Geschichte, Bürgerkriege V 68–71, übers. v. Otto Veh, Stuttgart (Hiersemann) 1989, S. 360**

1 *Fahnenflucht*

1 Schildere ein Gespräch zwischen dem Pacht zahlenden Bauern und dem Großgrundbesitzer (M1).
Tipp: Nimm den Darstellungstext zu Hilfe.

2 Fasse zusammen, wie Tiberius Gracchus in M3 die Lage der Soldaten beschreibt.

3 Berichte mithilfe des Darstellungstextes und M3 aus der Sicht eines Kleinbauern über die Reformen der Gracchen.

4 Erstelle mithilfe des Darstellungstextes und M2 einen Infokasten über den Stand der Ritter.

5 Erläutere, welche Auswirkungen die Heeresreform nach Meinung Appians hatte (M4). Vergleiche mit dem Darstellungstext.

6 **Partnerarbeit:**
a) Überprüft, welche Gesellschafts- und Berufsgruppen von der Ausdehnung des Reichs profitierten und wer Nachteile davon hatte.
b) Informiert euch im Internet über das Leben der beiden Gracchen und verfasst eine kurze Biographie.

Caesar – Verteidiger der Republik oder neuer König?

Gaius Julius Caesar (100–44 v. Chr.) ist der berühmteste Römer, sogar einer unserer Kalendermonate ist nach ihm benannt. Heute bilden sein Leben und sein politisches Handeln den Stoff für zahlreiche Filme und Comics.

- ***Welche Rolle spielte Caesar in der römischen Politik und was waren seine politischen Ziele?***

M 1

Die Ermordung Caesars, Gemälde von Karl Theodor Piloty, 1865

Machtkämpfe und Bürgerkrieg

Nach den Reformversuchen der Gracchen im 2. Jahrhundert v. Chr. spaltete sich die politische Führung Roms in zwei Lager: die Popularen* und die Optimaten*. Die Popularen wollten mithilfe der Volksversammlung und der Volkstribunen durch Reformen die soziale Lage der Plebs verbessern. Die Optimaten sperrten sich dagegen. Sie vertraten die Interessen der Großgrundbesitzer und verteidigten die Vorherrschaft des Senats. Nach außen wurde zwar noch die Einheit der Republik vorgetäuscht, in Wirklichkeit wurden aber Beamtenstellen, Senats- und Volksversammlungen immer öfter von Politikern missbraucht, die für sich selbst Macht erlangen wollten und die ihre persönlichen Interessen als die des Staates ausgaben. Die Republik geriet immer mehr ins Wanken, als beide politische Lager sich in Bürgerkriegen bekämpften. Unter dem gemeinsamen Konsulat von Gnaeus Pompeius und Licinius Crassus im Jahre 70 v. Chr. konnten sich die Popularen durchsetzen. Zehn Jahre später gingen die beiden Konsuln ein Bündnis mit Gaius Julius Caesar ein. Im sogenannten Triumvirat* bildeten sie eine Dreierherrschaft, in der sie die Macht im Staat unter sich aufteilten. Sie ließen ihre Abmachungen als Gesetze verkünden und schalteten den Senat weitgehend aus.

Aufstieg und Fall Caesars

Zwischen 58 und 51 v. Chr. eroberte Caesar fast ganz Gallien und gewann damit zunehmend politischen Einfluss. Der Krieg erhöhte seinen Ruhm und sein Ansehen in Rom und spülte viel Geld in seine Kassen. Mit dem Geld bezahlte er seine immer größer werdende Anhängerschar in Rom. Nachdem Licinius Crassus im Krieg gegen die Parther umgekommen war, wurde Caesars ehemaliger Verbündeter, Gnaeus Pompeius, zu dessen größten Rivalen. Pompeius, der für die Rechte des Senats eintrat, wurde von Caesar besiegt. Caesar herrschte nun allein. Da er im Bürgerkrieg milde mit seinen Feinden umging, war er im Volk sehr beliebt. 46 v. Chr. ließ er sich zum Diktator für zehn Jahre und wenig später zum Diktator* auf Lebenszeit ernennen. Außerdem besetzte er alle wichtigen Posten mit eigenen Leuten. In der Öffentlichkeit zeigte er sich wie nach einem Triumphzug mit einem goldenen Lorbeerkranz, bei Staatsbanketten trug er das Purpurgewand des Triumphators. Aufgrund seines Auftretens unterstellten ihm seine Gegner im Senat, dass er die verbotene Monarchie wieder einführen wolle. Am 15. März 44 v. Chr. schlossen sich 60 Senatoren gegen Caesar zusammen und ermordeten ihn mit 23 Dolchstichen.

M 2

Caesar, römische Silbermünze (Denar), 44 v. Chr. (vor Caesars Tod). Die Umschrift lautet: Caesar Dict(ator) Quart(um) = zum vierten Mal Diktator. Der Kranz aus Gold ist der Schmuck Jupiters (= oberste Gottheit der römischen Religion), Auszeichnung des Triumphators und Herrschaftszeichen des etruskischen Königs. Porträts lebender Personen auf Münzen hat es davor in Rom nicht gegeben.

M 3

Gaius Julius Caesar (100 v. Chr.–44 v. Chr.), römischer Staatsmann, Feldherr und Autor, Marmorbüste, 1. Jh. v. Chr.

M 4

Will Caesar König werden?

Das folgende Gespräch zwischen Secundus (S) und Tertius (T) spielt in einer Druckerwerkstatt, in der neue Denare mit dem Bildnis von Caesar hergestellt werden (siehe M2). Der Dialog ist erfunden, gibt aber einen Einblick in die Stimmung, die in Rom zu Beginn des Jahres 44 v. Chr. herrschte:

S: Schau dir diesen Caesar an, jetzt ist er größenwahnsinnig geworden: Diktator auf Lebenszeit! Er muss doch wissen, dass der Senat das nicht mitmacht.

T: Warum denn? In den Senat hat er doch erst neulich seine Gefolgsleute gesetzt.

S: Aber die alten Senatoren wissen doch, dass Konsuln wie andere Beamte nur für ein Jahr gewählt werden dürfen – und nun das: lebenslänglich!

T: Vielleicht will er damit zeigen, dass er das Prinzip der Annuität nicht mehr für zeitgemäß hält. Denn wie soll auch ein Konsul einen Feldzug gegen unsere Feinde weit im Norden und Osten vorbereiten und durchführen, wenn er nach wenigen Monaten zurückkehren muss, weil die Amtszeit zu Ende geht?

S: Hm ...

T: Überlege, was Caesar in acht Jahren in Gallien erreicht hat. Da gibt's jetzt Straßen und blühende Städte!

S: Gibt es eigentlich noch einen Unterschied zwischen seiner Stellung und der eines Königs?

T: Glaube ich nicht. Vielleicht will er ja tatsächlich ein König werden? Schau dir nur den Goldkranz an. Vielleicht meint er, erst noch einen Sieg erringen zu müssen, damit seine Herrschaft auch voll akzeptiert wird.

S: Man munkelt, er wolle im Osten einen Feldzug gegen die Parther durchführen ...

T: Und wenn er wiederkommt, ordnet er alles neu ...

S: Meinst du, er würde dann alle Senatoren umbringen und die Alleinherrschaft anstreben?

T: Glaube ich nicht. Es ist doch egal, ob es 300, 600 oder 900 Senatoren gibt – er und seine Berater machen einfach die bessere Politik. Und wenn er einen Feldzug siegreich beendet und mit reicher Beute nach Hause kommt – wer fragt da schon nach?

S: Und wenn man ihn gar nicht erst zu diesem Krieg aufbrechen lässt?

T: Wie willst du ihn daran hindern?

Verfassertext

---

1 Stelle mithilfe des Darstellungstextes einander gegenüber, welche Ziele die Optimaten und die Popularen hatten. Ordne beiden Seiten die Personengruppen zu, die sich durch sie vertreten fühlten.

2 Beschreibe mithilfe von M4 die politische Stimmung in Rom kurz vor der Ermordung Caesars.

3 Wähle eine Aufgabe aus:

a) Nenne mithilfe des Darstellungstextes Gründe, warum die Senatoren Caesar ermordeten.

b) Beschreibe die Münze M2 und erkläre einem Nichtrömer, warum sie von einigen Senatoren als Angriff auf die Republik gesehen wurde.

4 Partnerarbeit: Führt ein Streitgespräch zu der Frage, ob Caesar ein Verteidiger der Republik oder ein neuer König war.

5 Beschreibe M1 und erkläre, wie der Maler im Rückblick Caesars Ermordung beurteilt.

cornelsen.de/webcodes
Code: yininu
Gaius Julius Caesar

Augustus errichtet eine neue Ordnung

Augustus ist der bekannteste römische Kaiser der Antike. Er lebte von 63 v. Chr. bis 14 n. Chr. Christen kennen ihn aus der Weihnachtsgeschichte, da er das Reich zur Zeit von Jesu Geburt regierte. Mit Augustus endete die römische Republik, denn er errichtete eine neue Form der Herrschaft, die als Prinzipat bezeichnet wird.

- ***Wie veränderte sich die Herrschaft unter Augustus und was waren die Kennzeichen seiner neuen Herrschaftsform?***

Aus Octavian wird Augustus

Nach Caesars Tod 44 v. Chr. kam es erneut zu Machtkämpfen. Aus ihnen ging Octavian, der Adoptivsohn Caesars, als Sieger hervor. Er hatte die Befehlsgewalt über Caesars Soldaten übernommen und verfolgte nun die Mörder Caesars. Anfangs tötete Octavian seine Gegner, dann wurde er vorsichtiger. Sein Ziel war es, seine Macht durch die Unterstützung möglichst vieler Anhänger zu festigen. Er wollte seine Gegner davon überzeugen, dass er keine Monarchie* anstrebte. Deshalb gab Octavian 27 v. Chr. seine außerordentlichen Vollmachten an den Senat und das Volk zurück. Damit hatte er die Republik äußerlich wiederhergestellt. Der Senat verlieh Octavian daraufhin den Ehrennamen Augustus. Dies bedeutete „der Erhabene". Am Ende seiner Herrschaft war aus ihm „Caesar Augustus" geworden. Der Titel „Caesar" ist in viele Sprachen übergegangen, z. B. als „Kaiser" ins Deutsche oder „Zar" ins Russische. Das von Augustus und seinen Nachfolgern regierte Reich wird auch als Kaiserreich bezeichnet. Den Titel „Caesar Augustus" trugen von nun an alle römischen Kaiser.

Der Kaiserkult

Im gesamten Römischen Reich entstand ein Kult um den Kaiser. Augustus ließ sich häufig in Bildern und Skulpturen, Dichtung und Literatur sowie in der Architektur darstellen. Er ließ Tempel und andere Bauwerke errichten und sein Abbild in allen Teilen des Reichs verbreiten. Heute würde man ihn einen „Medienherrscher" nennen. Augustus sah sich als einen Kaiser, der durch den Willen der Götter dazu bestimmt war, die Republik und das Reich zu retten und zu neuer Größe zu führen.

Prinzipat
Augustus bezeichnete sich selbst als „princeps" – den „Ersten im Staat", daher der Name „Prinzipat" für seine Herrschaftsform. In Wirklichkeit herrschte Augustus wie ein König. Er hatte den Oberbefehl über das Heer und die wichtigsten Provinzen, besaß lebenslang die Rechte eines Volkstribuns, leitete alle Senats- und Volksversammlungen und war oberster Priester. Auch konnte er selbst seine Nachfolger benennen.

M 1 *Marmorstandbild des Augustus mit einer Höhe von 2,03 m, 1. Jh. v. Chr. Die Figuren auf dem Brustpanzer zeigen Parther, die den Römern Truppenabzeichen zurückgeben, die sie in einem früheren Krieg erbeutet hatten. Darüber schweben Himmelsgötter. Die kleine Figur am Fuße könnte der Gott Amor sein. Die Statue ist barfüßig, um die gottähnliche Stellung des Kaisers zu zeigen. Statuen dieser Art waren im gesamten Römischen Reich zu finden.*

M 2

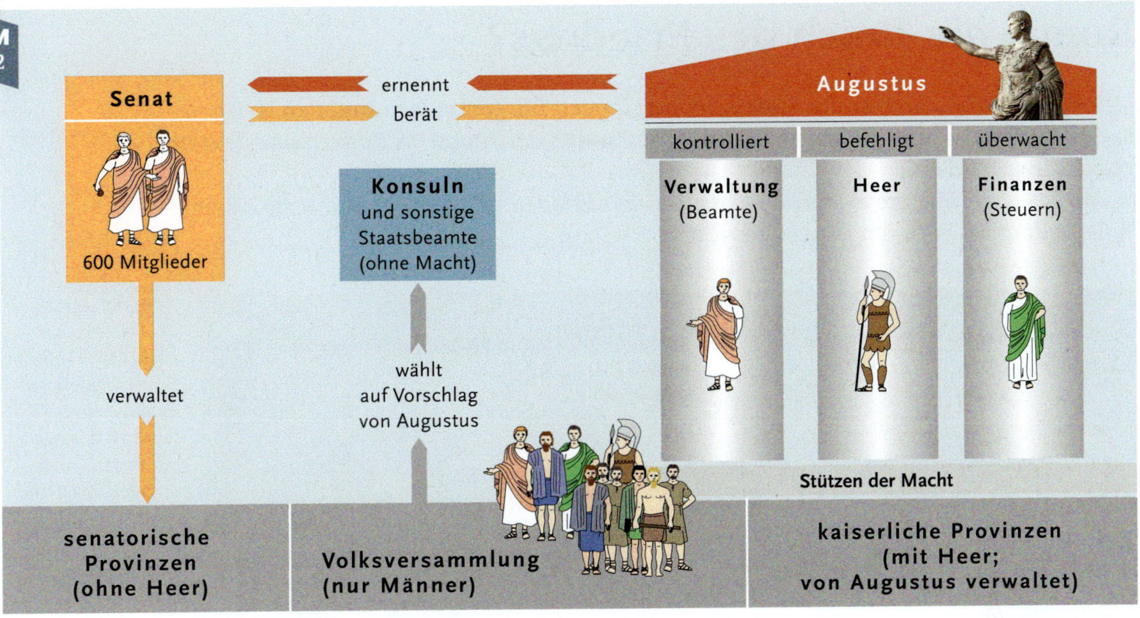

Die Verfassung in der römischen Kaiserzeit unter Augustus

M 3

In den Tatenberichten von Augustus heißt es:

In meinem sechsten und siebten Konsulat habe ich, nachdem ich die Flammen der Bürgerkriege gelöscht hatte und mit der einmütigen Zustimmung der gesamten Bevölkerung in den Besitz der staatlichen Allgewalt gelangt war, das Gemeinwesen aus meiner Machtbefugnis wieder der Ermessensfreiheit des Senats und des römischen Volkes überantwortet. Für dieses mein Verdienst wurde mir auf Beschluss des Senats der Name Augustus gegeben. Die Türpfosten meines Hauses wurden auf staatlichen Beschluss mit Lorbeer geschmückt, und ein Bürgerkranz wurde über meinem Tor angebracht. Ein goldener Schild wurde in der Curia Julia[1] aufgestellt, den mir der Senat und das römische Volk geweiht haben wegen meiner Tapferkeit und Milde, meiner Gerechtigkeit und Hingabe, wie es die Aufschrift auf diesem Schild bezeugt. Seit dieser Zeit überragte ich alle übrigen an Autorität, an Amtsgewalt aber besaß ich nicht mehr als die anderen, die auch ich im Amt zu Kollegen hatte.

*Augustus, Res gestae, Tatenbericht, Nr. 34, Stuttgart (Reclam) 1975, Übers. v. Marion Giebel, zit. nach https://agiw.fak1.tu-berlin.de/Auditorium/RomRecht/SO5/RGdivAug.htm, (Stand: 4. 12. 2018)**

[1] *Sitzungsgebäude des römischen Senats auf dem Forum Romanum*

1 **Wähle eine Aufgabe aus:**
   a) Stelle mithilfe des Darstellungstextes fest, wie Augustus seine Macht errang und sicherte.
   b) Erkläre anhand des Darstellungstextes den Begriff „Medienherrscher".
2 Begründe, warum es sich beim Prinzipat um eine neue Form der Herrschaft handelte (Begriffskasten).
3 Beschreibe die Statue M1.
   Tipp: Was soll sie darstellen?
4 Erläutere mithilfe des Darstellungstextes und M2, worauf Augustus seine Macht stützte.
5 Erkläre mithilfe von M3, wie Augustus seine besondere Stellung begründet.
6 Beurteile auf der Grundlage von M2 und M3 die Behauptung von Augustus, er habe die republikanische Ordnung wiederhergestellt.
7 Recherche: Informiere dich im Internet über das Leben von Augustus und schreibe einen Lexikoneintrag über sein Leben.

Rom – ein Reich des Friedens?

Mit Augustus begann für das Römische Reich nach Bürgerkriegen und den Kriegen in den Provinzen eine Zeit des Friedens. Diesen ließ der Kaiser in Bildern und Texten verkünden.

- ***Mit welchen Mitteln sicherte der Kaiser den Frieden nach innen und nach außen?***
- ***War Rom wirklich ein friedliches Reich?***

M 1

Relief auf dem Altar des Friedens (ara pacis). Der römische Senat widmete Kaiser Augustus im Jahr 13 n. Chr. einen prunkvollen Altar. Auf dem Relief sind die Erdgöttin Tellus, die auch als Fruchtbarkeitsgöttin verehrt wurde, und zwei Kinder, die zwei der vier Jahreszeiten darstellen, abgebildet; die links und rechts dargestellten Frauen symbolisieren milde Winde.

Die Abrundung des Reiches unter Augustus

Rom hatte bis zur Kaiserzeit von Augustus zwar alle mächtigen Gegner besiegt, aber an vielen Stellen hing das Reich nur lose zusammen. Augustus setzte sich deshalb das Ziel, ein räumlich zusammenhängendes Reich zu schaffen, das durch natürliche Grenzen gesichert sein sollte. Bei seinem Tode hatte er das geschafft: Das Reich wurde im Westen vom Atlantik, im Süden und Osten von den Wüsten in Nordafrika und im Vorderen Orient sowie dort vom Euphrat und im Norden von Donau und Rhein begrenzt (siehe Karte M1 S. 32).

Von wenigen Unterbrechungen abgesehen, erfuhren die Menschen im Inneren des Reiches seit Augustus über 200 Jahre nicht, was Krieg bedeutete. Deshalb sahen im Laufe der Zeit viele darüber hinweg, dass dieser Friede ein Friede im Sinne Roms war, d. h. auf der Grundlage der römischen Herrschaft über die unterworfenen Völker.

Das römische Heer

Das römische Heer hatte seit Augustus vor allem die Aufgabe, die Grenzen zu sichern, und war deshalb an den Grenzen stationiert. Es bestand aus größeren Einheiten, den Legionen, die eine Stärke von 6000 Mann hatten.

Das Heer wuchs bis zum 2. Jahrhundert n. Chr. auf 250 000 Soldaten an. Die Legionäre waren römische Bürger, die freiwillig in der Armee dienten. Sie erhielten einen festen Sold und am Ende der 20-jährigen Dienstzeit ein Stück Land oder eine hohe Belohnung. Unterstützt wurde das römische Heer durch Hilfstruppen aus nichtrömischen Bewohnern der eroberten Provinzen. Nach Ablauf der Dienstzeit blieben die Soldaten oft in den Siedlungen, die sie an den Grenzen gegründet hatten, oder ließen sich im Umland als Bauern nieder. Schließlich war das ganze Reich mit einem Netz von Städten und Militärsiedlungen überzogen.

Brot und Spiele

Die besondere Aufmerksamkeit von Augustus und seinen Nachfolgen galt dem Volk von Rom. Dort waren Massen zusammengeströmt, sie mussten ernährt und beschäftigt werden. Ihre Unterstützung errangen die

Kaiser mit kostenloser Getreideausgabe für Bedürftige sowie mit dem Ausbau einer regelrechten „Unterhaltungsindustrie“. In früheren Zeiten waren Feste und Spiele Veranstaltungen zur Verehrung der Götter gewesen. Unter Augustus und seinen Nachfolgern dienten Feste und Spiele aber in erster Linie dazu, die Gunst der Massen zu erhalten. Daher wurde erwartet, dass die Kaiser bei bedeutenden Veranstaltungen persönlich anwesend waren. Der Eintritt war für die Besucher frei.

Besonders begehrt war ein Platz bei den Gladiatorenkämpfen in den großen Amphitheatern, darunter das im Jahre 80 n. Chr. fertiggestellte Kolosseum für 55 000 Zuschauer. Die meisten Gladiatoren waren Kriegsgefangene oder verurteilte Verbrecher, die in den Arenen* um Leben und Tod kämpften. Sie konnten – ähnlich wie heutige Spitzensportler – berühmt werden und hatten regelrechte Fanclubs. Bei den Tierhatzen wurden Tiere wie Bären und Stiere, Tiger und Löwen aufeinander losgelassen, die sich zur Begeisterung des Publikums gegenseitig zerfleischten. Auch viele zum Tode Verurteilte wurden zu wilden Tieren in die Arena geschickt. Im „Circus Maximus“ verfolgten bis zu 250 000 Zuschauer die spektakulären Wagenrennen, und auf einem künstlichen See wurden Seeschlachten nachgestellt. Bei den Sportveranstaltungen missfiel aber zahlreichen Römern, dass die Athleten nach griechischem Vorbild weiter nackt boxten, rannten und rangen – Augustus verbot deshalb Frauen das Zuschauen.

M 2

Augustus schilderte in seinem Tatenbericht die Eroberung des Reichs (13 n. Chr.):

Das Gebiet aller Provinzen des römischen Volkes, die Volksstämme zu Nachbarn haben, die nicht unserem Befehl gehorchten, habe ich vergrößert. Die Provinzen Galliens und Spaniens, ebenso Germanien habe ich befriedet, ein Gebiet, das der Ozean von Gades [= Straße von Gibraltar] bis zur Mündung der Elbe umschließt. Die Alpen ließ ich von der Gegend, die der Adria zunächst liegt, bis zum Tyrrhenischen Meer befrieden, wobei mit keinem Volk widerrechtlich Krieg geführt wurde. Meine Flotte fuhr von der Mündung des Rheins über den Ozean in östliche Richtung bis zum Land der Kimbern. Dorthin war zu Wasser und zu Lande bis zu diesem Zeitpunkt noch kein Römer gekommen.

*Res gestae 26. Zit. nach Marion Giebel (Hg.), Augustus, Res gestae, Tatenbericht, Stuttgart (Reclam) 2007. Übers. v. Marion Giebel, bearb. v. Verf.***

M 3

Der griechische Geschichtsschreiber und römische Konsul Cassius Dio (um 163 bis um 235 n. Chr.) schrieb in seiner „Römischen Geschichte“:

Zur gleichen Zeit wurden auch viele Kriege ausgefochten: Seeräuber überfielen zahlreiche Gebiete, sodass Sardinien einige Jahre lang nicht einmal einen Senator als Statthalter hatte, sondern Soldaten und Befehlshabern aus dem Ritterstand[1] anvertraut werden musste. Außerdem empörten sich nicht wenige Städte, was zur Folge hatte, dass zwei Jahre lang die gleichen Beamten ihre Stelle in den Provinzen bekleideten.

*Cassius Dio 55, 28, 1.–2. Zit. nach Otto Veh (Hg.), Cassius Dio, Römische Geschichte, Bd. 4, Bücher 51–60, Zürich/München (Artemis) 1986, S. 235f. Übers. v. Otto Veh, bearb. v. Verf.**

[1] *nichtadlige Bürger, die durch Handel und Handwerk reich wurden (siehe S. 24/25)*

1 Beschreibe mithilfe des Darstellungstextes, wie Augustus den Frieden nach außen und nach innen sicherte.

2 Beschreibe M1 in allen Einzelheiten. Nimm dazu die Arbeitsschritte auf S. 91 zu Hilfe.

3 In M2 wird zweimal das Wort „befrieden“ verwendet. Erkläre, was Augustus damit meinte und welche Maßnahmen er ergriffen hat, um zu „befrieden“.

4 Liste die Probleme auf, die der Verfasser von M3 für das Römische Reich unter Augustus nennt.

5 **Wähle eine Aufgabe aus:**

a) Erläutere den Begriff „Brot und Spiele“.

Tipp: Warum waren Feste und Spiele wichtig für die Machtsicherung der Kaiser?

b) Verfasse aus der Sicht eines Römers einen Brief, in dem du einer Verwandten von der Teilnahme an einer Großveranstaltung in Rom berichtest.

6 Der römische Historiker Tacitus (um 55–120 n. Chr.) schrieb über Augustus, dass dieser einen „blutigen Frieden“ eingeführt habe. Nimm Stellung zu dieser Aussage.

cornelsen.de/webcodes
+ *Code: nukija*
Film: Das Kolosseum

Zusatzaufgabe: siehe S. 169

Eine Geschichtskarte auswerten

Die Geschichtswissenschaft unterscheidet zwischen historischen Karten und Geschichtskarten. Historische Karten sind in einer vergangenen Zeit angefertigt worden, während Geschichtskarten historische Zustände und Ereignisse aus heutiger Sicht darstellen. Auf dieser Seite lernst du Geschichtskarten kennen. Geschichtskarten zeigen, wie sich Menschen in einem bestimmten Raum zu einer bestimmten Zeit verhalten haben.
Historikerinnen oder Historiker greifen auch auf schriftliche Darstellungen und andere Geschichtskarten zurück. Manche Geschichtskarten zeigen einen Zustand (statische Karten), manche verdeutlichen Entwicklungen (dynamische Karten).

M 1

Das Römische Reich von 200 v. Chr. bis zur Zeit des Augustus 14 n. Chr.

M 2

Römische Soldaten verschleppen nach der Einnahme Jerusalems den Siebenarmigen Leuchter aus dem Tempel, Relief auf dem Triumphbogen, der 81 n. Chr. zu Ehren des Kaisers Titus in Rom errichtet wurde, Foto, 1981

Arbeitsschritte „Eine Geschichtskarte auswerten“

Den Kartentitel auswerten	Lösungshinweise zu M1
1. Welche Informationen kannst du dem Kartentitel entnehmen?	• *Der Kartentitel informiert über das Thema, den Zeitraum und das Gebiet. In diesem Fall lautet der Kartentitel „Das Römische Reich von 200 v. Chr. bis zur Zeit des Augustus 14 n. Chr.“. Die Karte informiert also über …*
Die Kartenlegende entschlüsseln und den Maßstab feststellen	
2. Nimm dir Zeit, die Legende genau zu studieren. Sie ist der Schlüssel zum Verständnis der Karte: Wofür stehen die verwendeten Farben und Symbole?	• *Beschreibe die Elemente der Legende mit eigenen Worten. Beginne so:* • *Die Legende enthält verschiedene Farbkästen für … Dieselbe Farbe für die Provinzen gibt an, dass …*
3. Welche Bedeutung haben die schwarzen und roten Jahreszahlen?	• *Sie stehen für die …*
4. In welchem Maßstab ist die Karte angefertigt?	• *Der Maßstab wird in Geschichtskarten meist als Entfernungsleiste mit Kilometerangaben dargestellt. 1000 km entsprechen … cm auf deinem Lineal.*
Den Inhalt der Karte erfassen	
5. Häufig gehst du von vorformulierten Fragen aus, manchmal stellst du selbst Fragen an die Karten.	• *Mögliche Fragen:* *Welche Gebiete wurden unter Augustus erobert? …*
6. Was erfahre ich aus der Karte über die zeitliche Gründung von römischen Provinzen?	• *Die ersten Provinzen waren …, danach folgten im westlichen Mittelmeerraum … und im östlichen Mittelmeerraum …*
7. Was sagt die Karte über die Entwicklung des Römischen Reiches aus?	• …
Weitere Fragen zur Karte stellen	
8. Karten können nicht alle wichtigen Informationen zu einem Thema aufnehmen, da sie ansonsten mit Symbolen überfrachtet und kaum mehr lesbar wären. Ausgehend von einer Karte ergeben sich deshalb oft Fragen, zu deren Klärung du weitere Hilfsmittel benötigst.	• *In diesem Fall liefert die Karte z. B. keine Angaben über die Gründe der Expansion oder warum sich das Römische Reich nicht weiter ausweitete.* • *Finde in deinem Schulbuch, in Sachbüchern oder im Internet Informationen dazu.*

1 Werte die Karte M1 mithilfe der Arbeitsschritte aus. Ergänze die Lösungshinweise an den markierten Stellen (…).

2 Nimm eine Europakarte im Atlas zu Hilfe und nenne die Staaten, die heute in den Gebieten des ehemaligen Römischen Reiches liegen.

3 Stelle in einer Tabelle die römischen Provinzen zusammen, die bis 200 v. Chr., bis 133 v. Chr., bis 44 v. Chr. und bis 14 n. Chr. ins Römische Reich eingegliedert wurden.

Wohnen im antiken Rom

Vor 2000 Jahren war Rom die größte Stadt der Welt. Unablässig strömten Menschen aus allen Teilen des Reichs in die Hauptstadt, um sich dort eine Zukunft aufzubauen. Rom verfügte über gepflasterte Straßen, beheizbare Badeanlagen (Thermen) sowie unterirdische Kanäle, die Abfall und Fäkalien in den Tiber leiteten. Die meisten Bewohner Roms wohnten in Mietshäusern (lat. insulae). Reiche Römer lebten in prächtigen Häusern, während die Ärmsten auf der Straße hausten.

- *Erforsche auf dieser Seite das Leben in einer „insula".*

Steckbrief der Stadt Rom
- im 1. Jahrhundert n. Chr. eine Million Einwohner (davon 400 000 Sklavinnen und Sklaven)
- Menschen aus allen Völkern und Kulturen des Reichs
- religiöse Vielfalt: über 50 unterschiedliche Religionen und Kulte
- Herrschaftssitz des Kaisers mit seiner kaiserlichen Verwaltung und Beamten
- Alltagssprachen in Rom neben Latein: Griechisch, Aramäisch, Punisch
- steinerne Amphitheater für Aufführungen aller Art
- Circus Maximus für Wagenrennen
- nicht immer ausreichende Wasserversorgung
- keine öffentlichen Transportmittel
- wegen der engen Gassen Versorgung der Stadt nur nachts

1 = Ein Straßenhändler; 2 = Ein Hausaltar für die Hausgötter der Familie; 3 = Sklavinnen servieren das Essen; 4 = Müllentsorgung; 5 = Ein Maurer repariert das Gebäude. Einsturzgefährdete Mauern werden mit Balken abgestützt; 6 = Unter dem Dach wohnen sehr arme Menschen; 7 = Eine Straße aus gestampftem Lehm. In ihrer Mitte fließt Schmutzwasser ab; 8 = Öllampen; 9 = Ein Barbier schneidet das Haar und rasiert; 10 = Ein Brunnen, in den Mehrfamilienhäusern gibt es kein fließendes Wasser; 11 = Kohlebecken beheizen die Zimmer; 12 = Ein Korbflechter; 13 = In der Bäckerei gibt es neben Brot auch eine Art Pizza kaufen; 14 = Vorratskammer für Lebensmittel; 15 = Die Latrinen. Für die Benutzung der öffentlichen Toiletten muss man bezahlen; 16 = In den mittleren Stockwerken wohnen wohlhabendere Menschen

M 1 *Römisches Mietshaus, Rekonstruktionszeichnung, 2006. Über die Wohnbedingungen gibt es unterschiedliche zeitgenössische Berichte. Die einen loben die mehrgeschossigen Wohnungen der insulae, andere warnen vor Verfall, Einsturz- und Feuergefahr. In den Wohnungen gab es wegen der Brandgefahr keinen Herd; die Bewohner versorgten sich oft in öffentlichen Garküchen mit warmem Essen.*

1 **Vorschlag für eine Gruppenarbeit:**
Teilt euch in vier Gruppen ein und gestaltet mithilfe von M1 und des Steckbriefs der Stadt Rom eine der vier vorgeschlagenen Situationen. Stellt anschließend eure Ergebnisse vor.
I Wohnungsanzeige: Der Hausbesitzer preist seine Wohnungen zur Vermietung an.
II Reportage: Ein Berichterstatter für den Senat schreibt über das Leben in einer insula.
III Gutachten: Architekten bewerten das Gebäude hinsichtlich seiner Sicherheit.
IV Liste mit Forderungen: Die Mieter einer insula wollen ihre Wohnsituation verbessern.

2 Beschreibe das Leben in der antiken Großstadt Rom mit eigenen Worten. Hättest du dich dort gerne niedergelassen? Begründe deine Antwort.

3 Ein heutiger Historiker bezeichnet das Leben in Rom vor 2000 Jahren als „Wunder und Alptraum zugleich“. Erläutere diese Einschätzung.

4 **Partnerarbeit:** Stellt Anforderungen auf, die ihr an eure Wohnung stellen würdet. Prüft diese Anforderungen an einer römischen Insula.

Zusatzaufgabe: siehe S. 169

cornelsen.de/webcodes
Code: hojofe
Wohnen im antiken Rom

Frauen der römischen Oberschicht – reich und mächtig?

Frauen der römischen Oberschicht erlangten durch ihre Familien oftmals großen Reichtum und Einfluss.

- ***Untersuche das Leben der Frauen der römischen Oberschicht und deren Stellung in der römischen Gesellschaft.***

M 1

Römisches Hochzeitsritual, Marmorrelief, 2. Jh. n. Chr.

M 2

Porträt eines römischen Mädchens, Fresko, 1. Jh. n. Chr.

Ein Leben in Abhängigkeit?

Das Leben vieler Frauen der römischen Oberschicht war von dem Willen der Eltern bestimmt. Denn diese verheirateten ihre Töchter früh – manchmal schon im Alter von zwölf Jahren – mit jungen Männern aus wohlhabenden und politisch wichtigen Familien. Als Ehefrau und Mutter erzogen sie die Kinder und standen einem großen Haushalt vor. Trotz ihrer Verantwortung für die „familia" hatten Frauen nicht die gleichen Rechte wie Männer.

Ihre Situation verbesserte sich aber zum Ende der Republik und in der Kaiserzeit: Sie wurden selbstständiger und in rechtlichen und finanziellen Dingen unabhängiger von ihren männlichen Verwandten. Beispielsweise wurde das Erbe zu gleichen Teilen mit den Brüdern aufgeteilt. Auch die Ehe wandelte sich: War die Frau mit ihrem Vermögen dem Ehemann lange vollständig untergeordnet gewesen, herrschte gegen Ende der Republik meistens Gütertrennung. Das bedeutete, dass die Frau im Falle einer Trennung ihr Vermögen behielt. Die Römerinnen zeigten ihren Reichtum durch teure Kleidung, wertvolle Sklaven und kostbaren Schmuck. Ihre Männer versuchten ihrerseits, ihr eigenes Ansehen durch den Glanz ihrer Frauen zu steigern.

Das gesellschaftliche Ansehen von Frauen

Frauen aus der Oberschicht waren oftmals hochgebildet. Es gab Musikerinnen, Sportlerinnen oder Ärztinnen. Zwar hatte es schon im antiken Griechenland Dichterinnen gegeben, in Rom traten Frauen auch als Rednerinnen öffentlich auf. Anders als in Athen hatten römische Frauen mehr Möglichkeiten, am öffentlichen Leben teilzuhaben. Sie verfolgten die Angelegenheiten des Staates mit großem Interesse. Zwar durften sie keine Ämter innehaben oder an Wahlen teilnehmen, aber sie konnten zum Beispiel Gesuche beim römischen Senat einreichen oder traten als Vermittlerinnen bei politischen Konflikten auf. Viele Frauen aus wichtigen Familien genossen in der Gesellschaft ein hohes Ansehen, was vor allem in Bauwerken oder Standbildern zum Ausdruck kommt, mit denen sie geehrt wurden.

Frauen der Unterschicht und Sklavinnen arbeiteten als Kellnerinnen, Buchhalterinnen und Hausangestellte. Ebenso waren sie in Bereichen tätig, die als unehrenhaft galten: als Tänzerinnen oder als Prostituierte. Für den Handwerksbereich liegen nur Belege dafür vor, dass Frauen als Weberinnen tätig waren.

M 3

Büste und Münze mit Abbild der Gemahlin des Augustus, Livia Drusilla (58 v. Chr. bis 29 n. Chr.)

M 4

Aus der Grabrede eines unbekannten Mannes für seine Ehefrau (1. Jh. v. Chr.):

Ehen von so langer Dauer, die durch den Tod beendet, nicht durch Scheidung getrennt werden, sind selten. Ward es uns doch beschieden, dass unsere Ehe ohne jede Trübung bis zum 41. Jahr fortdauerte ... Was soll ich deine häuslichen Tugenden preisen, deine Keuschheit, deine Folgsamkeit, dein freundliches und umgängliches Wesen, deine Beständigkeit in häuslichen Arbeiten, deine Frömmigkeit, frei von allem Aberglauben, deine Bescheidenheit im Schmuck, die Einfachheit im Auftreten? Wozu soll ich reden von der Zuneigung zu den Deinen, deiner liebevollen Gesinnung gegenüber der ganzen Familie? ... Wir haben uns so die Pflichten geteilt, dass ich die Betreuung deines Vermögens übernahm und du über dem meinen wachtest ... Als ich vor politischer Verfolgung fliehen musste, warst du es, die mir mithilfe deines Schmuckes die meisten Mittel dazu verschaffte.

*Laudatio Turiae, CIL VII 1527. Zit. nach Marcel Durry (Hg.), Éloge funèbre d'une matrone Romaine, Paris (Les Belles Lettres) 1950. Übers. v. Walter Arend. Zit. nach Geschichte in Quellen: Altertum, bearb. von Walter Arend. Bayerischer Schulbuch-Verlag, München, 4. Aufl. 1989, S. 593**

M 5

Der römische Geschichtsschreiber Livius (59 v. Chr.–17 n. Chr.) überlieferte eine Rede des Volkstribuns Valerius:

Öffentliche Auftritte von römischen Frauen gehören zu den Ruhmestaten unserer Geschichte. Haben sich die Frauen nicht tapfer dazwischen geworfen, als Römer und Sabiner sich mitten in Rom eine Schlacht lieferten? Sind sie nicht hinausgezogen vor die Stadt und haben die feindlichen Volsker ... zum Abzug bewogen? Und als die Gallier Rom erobert hatten, gaben die Frauen einmütig all ihren Schmuck, um das Lösegeld aufzubringen ... Sollen die Männer Purpurgewänder tragen, sollen fremde Frauen in Rom mit dem Wagen fahren dürfen und unsere Frauen nicht? Sie wollen ja gar keine Rechtlosigkeit – ihr sollt durchaus eure Stellung in der Familie behalten, aber ihr solltet auch die Interessen der Frauen vertreten, sie nicht in Abhängigkeit halten und lieber Väter und Ehegatten heißen wollen als Herren. Je stärker ihr seid, desto maßvoller müsst ihr eure Macht ausüben.

*Titus Livius. Zit. nach Hans-Jürgen Hillen (Hg.), Römische Geschichte, Buch XXXI–XXXIV, München (Heimeran) 1978. Übers. von Hans-Jürgen Hillen, bearb. v. Verf.***

1 **Wähle eine Aufgabe aus:**
   a) Betrachte M1 und M2. Sammle Adjektive, die die Frauen auf den Abbildungen beschreiben.
   b) Beschreibe mithilfe des Darstellungstextes das Leben der Frauen der römischen Oberschicht.

2 **Methode:** Untersuche M4 mithilfe der Arbeitsschritte „Eine schriftliche Quelle analysieren“ auf S. 71. Achte besonders auf die Absicht und die Zuverlässigkeit der Aussagen.

3 Lies M5 und gib mit eigenen Worten wieder, wie Valerius die Auftritte von Frauen in der Öffentlichkeit beurteilt.

4 **Kurzvortrag:** Recherchiere mithilfe des Internets und M3 wesentliche Informationen zu Livia Drusilla, der Gemahlin des Kaisers Augustus. Sie gilt als eine der einflussreichsten römischen Frauen. Erkläre dabei auch, ob Frauen der römischen Oberschicht reich und mächtig waren.
   Tipp: Warum wurde Livia Drusilla auf Münzen und auf einer Büste abgebildet?

Wie lebten Sklaven im Römischen Reich?

Menschen als Handelsware und als Sache, die nach Belieben getötet, misshandelt, verkauft oder verschenkt werden kann? Menschen ohne Rechte? Was uns heute unvorstellbar erscheint, war in allen antiken Kulturen und in vielen Teilen der Welt noch bis ins 19. Jahrhundert verbreitet. Im Römischen Reich bestand etwa ein Drittel der Bevölkerung aus Sklaven.

- ***Wähle ein Material aus (A, B oder C) und bearbeite es mithilfe der Aufgaben.***

Aufgabe für alle:
Sklaven als Lehrer oder Ärzte? Diskutiert, ob das aus eurer Sicht keinen Widerspruch darstellt.

Sklaverei im antiken Rom

Jeder gewonnene Krieg der Römer führte Tausende oder gar Zehntausende von Besiegten in die Sklaverei*. Auch Seeräuber beteiligten sich an der lohnenden Jagd auf Menschen, die auf Sklavenmärkten verkauft wurden. Viele Sklaven wurden schon unfrei, als Kinder von Sklaven, im Römischen Reich geboren.

Die Sklaverei war im antiken Rom eine wichtige Säule der Wirtschaft. Im 2. Jahrhundert beruhten die guten Erträge der römischen Landwirtschaft vor allem auf der massenhaften Ausbeutung der Arbeitskraft von Sklaven, die in den Olivenhainen oder den Weinbergen arbeiteten. Sklaven aus Griechenland oder dem östlichen Mittelmeerraum hatten aus ihrer Heimat oft sehr gute Kenntnisse und Fertigkeiten mitgebracht. Deshalb konnten sie auch als Lehrer oder Arzt arbeiten.

Mancher vornehme Römer besaß mehr Sklaven als nötig. Da war es oft vorteilhafter, sie freizulassen. Wenn Sklaven freigelassen wurden, gelang es vielen von ihnen, als Bäcker, Schneider oder Kaufmann zu Wohlstand zu kommen. In der Kaiserzeit lagen Teile von Handel, Handwerk, Theater, das Gesundheitswesen und Teile der Staatsverwaltung Roms in den Händen von freigelassenen Sklaven. Im Römischen Reich kam es immer wieder zu Sklavenaufständen. Der bekannteste ist der des Spartacus (siehe S. 52).

A

M 1

Ein Sklavenjunge in einer römischen Küche, vermutlich in Pompeji, römisches Mosaik, undatiert

M 2

Der römische Geschichtsschreiber Plutarch (um 46–um 120 n. Chr.) über den römischen Politiker Cato (234–149 v. Chr.):

Cato hielt eine große Menge Sklaven, die er aus den Kriegsgefangenen kaufte, am liebsten solche, die noch klein waren und sich wie junge Hunde oder Fohlen nach seiner Art bilden und ziehen ließen ... Wenn er seinen Freunden und Amtsgenossen ein Gastmahl gab, ließ er gleich nach dem Essen die Sklaven, die beim Auftragen oder Zubereiten der Speisen nachlässig gewesen waren, auspeitschen. Diejenigen, die ein todeswürdiges Verbrechen begangen zu haben schienen, ließ er dann, wenn sie von sämtlichen Sklaven in einem Gericht für schuldig befunden worden waren, hinrichten.

*Plutarch, Marcus Cato der Ältere, 21. Zit. nach Konrat Ziegler (Hg.), Große Griechen und Römer, Bd. 1, München (Artemis) 1954. Übers. v. Konrat Ziegler, bearb. v. Verf.***

1 Beschreibe das Leben von Sklaven, wie es in M1 und M2 dargestellt wird.

2 Lies M2 und gib mit eigenen Worten wieder, welche Haltung Cato gegenüber seinen Sklaven einnimmt.

B

M 3

Sklavenmarkt im alten Rom, Rekonstruktionszeichnung aus dem 20. Jahrhundert. Die Sklaven wurden auf großen Märkten verkauft. Der größte dieser Märkte war in der griechischen Hafenstadt Delos. An manchen Tagen wurden dort bis zu 10 000 Menschen verkauft. Für jeden Sklaven wurde ein Kaufvertrag abgeschlossen, in dem unter anderem die Qualität der Sklaven garantiert und der Kaufpreis festgehalten wurde.

M 4

Halsband eines Sklaven und seine Besitzmarke, undatiert. Auf der Marke steht: „Halte mich, damit ich nicht fliehe, und gib mich meinem Herrn zurück.“

1 Stelle mithilfe von M3 dar, welche Bedeutung Sklavenmärkte für das Leben der Sklaven hatten.
2 Beurteile die Auswirkungen eines solchen Halsbandes (M4) auf das Leben eines Sklaven.

C

M 5

Einige Sklaven wurden als Gladiatoren eingesetzt. Sie kämpften in den Amphitheatern gegen andere Sklaven oder wilde Tiere. Bei großen Spielen kämpften sie dabei um ihr Leben, manchmal aber auch um ihre Freiheit. Römisches Mosaik, 4. Jh. n. Chr.

1 Beschreibe das Leben von Sklaven, wie es in M5 und M6 dargestellt wird.
2 Erläutere die Bedeutung, die Sklaven für ihre Besitzer und die Öffentlichkeit hatten.

M 6

Der griechische Geschichtsschreiber Diodorus (um 80 v. Chr.–um 29 n. Chr.) über die Sklaven in den Bergwerken in den spanischen Provinzen:
Die mit der Arbeit in den Bergwerken beschäftigten Sklaven liefern ihren Herren unglaublich hohe Einkünfte, sie selbst aber, die in den Gruben unter der Erde ihre Körper Tag und Nacht aufreiben müssen, sterben in großer Zahl unter dem außerordentlich harten Einsatz; denn ihnen wird bei ihrer Tätigkeit keine Erholung oder Pause gewährt, sie müssen vielmehr unter den Schlägen ihrer Aufseher, die sie zwingen, ihre fürchterliche Lage zu ertragen, auf solch elende Weise ihr Leben opfern, wobei freilich einige dank ihrer Körperkraft und Seelenstärke imstande sind, derartige Strapazen über einen langen Zeitraum hin auszuhalten. Der Tod ist jedenfalls wegen der Größe ihrer Leiden ersehnenswerter als das Leben.

*Diodor, Griechische Weltgeschichte V 36, 3–4, 38. Zit. nach Otto Veh (Hg.), Diodoros, Griechische Weltgeschichte, Stuttgart (Hiersemann) 1993. Übers. v. Otto Veh**

Die Wasserversorgung – eine technische Herausforderung

Wasser war in der Antike wie heute ein lebensnotwendiges Gut. Es wurde vor allem in den Städten benötigt. Römische Ingenieure und Bauleute entwickelten ein Kanalnetz, in dem das Wasser aus den Bergen in die Städte geleitet wurde. Vielleicht hast du schon einmal ein römisches Aquädukt gesehen. In Europa, Nordafrika und im Vorderen Orient finden sich noch viele davon.

- ***Wie funktionierte die Wasserversorgung über große Entfernungen?***

M 1

Aquäduktbrücke Pont du Gard bei Nîmes in Südfrankreich, Foto 2007. Das Bauwerk stammt aus dem 1. Jh. n. Chr. und ist 49 Meter hoch.

Aquädukte – eine technische Meisterleistung

Für den steigenden Wasserbedarf in den Städten bauten römische Ingenieure neue Fernwasserleitungen. Diese überwanden auf großen brückenartigen Bauwerken, den Aquädukten, Täler und Flussläufe. Die Leitungen waren meist überdacht, damit das Wasser nicht verschmutzte. Mathematiker berechneten exakt das erforderliche Gefälle, dadurch lief immer genug Wasser durch die Leitungen. Im 1. Jahrhundert n. Chr. entstanden allein rund um Rom 13 Fernleitungen von 17 bis 91 Kilometern Länge. Bei voller Auslastung der Fernleitungen flossen täglich 700 Millionen Liter Wasser in die Hauptstadt.

Thermen

aus dem Griechischen: „warme Bäder". Römerinnen und Römer besuchten regelmäßig öffentliche Badehäuser. Neben dem Zweck der Körperreinigung erfüllten diese Einrichtungen auch eine gesellschaftliche Funktion: Hier traf man sich und tauschte sich aus. Nach der Erfindung der Fußbodenheizung am Ende des 1. Jh. n. Chr. wurden in Rom und den Provinzen mehrere Hundert Thermen errichtet, meist nach der gleichen Bauweise.

Wie wurde das Wasser verteilt?

Das ankommende Wasser wurde in „castella", großen Wasserreservoirs, gespeichert. Von dort gelangte es über unterirdisch verlegte Blei- und Tonrohre an die 1300 öffentlichen Brunnen. Elf Brunnen waren dem Kaiser vorbehalten. Hinzu kam der enorme Wasserbedarf der rund 900 Badehäuser der Stadt. Die Entsorgung des Brauchwassers erfolgte über einen riesigen unterirdischen Abwasserkanal, die „Cloaca Maxima", die in den Tiber führte. Über einen Wasseranschluss im Haus verfügte knapp die Hälfte der Hauptstadtbewohner. In Mietshäusern jedoch, in denen viele römische Familien lebten, war er selten. In der Regel erhielten nur Angehörige der Oberschicht, z. B. Senatoren und Ritter, Genehmigungen für einen solchen Anschluss. Ein Privatmann ohne Vermögen hatte kaum Chancen, einen Wasseranschluss zu erhalten, weil die Zuleitungen von den Verteilerstellen zum Haus selbst bezahlt werden mussten. Wer Wasser verschmutzte, musste mit hohen Geldstrafen rechnen.

M 2

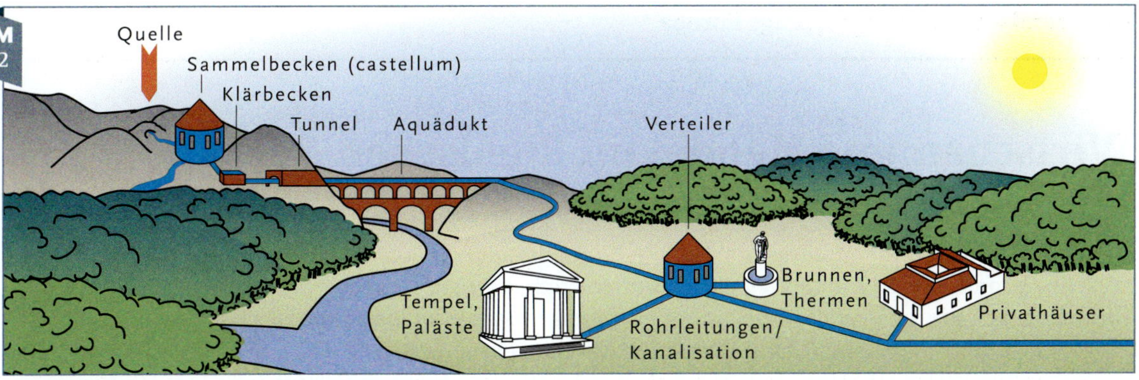

Römische Wasserversorgung, Rekonstruktionszeichnung, 2014

M 3

Thermen mit öffentlicher Toilettenanlage in der römischen Stadt Cambodunum (heutiges Kempten), Foto, 2014

M 4

Der Historiker Helmuth Schneider schrieb 1985:

Da große Mietshäuser nicht an die Kanalisation angeschlossen waren, gab es in den Wohnungen der Armen keine Toiletten; ... üblicherweise wurde der Topf nachts aus dem Fenster entleert, die Fußgänger mussten sehen, dass sie von den Fäkalien nicht beschmutzt wurden ... Tagsüber konnte die Bevölkerung auch die mit der cloaca[1] verbundenen öffentlichen Latrinen[2] benutzen, die mehrere Sitze nebeneinander aufwiesen; es gab keine Trennwände.

*Helmuth Schneider, Cloaca Maxima, in: Journal für Geschichte, Weinheim (Beltz) Juli/August 1985, S. 17. Bearb. v. Verf.***

[1] *Abwasserkanal*
[2] *Toiletten*

M 5

Asterix urteilt über die römische Ingenieurskunst, Comic, 1970

cornelsen.de/webcodes
Code: saboya
Aquädukte

1 **Partnerarbeit:** Notiert, wozu wir heute Wasser brauchen. Verfasst eine Mindmap.

2 Erkläre mithilfe des Darstellungstextes und M2, wie die Römer die Wasserversorgung ihrer Städte sicherten.

3 Beschreibe mithilfe des Darstellungstextes, M1 und M2 die Funktionsweise eines Aquäduktes. Worauf musste der Architekt besonders achten?

4 **Wähle eine Aufgabe aus:**

a) Fasse zusammen, was der Historiker (M4) über Toiletten im alten Rom sagt.

Tipp: Nimm M3 zu Hilfe.

b) Betrachte M5. Verfasse ein Antwortschreiben auf die Aussage von Asterix.

c) Beurteile mithilfe von M4 und M5, ob Rom eine fortschrittliche Stadt war.

Wirtschaft und Handel im Römischen Reich

Dank gut ausgebauter Fernstraßen und einer bedeutenden Handelsflotte konnten im Römischen Reich Erzeugnisse über große Entfernungen gehandelt und getauscht werden. Mithilfe einer Wirtschaftskarte kannst du die Lage der Rohstoffvorkommen, wichtige Produktionsstätten bestimmter Güter und die Handelswege zu Wasser und zu Lande im Römischen Reich untersuchen.

- ***Wie wurde Wirtschaft und Handel im großen Römischen Reich möglich?***
- ***Welche Erzeugnisse und Waren wurden getauscht?***

M 1

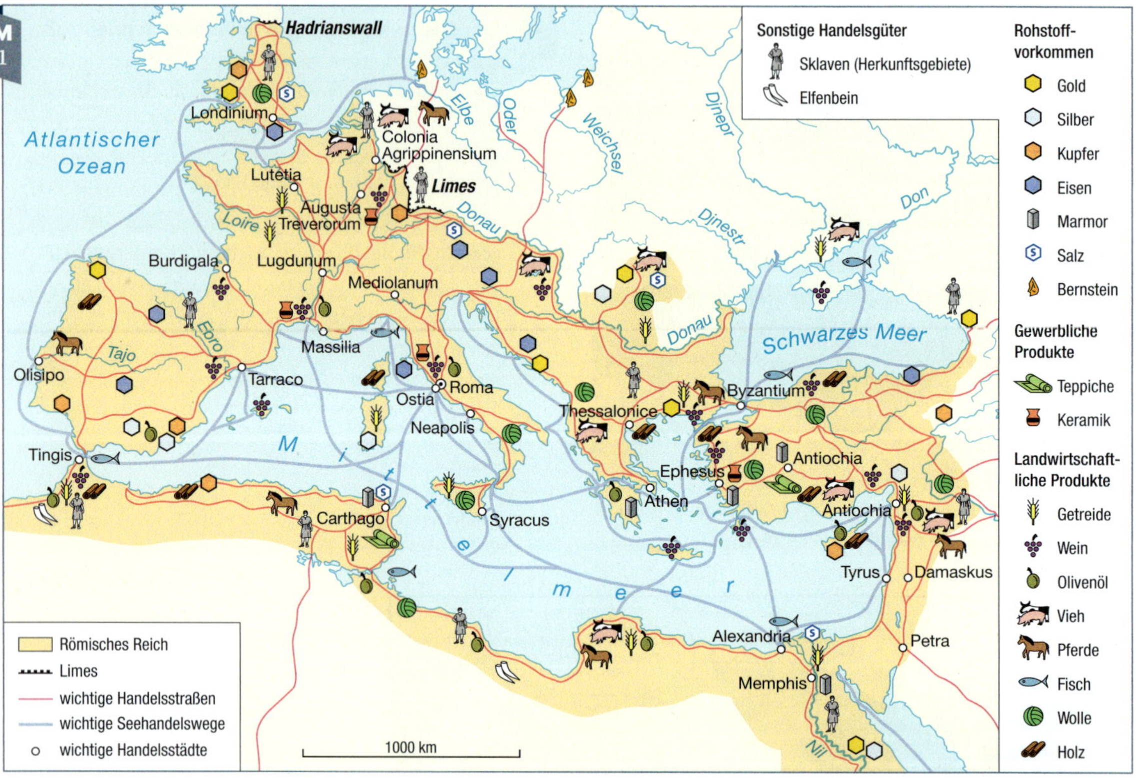

Wirtschaft und Handel im Römischen Reich im 2. Jahrhundert n. Chr.

Umschlagplatz Rom

Unter Augustus entwickelte sich Rom zu einer Millionenstadt. Um die Bevölkerung zu ernähren, mussten riesige Mengen Lebensmittel herangeschafft werden. Diese wurden vorwiegend auf den von Sklaven bewirtschafteten Gütern der Großgrundbesitzer produziert. Ein besonderes Ereignis für die Einwohner Roms war das Eintreffen der ersten Getreideschiffe aus Ägypten im Frühling. Zwar waren die römischen Lastschiffe größer als die griechischen und verfügten über einen zweiten Mast, doch das offene Meer abseits der Küsten wurde nur zwischen Mitte April und Mitte Oktober befahren. Von Rom nach Alexandria dauerte die Schiffsreise bei bestem Wind neun Tage. In umgekehrter Richtung mussten die schwer beladenen Schiffe gegen den Wind kreuzen und benötigten rund drei Wochen. Das typische Transportgefäß dieser Zeit war die Amphore, in der beispielsweise Getreide oder Öl transportiert wurden. Aus heutiger Sicht scheinen viele Handelswege des Römischen Reichs große Umwege zu sein. Das hängt damit zusammen, dass der Transport zur See und auf Flüssen billiger und schneller war als auf dem Landweg. Nach Rom kamen hochwertige Waren aus aller Welt. Die Hauptstadt wurde reich durch die Ausfuhr kostbarer Waren aus Italien in alle Provinzen des Reichs.

M 2

Römische Amphoren, 79 n. Chr., gefunden in einem Gebäude in Pompeji

M 3

Arbeiten an Verkehrswegen in der Römerzeit, Rekonstruktionszeichnung, 2014

1 **Methode:** Werte die Karte M1 mithilfe der Arbeitsschritte S. 33 aus. Übertrage die Arbeitsschritte der linken Spalte der Tabelle in dein Heft und ergänze die Antworten.

Tipp: Folgende Formulierungen könnten dir helfen: „Die Überschrift lautet …", „Die Karte gibt Auskunft über die Wirtschaft und den Handel im Römischen Reich im …", „Die Symbole stehen für …", „Die Rohstoffe und Erzeugnisse wie … werden für … benötigt …", „Es wurde mit … gehandelt …"

2 Miss auf der Karte M1 mithilfe des Maßstabes, welche Wegstrecken die Waren ungefähr zurücklegen mussten:

a) Du transportierst Gold aus Londinium nach Rom.

b) Du transportierst Sklaven aus Memphis nach Rom.

c) Du transportierst Elfenbein aus Tingis nach Rom.

d) Du transportierst Pferde und Vieh aus Antiochia nach Rom.

3 **Wähle eine Aufgabe aus:**

a) Benenne mithilfe von M1 die wichtigsten Handelswaren und liste ihre Herkunftsländer auf.

b) Nimm eine Europakarte aus dem Atlas zu Hilfe und nenne anhand von M1 die heutigen Namen der Länder, mit denen Rom Handel trieb.

4 Erkläre anhand von M3, warum das Straßennetz wichtig für den Handel ist.

5 Vergleiche mithilfe von M3 und M4 die Bauweise von römischen Straßen mit heutigen Straßen. Welche Probleme könnten römische Händler beim Transport durch diese Bauweise gehabt haben?

6 Oftmals wird gesagt, dass eine Zeit des Friedens den Aufschwung des Handels ermöglicht. Nenne Argumente für diese Behauptung.

M 4

Die Via Appia, die älteste gepflasterte römische Fernstraße in Italien, Foto, 2002

Das Leben im römischen Germanien

In West- und Süddeutschland finden sich viele Überreste, die an die Römer erinnern. Dazu zählt der Limes, die Grenzbefestigung zwischen dem Römischen Reich und den von verschiedenen germanischen Völkern beherrschten Gebieten. Trotz der vielen militärischen Konflikte kam es am Limes zwischen Römern und Germanen zu einem regen Warenhandel.

- ***Welche Bedeutung hatte der Limes?***
- ***Welche Auswirkungen hatte die römische Herrschaft im Grenzgebiet?***

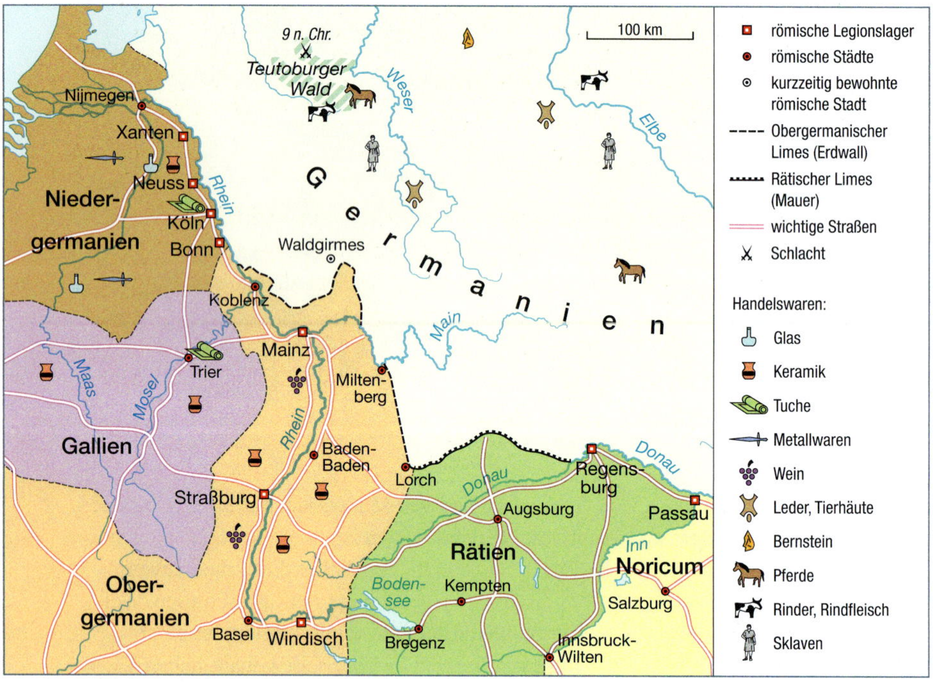

M 1 *Römische Provinzen und Germanien im 2. Jahrhundert n. Chr.*

Romanisierung
Romanisierung bedeutet wörtlich „römisch machen“. Allgemein ist damit die Übertragung römischer Lebensformen auf die besiegten Völker gemeint, z. B. Bauweise, Lebensgewohnheiten, Straßenbau, römisches Recht, lateinische Sprache, römische Götter.

Der Limes – Grenze zur Sicherung des Friedens?

Im Jahr 9 n. Chr. wurde eine römische Armee unter dem Feldherrn Quinctilius Varus bei Kalkriese in der Nähe von Osnabrück von Germanen* vernichtend geschlagen (siehe S. 46/47). Als Reaktion auf diese Niederlage begannen die Römer mit dem Bau einer befestigten Grenze. Der Limes* wurde von den Römern zum Schutz der eroberten Gebiete gebaut. Seine Wachtürme bildeten eine wirksame „Alarmanlage“ gegen regelmäßige Überfälle von Germanen auf die wirtschaftlich reicheren römischen Gebiete. Anfangs bestand der Limes nur aus einem geflochtenen Zaun, kleinen Erdbefestigungen und hölzernen Signaltürmen. Im Laufe des 2. Jahrhunderts n. Chr. wurde er aber immer stärker befestigt. Seine Gesamtlänge betrug 550 Kilometer.

Es ist sicher belegt, dass der Limes trotz der militärischen Auseinandersetzungen Handel und Verkehr nicht behindert hat. Im Gegenteil: Römer und Germanen trieben an den Grenzstationen und nahe gelegenen Märkten einen regen Warenhandel, von dem beide Seiten profitierten. Die in den Grenzregionen stationierten römischen Legionäre waren bei ihrer Versorgung auf germanische Produkte angewiesen. Die wichtigste Energiequelle, das Holz, bezogen die Römer ebenso aus Germanien wie Eisen oder auch Blei, aus denen sie ihre Kanäle bauten. Bei den Germanen waren Keramik, Schmuck oder Wein sehr begehrt. Sie lernten außerdem neue Techniken wie den Hausbau aus Stein und neue Lebensmittel kennen. Mit den Römern kamen auch Gurken, Sellerie, Kirschen und Pfirsiche erstmals ins heutige Deutschland. Da die Germanen dafür keine Bezeichnung kannten, übernahmen sie die römischen Begriffe.

Legionäre – nicht nur Soldaten

Am Limes waren bis zu 30 000 Soldaten in rund 120 Stützpunkten stationiert. Sie legten Festungsanlagen,

M 2

Warenhandel zwischen Germanen und Römern am Limes, Rekonstruktionszeichnung, 2016

Kasernen, Straßen und Kanäle an und mussten auch Äcker in der Nähe des Lagers bewirtschaften. Einige hatten Spezialwissen und wurden als Architekt, Arzt oder als Schmied eingesetzt. Ein anderer Teil diente als eine Art Polizei zur Sicherung nach innen.

Am Ende der Dienstzeit ließen sich viele Soldaten mit ihren Familien als „Veteranen" in der Nähe der Festungen nieder. Sie trugen dazu bei, dass sich die römische Lebensweise in den Grenzgebieten unter den Germanen immer stärker verbreitete. Die Menschen übernahmen sie auch deshalb, weil Steinhäuser, Wasserleitungen und Heizung einen bequemeren Alltag ermöglichten. Die Anpassung an die römische Kultur nennen wir Romanisierung*. Motor der Romanisierung waren vor allem die entlang des Limes gegründeten römischen Provinzstädte. Mit dem Bau von gepflasterten Straßen, Wasserleitungen, Thermen, Foren und Theatern wurde die römische Lebensweise im 1. und 2. Jahrhundert n. Chr. auch in die Gebiete nördlich der Alpen getragen. Städte wie Mainz, Trier und Köln stiegen zu bedeutenden römischen Provinzstädten auf und berufen sich auf diese römische Tradition. Die Spuren sind bis heute sichtbar, denn die römische Zivilisation prägt das Leben in großen Teilen Europas (siehe S. 50/51).

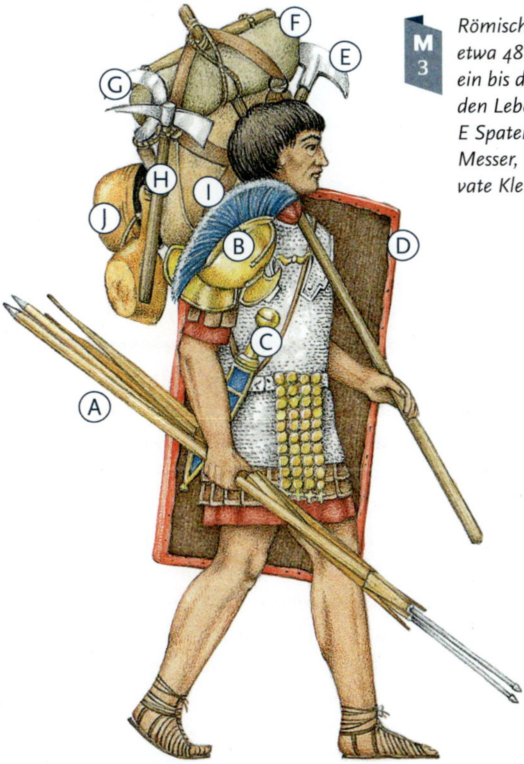

M 3

Römischer Legionär mit Marschgepäck, Rekonstruktionszeichnung. Das Gepäck wog etwa 48 Kilogramm und bestand unter anderem aus Grundnahrungsmitteln, die für ein bis drei Tage reichen mussten, sowie aus Trinkwasser in Feldflaschen. Ergänzend zu den Lebensmitteln trug der Legionär: A Wurflanzen; B Helm; C Kurzschwert; D Schild; E Spaten; F Zeltplane/Ersatzkleidung; G Sichel; H Spitzhacke; I „Tornister" mit Löffel, Messer, Reparaturwerkzeug; J Koch- und Essgeschirr. Außerdem trug er meist noch private Kleinteile wie Kamm, Rasiermesser, Schreibzeug und Amulette.*

1 Beschreibe die Lage, Ausdehnung und den Zweck des Limes (M1 und Darstellungstext).

2 Beschreibe mithilfe der Materialien (M1–M3) den Handel zwischen Römern und Germanen am Limes.
Tipp: Welche Waren wurden gehandelt? Welche Seite profitierte davon?

3 Schreibe aus der Sicht eines Legionärs, der am Limes stationiert ist, einen Brief an seine Familie in Rom, in dem du dessen Ausrüstung und Alltag beschreibst (Darstellungstext, M3).

4 Erkläre die Auswirkungen der römischen Herrschaft auf die eroberten Gebiete (Darstellungstext, Begriffskasten).

Germanien zur Römerzeit

Unter Kaiser Augustus waren die germanischen Gebiete links des Rheins fest in römischer Hand und durch den Limes gesichert. Mit dem Ziel, das Römische Reich bis zur Elbe als natürliche Grenze vorzuschieben, unternahmen römische Legionen mehrfach Feldzüge in das Gebiet der Germanen. Dabei stießen sie auf erheblichen Widerstand der ansässigen germanischen Stämme, die sich nicht den Römern unterordnen wollten.

- ***Wer waren die germanischen Stämme in Sachsen?***
- ***Welche Folgen hatte die Varusschlacht für die Beziehungen zwischen Germanen und Römern?***

M 1

Germanische Stämme in Sachsen zur Römerzeit

Germanische Stämme in Sachsen

In den Überlieferungen römischer Geschichtsschreiber war das Gebiet der Germanen östlich von Rhein und Weser bis zur Elbe und Oder eine dunkle, fremde Landschaft mit ausgedehnten Sumpfgebieten und undurchdringlichen Wäldern. Auch im heutigen Sachsen lebten zu dieser Zeit germanische Stämme, deren Vorfahren um 500 v. Chr. aus dem Norden Europas eingewandert waren. Sie errichteten kleine Dörfer an der Weißen Elster, der Pleiße, der Mulde und der Elbe. Doch viele Gebiete, z. B. im Erzgebirge und in der Oberlausitz, waren menschenleer.

Über die Lebensweise der germanischen Stämme in Sachsen weiß man immer noch nicht viel, obwohl Ausgrabungen in den letzten Jahrzehnten zahlreiche Siedlungsspuren freigelegt haben. In den dörflichen Siedlungen wurde in der Regel in ebenerdigen, zwei- bis dreischiffigen Pfahlhäusern gewohnt, die in einen Eingangs-, einen Wohn- und einen Stallbereich unterteilt waren. Es gab aber auch kleinere Grubenhäuser, in denen Vorräte gelagert oder Arbeiten, z. B. das Weben von Kleidung, ausgeführt wurden. Die germanischen Siedler lebten als Bauern von der Landwirtschaft und benutzten noch Werkzeuge und Waffen aus Bronze. Die Eisenherstellung lernten sie durch den Handel mit den Kelten kennen, die südlich des Erzgebirges und des Thüringer Waldes lebten. Aufgrund von Funden der Überreste von Eisenschmelzöfen ist sicher, dass sie Waffen und Geräte aus Eisen benutzten und es germanische Schmiede gab. Die ältesten Schmiedewerkzeuge wie Hammer, Meißel und Amboss wurden in einem Grab bei Leipzig-Thekla gefunden. Die Schmiede betrieben aber ihr Handwerk nur zeitweilig neben Ackerbau und Viehzucht. Über das Zusammenleben in den Dörfern ist wenig bekannt. An der Spitze der Sippenverbände standen Adlige mit ihrer Gefolgschaft, die sich als Krieger am Kampf gegen die Römer beteiligten.

Die Varusschlacht

Nach den ersten siegreichen Feldzügen gegen die Germanen unter Drusus 12–9 v. Chr. und der Niederschlagung von Aufständen unter Tiberius 4 und 5. n. Chr. schien Germanien so weit unter römischer Kontrolle, dass der von Augustus eingesetzte Statthalter Quitinius Varus hier eine Provinzorganisation aufbauen, römisches Recht und Glauben einführen sowie die Erhebung von Steuern und Tributzahlungen durchsetzen sollte. Dagegen erhoben sich die unter dem Cheruskerfürsten Arminius zusammengeschlossenen germanischen Stämme und lockten 9 n. Chr. die römischen Legionen in einen Hinterhalt. In einem über drei Tage dauernden Gemetzel wurde das aus etwa 18 000 Soldaten bestehende römische Heer vernichtend geschlagen. Varus und die anderen römischen Heerführer begingen Selbstmord, um nicht in die Hände der Germanen zu fallen. Obwohl immer noch nicht gesichert, weisen zahlreiche Funde (Ausrüstungsgegenstände, Waffen, Werkzeuge, Münzen) darauf hin, dass diese Schlacht auf dem Kalkrieser Berg bei Osnabrück stattfand.
Nach dieser Niederlage führten die Römer unter Germanicus 14–16 n. Chr. zwar noch Rachefeldzüge durch. Und auch in den Jahrhunderten danach gab es immer wieder Streifzüge römischer Legionen durch das Gebiet zwischen Rhein und Elbe, allerdings nicht bis in das Gebiet des heutigen Sachsens.

Germanische Krieger mit römischen Waffen in Sachsen

Die zwei Jahrhunderte nach der Varusschlacht waren in Germanien einerseits durch Handel und andererseits durch kriegerische Auseinandersetzungen zwischen Germanen und Römern bestimmt, die auch Spuren in Sachsen hinterließen. Auf einen regen Handel weisen Metallgefäße, Glaserzeugnisse und Keramik hin, die bei Ausgrabungen als Grabbeigaben in Zauschwitz bei Borna gefunden wurden und in Werkstätten der römischen Provinzen angefertigt worden sind. Besonders der Fund römischer Münzen von Schwepnitz bei Kamenz belegt die Beziehungen zwischen germanischen Stämmen in Sachsen und Römern. Von zwei Schülern beim Spielen in einer Kiesgrube entdeckt, stellten sich die 121 Münzen als römische Silberdenare heraus, die direkt aus Rom stammten und zwischen 50 und 180 n. Chr. geprägt wurden. Die Münzen konnten durch Handel erworben sein. Möglich ist aber auch, dass sie der Sold germanischer Krieger in römischen Diensten gewesen sind.
In den Gräbern von Zauschwitz wurden auch Belege dafür gefunden, dass Angehörige des germanischen Stammes der Hermunduren an Kriegszügen gegen die Römer und im 3. Jahrhundert n. Chr. an Kämpfen um den Limes teilgenommen haben. Die hier bestatteten Krieger haben die Waffenausrüstungen vermutlich als Kriegsbeute mit nach Hause gebracht. Seit Mitte des 4. Jahrhunderts n. Chr. verließen die germanische Stämme Sachsen und wanderten vermutlich an den Rhein und die Donau.

M 2

Eiserne Gesichtsmaske eines römischen Helmes, 1988 in Kalkriese gefunden, Foto, 2001

1 Verfasse mithilfe des Darstellungstextes und M1 einen Bericht über Sachsen während der Römerzeit.

2 Erläutere mithilfe des Darstellungstextes, warum sich die germanischen Stämme gegen Varus auflehnten.

3 Begründe, warum die Funde von Zauschwitz und Schwepnitz auf Beziehungen zwischen Germanen und Römern hinweisen (Darstellungstext).

4 Überlege, welchen Eindruck M2 auf die germanischen Krieger machen sollte.

Die Ausbreitung des Christentums im Römischen Reich

Die Römer unterwarfen viele Völker, die andere Gottheiten verehrten als sie selbst. In Judäa trafen sie nicht nur auf das Judentum, sondern auch auf die ersten Christen.

- ***Warum verbreitete sich die christliche Religion, und warum nahm sie bald eine bevorzugte Stellung im Römischen Reich ein?***

Die Entstehung der christlichen Religion

In der römischen Provinz Judäa lebte zur Zeit der Kaiser Augustus (30 v. Chr.–14 n. Chr.) und Tiberius (14 n. Chr. bis 37 n. Chr.) der Jude Jesus von Nazareth. Als Wanderprediger forderte er die Menschen zur Nächstenliebe auf und weckte in ihnen die Hoffnung auf das kommende Reich Gottes. Für seine Anhänger war er der von den Juden erwartete, von Gott gesandte Messias (hebräisch: der Gesalbte). Der griechische Ausdruck heißt Christos. Daher bezeichneten die Römer die Anhänger dieser jüdischen Sekte nach Jesu Tod als „Christen". Jesus geriet mit seiner Botschaft in Konflikt mit den jüdischen Schriftgelehrten und den Priestern in Jerusalem. Sie sahen in ihm einen Aufrührer und eine Gefahr für den sozialen Frieden. Deshalb klagten sie ihn um ca. 30 n. Chr. beim römischen Provinzstatthalter Pontius Pilatus an. Dieser verurteilte Jesus zum Tod am Kreuz. Wahrscheinlich sah Pilatus in Jesus auch einen der vielen Widersacher gegen die römische Herrschaft in Judäa.

M 1

Christus als guter Hirte, römische Wandmalerei aus einer unterirdischen Begräbnisstätte (Katakombe), 3. Jh. n. Chr.

Apostel verbreiten die christlichen Ideen

Trotz der anfänglich wenigen Anhänger verbreitete sich nach der Hinrichtung Jesu die „frohe Botschaft" (griechisch: Evangelium) dank der Apostel (Sendboten) im östlichen Mittelmeerraum und bis in die Hauptstadt Rom. Die bekanntesten Apostel sind Petrus und Paulus. Sie waren gebildete Juden, sprachen neben dem im Alltag gebräuchlichen Aramäischen auch Griechisch und Latein. Paulus war römischer Bürger und gewann auf seinen Reisen viele Menschen für die neue Lehre. Anfangs verstanden sie sich noch als Juden. Erst allmählich empfanden sie die Unterschiede zum herkömmlichen jüdischen Glauben als zu groß.

Von der Minderheit im Römischen Reich …

Die neuen christlichen Gemeinden bestanden vor allem aus Angehörigen der städtischen Unterschichten, römischen Soldaten, Frauen und einigen wohlhabenden Römern. Auch viele Sklaven bekannten sich zum Christentum. Solange sie die öffentliche Ordnung nicht störten, waren die Gemeinden im Römischen Reich geduldet. Da die Christen das allen Religionsgemeinschaften vorgeschriebene Opfer für den Kaiser ablehnen, gerieten sie aber immer wieder unter Verdacht. Was taten sie, wenn sie sich zu Gebet und Gottesdienst in Privathäusern trafen? Als 64 n. Chr. in Rom ein verheerender Brand wütete, unterstellte Kaiser Nero den Christen Brandstiftung und ließ viele von ihnen hinrichten. Dabei sollen auch die Apostel Petrus und Paulus als Märtyrer* gestorben sein. Am vermuteten Grab des Apostels Paulus wurde eine Kirche errichtet, die mehrfach zerstört und umgebaut heute als „Petersdom" zum Zentrum der katholischen Christenheit geworden ist. Auch im 2. und besonders im 3. Jahrhundert n. Chr. kam es zu Christenverfolgungen.

M 2

Die Ausbreitung des Christentums im 3. Jahrhundert

… zur Staatsreligion

Die entscheidende Wende für die Christen im Römischen Reich kam mit Kaiser Konstantin. Er erkannte 313 n. Chr. das Christentum als gleichberechtigte Religion an. Eine christliche Legende erzählt, dass Konstantin vor einer Schlacht gegen seinen Rivalen Maxentius im Traum ermahnt worden sei, mit dem Christuszeichen auf Fahnen und Schilden in die Schlacht zu ziehen. Nach seinem Sieg sicherte Konstantin allen Christen die freie Religionsausübung zu. Er bestimmte den Sonntag zum Ruhetag, unterstützte finanziell den Bau von Kirchen, verbot die Kreuzigung und gab Christen hohe Ämter in seiner Verwaltung. Erst auf dem Sterbebett ließ er sich taufen. Mit der konstantinischen Wende* wurde die Verbindung von römischem Staat und Christentum immer enger. Kaiser Theodosius I. (379–395) machte das Christentum 380 n. Chr. zur alleinigen Religion (Staatsreligion*). Unter der nun einsetzenden Verfolgung von Nichtchristen litten besonders die Juden, von denen die meisten ins Reich der Perser und in die Handelsstädte der Arabischen Halbinsel auswanderten. Eine einheitliche christliche Kirche hat es nicht gegeben. Der Gottesdienst wurde im Westen in lateinischer und im Osten in griechischer oder aramäischer Sprache gehalten.

M 3

Münze des Kaisers Konstantin, 315 n. Chr. Auf dem Schild ist die römische Wölfin abgebildet; im Helm zeigt eine runde Scheibe das sogenannte Christogramm. Die griechischen Buchstaben X (CH) und P (R) sind die Anfangsbuchstaben von Christus.

1 a) Arbeite aus dem Darstellungstext die wesentlichen Informationen zur Entwicklung und Ausbreitung des Christentums im Römischen Reich heraus.
b) Erkläre, wieso sich das Bild in M1 in einer unterirdischen Begräbnisstätte befunden hat. Halte deine Ergebnisse in einer Mindmap fest:

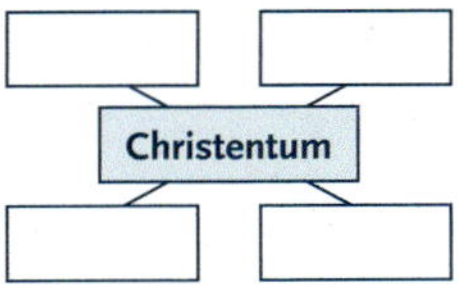

2 Benenne mithilfe von M2 diejenigen heutigen Länder, in denen sich das Christentum im 3. Jh. n. Chr. verbreitet hatte.

3 Erläutere den Begriff „konstantinische Wende" (Darstellungstext Z. 51 ff.).

4 Partnerarbeit: Recherchiert im Internet, was die Christen aus Sicht der Römer „verdächtig" machte. Findet ein Beispiel dafür, dass es solche Verdächtigungen auch heute noch gibt.

Zusatzaufgabe: siehe S. 169

Welche Spuren hinterließen die Römer bis heute?

Das Römische Reich erstreckte sich über fast ganz Europa und existierte bis ins 5. Jahrhundert n. Chr. Bis heute beeinflusst die römische Kultur immer noch unterschiedliche Bereiche unseres täglichen Lebens. Darüber hinaus ist das Römische Reich immer wieder Thema von Ausstellungen, Comics und großen Spielfilmen.

- *Untersuche, inwiefern uns das Römische Reich heute noch beeinflusst und wie wir mit der römischen Vergangenheit umgehen.*

M 1

„Asterix als Legionär" – Diente die Berufsarmee der Römer zur Romanisierung der „Fremden"?

Römische Fremd- und Lehnwörter

Die Römer prägen bis heute insbesondere mit ihrer Sprache und Schrift das Leben in großen Teilen Europas. Dieses Schulbuch ist in lateinischen Buchstaben gedruckt, und einige von euch lernen eine aus dem Latein abgeleitete „romanische" Sprache wie Französisch, Spanisch oder Italienisch. Viele moderne Wörter stammen aus dem Lateinischen. Du erkennst sie daran, dass ihre Aussprache und Schreibweise dem lateinischen Begriff sehr ähneln. Solche Wörter nennen wir Lehnwörter.

Daneben gibt es Fremdwörter in lateinischer Sprache, die wir bis heute verwenden. Oftmals hat sich nur deren Schreibweise geändert, z. B. Argument (argumentum) oder Transport (transportare). Besonders häufig sind solche Fremdwörter in der Biologie oder Medizin zu finden.

Rechnen nach dem Dezimalsystem

Das Dezimalsystem steht für ein Zahlensystem, das auf der Zahl 10 basiert. Es wird als Zehnersystem bezeichnet, weil beim Zehnfachen einer Zahl eine neue Stelle hinzukommt, zum Beispiel 10 x 10 = 100. Über die Araber kam es nach Europa. Im Gegensatz zu heute benutzten die Römer Buchstaben als Zahlzeichen. Dies waren die sieben lateinischen Buchstaben I (= 1), V (= 5), X (= 10), L (= 50), C (= 100), D (= 500) und M (= 1000). Noch heute finden sich diese Zahlzeichen an alten Gebäuden oder Denkmälern. Da das schriftliche Rechnen mit römischen Zahlen kompliziert war, nutzten die Römer dazu ein Rechenbrett, einen sog. „Abakus". Er bestand aus sieben dezimalen Spalten, deren Wert sich immer verzehnfachte (Millionen, Hunderttausender, Zehntausender, Tausender, Hunderter, Zehner, Einer) sowie einer Spalte für Zwölftel. Durch das Verschieben von kleinen Steinen konnten Händler mithilfe des Abakus einfache Berechnungen durchführen. Heute rechnen wir immer noch in Dezimalschritten, so entspricht zum Beispiel ein Dezimeter zehn Zentimeter oder ein Zentimeter zehn Millimeter.

Römische Handwerke

Einige Handwerksberufe wurden bereits von den Römern ausgeübt. Manche waren schon so weit ausgebildet, dass sie sich bis heute kaum weiterentwickelt haben und kein entscheidender Fortschritt in der Tätigkeit festgestellt werden kann, zum Beispiel bei der Glasherstellung oder in der Goldschmiedekunst.

M 2

Lateinische Wörter in der deutschen Sprache

M 3

Der Historiker Christian Meier über das römische Erbe in unserem Alltag (2010):

Überall steckt es in uns, das Erbe Roms. Angefangen bei der Sprache ... Aber es waren ja nicht nur die Wörter, die übernommen wurden, sondern die ganze Sprache drang tief in das Leben unserer Vorfahren ein ... Gelehrte, Juristen, Mediziner, Beamte hatten Latein zu lernen. In ganz Europa war es eine gemeinsame Sprache; es war enorm wichtig für die Kommunikation. Das hieß aber auch: Überall mussten nicht wenige zwei Sprachen können, was wiederum das Denken schulte und schließlich auch den einzelnen Landessprachen zugutekam ... Mit der Gelehrsamkeit kam die lateinische Literatur, Cicero und Vergil zum Beispiel. Vieles, was in den eigenen Sprachen nicht so leicht zu sagen war, ging auf Lateinisch, sodass sich das Erbe Roms, wie das der Griechen, tief in Europa eingelagert hat ...

Kaum hoch genug einzuschätzen ist die Bedeutung des römischen Rechts, das man nach und nach übernahm. Die aufblühende städtische Wirtschaft brauchte die Juristen, und der Staat der Neuzeit ist ohne sie gar nicht vorzustellen. Vieles Weitere könnte man nennen.

*Christian Meier, Die Wirkungsmacht Roms, 2010. Zit. nach www.deutschlandradiokultur.de/die-wirkungsmachtroms, (Stand: 4. 12. 2018)**

1 Nenne mithilfe des Darstellungstextes Bereiche, in denen wir heute noch Spuren der römischen Kultur finden.

2 Beurteile, ob der Comic-Zeichner (M1) beim Zeichnen der römischen Legionäre an alles gedacht hat. Worauf würdest du ihn aufmerksam machen?
Tipp: Vergleiche mit der Zeichnung des Legionärs auf S. 45.

3 **Partnerarbeit:** In M2 sind lateinische Begriffe abgebildet, die wir im Deutschen als Lehnwörter verwenden. Übersetzt sie.

4 Stelle in Stichpunkten die Dinge zusammen, die in M3 als Erbe Roms genannt werden.

5 **Recherche:** Suche im Internet nach weiteren Spuren aus römischer Zeit, die uns im Alltag begegnen.

Historische Spielfilme untersuchen

Historische Spielfilme machen Geschichte anschaulich. Sie wollen spannend unterhalten, und erzählen, personalisieren und dramatisieren Geschichte. Wir dürfen deshalb die Handlung in einem Spielfilm nicht mit der geschichtlichen Wirklichkeit verwechseln. Caesar und Augustus, Asterix und der Gallische Krieg – Personen und Ereignisse aus der Geschichte des Römischen Reichs sind seit den Anfangsjahren des Films immer wieder verfilmt worden. Am Beispiel des Films „Spartacus" von 1960 werden dir Hinweise gegeben, wie du historische Spielfilme untersuchen und kritisch hinterfragen kannst.

Arbeitsschritte „Historische Spielfilme untersuchen"

Formale Betrachtung	Lösungshinweise zum Film „Spartacus"
1. Wer sind Regisseur und Drehbuchautor?	• *Regie: Stanley Kubrik, Drehbuch: Dalton Trumbo nach einem Roman von Howard Fasts*
2. Wann und in welchem Land wurde der Film produziert?	• *Ende der 1950er-Jahre, erschienen 1960 in Hollywood in den USA*
3. Welche Schauspieler sind beteiligt?	• *Kirk Douglas, Laurence Olivier, Toni Curtis u. a.*
4. Wie lang ist der Film?	• *198 Minuten*
Filminhalt und historischen Zusammenhang untersuchen	
5. Mit welchem historischen Thema setzt sich der Film auseinander?	• *Aufstand der Sklaven und Gladiatoren unter Führung von Spartacus 73 bis 71 v. Chr.*
6. Wie lässt sich die Handlung kurz zusammenfassen?	• *Dem gegen die Behandlung in der Gladiatorenschule rebellierenden Spartacus schließen sich in seinem Aufstand gegen Rom immer mehr Sklaven an. Nach anfänglichen Erfolgen werden die Gladiatoren durch das römische Heer unter Crassus vernichtend geschlagen …*
7. Wer sind die Hauptfiguren?	• …
Botschaft des Films erfassen und bewerten	
8. Welche Wirkung verfolgt der Film?	• *Im Gegensatz zum bewundernswerten Freiheitskampf der Sklaven steht das abzulehnende Intrigenspiel der römischen Senatoren und Feldherren.*
9. Halten sich die Filmmacher an die historische Wirklichkeit?	• *Die wahre Begebenheit eines Sklavenaufstandes dient als Anlass für eine heroisierende, vereinfachende und von historischen Fakten nicht belegte Darstellung.*

Vorschlag für eine Gruppenarbeit:

1 Seht euch den Film „Spartacus" an und sucht euch einige Szenen heraus, die ihr mithilfe der Arbeitsschritte untersucht.

2 In einer Filmkritik heißt es, „Spartacus" sei ein melodramatischer und sentimentaler Film, der nichts mit der historischen Wirklichkeit zu tun hat. Nehmt dazu Stellung und begründet eurer Urteil.

800 v. Chr. | 600 v. Chr. | 400 v. Chr. | 200 v. Chr. | Christi Geburt | 200 n. Chr. | 400 n. Chr.

753 v. Chr. Gründung der Stadt Rom der Sage nach

510–27 v. Chr. Zeitalter der römischen Republik

um 494–287 v. Chr. Ständekämpfe

270 v. Chr.–150 n. Chr. Aufstieg zur Weltmacht

44 v. Chr. Caesar wird ermordet

27 v. Chr.–14 n. Chr.
Prinzipat unter Augustus

380 n. Chr.
Christentum
Staatsreligion

Die römische Zivilisation prägt Europa

Die römische Republik

Die Sage legt die Gründung Roms auf das Jahr 753 v. Chr. fest. Tatsächlich aber gab es hier schon seit dem 10. Jahrhundert v. Chr. eine Siedlung. Später wanderten die Etrusker an den Fluss Tiber und errichteten dort eine Königsherrschaft. Um 510 v. Chr. vertrieben die Römer den letzten etruskischen König und gründeten eine Republik, die von adligen Patriziern regiert wurde.

Vom Stadtstaat zum Weltreich

Um 500 v. Chr. war Rom noch ein kleiner Bauernstaat. Etwa 250 Jahre später beherrschte es fast ganz Italien. Durch weitere Kriege und Eroberungen im folgenden Jahrhundert entstand das römische Weltreich. Der Aufstieg zur Weltmacht führte im Innern im 1. Jahrhundert v. Chr. zur Krise, in der immer wieder ehrgeizige Heerführer um die Herrschaft kämpften. Besonders erfolgreich war hierbei Gaius Julius Caesar, der die Alleinherrschaft anstrebte. Er wurde 44. v. Chr. in einer Senatssitzung ermordet.

Die römische Kaiserzeit

Nach der Ermordung Caesars kam es zu jahrelangen Bürgerkriegen, aus denen Augustus (31 v. Chr.–14 n. Chr.) als Sieger hervorging. Augustus selber bezeichnete sich als „Erster unter Gleichen", kontrollierte aber in Wirklichkeit alle wichtigen Bereiche im Staat. Mit ihm begann für die Römer eine Friedenszeit von fast 200 Jahren. In dieser Zeit entstand ein zusammenhängendes Reich mit 40 Provinzen. Das Ziel war es, den Frieden nach innen und nach außen zu sichern. Aus den unterworfenen Gebieten wurden Luxusgüter aller Art nach Rom gebracht. Der Reichtum Roms zeigt sich in den großzügigen öffentlichen Bauten ebenso wie in den Palästen und herrschaftlichen Häusern. Wettrennen und Gladiatorenspiele lenkten die Massen von ihrer Armut ab. Ein elendes Leben führten häufig die Sklaven.

Germanen und Römer

Die Grenze zwischen dem Römischen Reich und dem freien Germanien wurde zum großen Teil durch den Limes gesichert. Hier kam es für lange Zeit zu einem weitgehend friedlichen Zusammenleben von Römern und Germanen, die im Laufe der Zeit die römische Lebensweise und auch viele Begriffe aus der lateinischen Sprache übernahmen. Dieser Prozess der Romanisierung gilt vor allem für den westlichen Teil des Reichs; im östlichen Mittelmeerraum blieben die griechische Sprache und Lebensart erhalten.

Rom und die Religionen

Durch die Expansion kamen die Römer in Konflikt mit dem Christen, die sich den römischen Eroberern nicht unterordnen wollten. Als die Christen Opfer zu Ehren der Kaiser verweigerten, wurden sie verfolgt. Den Christenverfolgungen des 2. und 3. Jahrhunderts fielen zahlreiche Menschen zum Opfer. Erst Kaiser Konstantin legte 313 den Grundstein dafür, dass das Christentum im Jahr 380 Staatsreligion werden konnte.

Überlieferungen der römischen Zivilisation

Die römische Antike ist heute noch durch Bauwerke, z. B. Amphitheater, Thermen und Aquädukte, an vielen Orten sichtbar. Spuren der Römer begegnen uns auch in Form von römischen Fremd- und Lehnwörtern. Viele Wörter aus dem Alltag haben ihren Ursprung im Lateinischen. In der Wissenschaft werden oft lateinische Begriffe als Fremdwörter verwendet. Das Dezimalsystem, das von den Römern zur einfacheren Rechnung genutzt wurde, verwenden wir heute noch. Auch viele Handwerke haben sich seit der Römerzeit nicht nennenswert weiterentwickelt.

In diesem Kapitel konntest du folgende Kompetenzen erwerben:

- die Entstehung Roms im Gründungsmythos wiedergeben und die Expansion vom Dorf zum Großreich darstellen
- den Aufbau der römischen Republik erläutern
- den Wandel der politischen Herrschaft von der Republik zum Kaiserreich analysieren
- die Lebensverhältnisse von Sklaven im Römischen Reich beurteilen
- die Folgen der Romanisierung der eroberten Gebiete erklären und ihre Nachwirkungen bis heute beurteilen
- **Methode:** Ein Schaubild auswerten
- **Methode:** Eine Geschichtskarte auswerten

Folgende Begriffe hast du kennengelernt:

- Augustus
- Staatsreligion
- römische Expansion
- Gründungsmythos
- Kaiserzeit
- Limes
- Varusschlacht
- Römische Republik
- Caesar
- Christenverfolgung

1 Die oben stehenden Begriffe sind etwas durcheinander geraten. Ordne sie in eine historisch richtige Reihenfolge.
Tipp: Nutze als Hilfe die Zeitleiste auf der vorherigen Doppelseite.

M 1

Sprachenmix:
Auf einer strata bedeckt mit plastrum nähert sich ein germanischer Händler auf seinem carrus dem römischen Gutshof. Seine Waren hat er sorgfältig verpackt in cista, saccus und corbis. Umgeben war der Gutshof von einer murus. Durch die geöffnete porta gelangte er in den Innenhof. Jetzt stand er vor der villa, die mit roten tegulae gedeckt war. In der villa gab es eine camera und ein geheiztes Zimmer. An der Wand hing ein speculum. Jedes Zimmer hatte ein großes fenestra. Im cellarium befand sich die riesige pressa, mit deren Hilfe vinum und mustum hergestellt wurden. Für seine Waren, Felle und Bernstein, erhielt der germanische Händler Obst und Gemüse und andere Waren. Einige Waren ließ er sich auch in römischer moneta bezahlen.

M 2

Ein Tag am Limes, Modell im Limesmuseum Aalen. Das Modell zeigt germanische Händler, die einen Grenzposten am Limes überqueren, um im römischen Germanien ihre Waren zu verkaufen. Um die Grenze überqueren zu dürfen, mussten sie bei den Legionären eine Zollgebühr bezahlen.

M 3

Rund 15 000 Playmobil-Legionäre stellten im Rahmen der Ausstellung „Imperium" im Jahr 2009 im Römermuseum Haltern die drei Legionen des Varus dar, die bei der Varusschlacht von den Germanen vernichtend geschlagen wurden. Foto, 2009

M 4

Der römische Geschichtsschreiber Cassius Dio (ca. 164–229 n. Chr.) über das Verhältnis zwischen Römern und Germanen:

Die römischen Soldaten bezogen [in Germanien] ihre Winterquartiere. Städte wurden gegründet, und die Barbaren[1] passten sich der römischen Lebensweise an, besuchten die Märkte und hielten friedliche Zusammenkünfte ab. Freilich hatten sie auch nicht die Sitten ihrer Väter, ... ihre unabhängige Lebensweise und die Macht ihrer Waffen vergessen. Solange sie allmählich und behutsam umlernten, fiel ihnen der Wechsel der Lebensweise nicht schwer – sie fühlten die Veränderung nicht einmal. Als aber Quinctilius Varus den Oberbefehl über Germanien übernahm und sie zu rasch umformen wollte, indem er ihnen wie Unterworfenen Vorschriften machte und insbesondere von ihnen wie von Untertanen Steuern eintrieb, da hatte ihre Geduld ein Ende.

*Cassius Dio 56,18ff. Zit. nach Otto Veh, Cassius Dio, Römische Geschichte, Zürich (Artemis) 1986, o. S. Übers. v. Otto Veh, bearb. v. Verf.***

[1] *gemeint sind die Germanen*

Methoden- und Interpretationskompetenz

1 Untersuche M4 mithilfe der Arbeitsschritte „Eine schriftliche Quelle analysieren" auf S. 71.

2 Beurteile das Verhältnis zwischen Römern und Germanen (M2 und M4).
Tipp: Nimm auch S. 44–47 zu Hilfe.

3 Untersuche die Herrschaft des Augustus mithilfe des Schaubildes S. 29.
Tipp: Nimm die Arbeitsschritte „Ein Schaubild auswerten" auf S. 21 zu Hilfe.

Geschichte darstellen

4 Entwirf für eine Führung durch ein Museum einen Audioguide, der den Besuchern anhand des Modells M2 den Handel am Limes erläutert. Nimm dazu die S. 44/45 zu Hilfe.

5 Erstelle ein Quiz zum Thema Rom. Entwickle dafür zehn Fragen mit jeweils vier Antwortmöglichkeiten. Spielt anschließend in der Klasse gegeneinander.
Tipp: Nutze auch die Begriffe im Kasten auf S. 54.

Geschichte heute

6 Im Text M1 findest du einige lateinische Wörter, die im Deutschen als Lehnwörter vorkommen. Schreibe sie heraus und übersetze ins Deutsche, z. B. strata – Straße, plastrum – Pflaster usw.

7 Beschreibe mithilfe von M3 und S. 46, wie die Varusschlacht in der Gegenwart dargestellt wird.

cornelsen.de/webcodes
Code: bepixa
Selbsteinschätzungsbogen

ME REGES
REGNANT

2

Wer herrschte im Mittelalter?

Wahrscheinlich seit dem 10., spätestens aber seit dem 11. Jahrhundert wurden die Kaiser im Mittelalter mit der prunkvoll verzierten Reichskrone gekrönt. Neben 144 Edelsteinen und 144 Perlen sind in die achteckige Krone auch vier Bildplatten mit Bibelzitaten eingearbeitet. Auf der hier zu sehenden Bildplatte ist Christus als Herrscher über die Welt, umrahmt von zwei Engeln, abgebildet. Darüber steht auf lateinisch PER ME REGES REGNANT. Das bedeutet: Durch mich regieren die Könige.

Warum trugen die Kaiser im Mittelalter solch prunkvolle Kronen?
Welche weiteren Herrschaftszeichen von Königen und Kaisern kennst du?

Foto der Reichskrone, die heute in der Wiener Hofburg aufbewahrt wird. Die Krone ist von unschätzbarem Wert.

400 | 500 | 600 | 700 | 800 | 900

391 Christentum wird Staatsreligion im Römischen Reich

395 Teilung des Römischen Reichs

476 Ende des Weströmischen Reichs

498 Taufe des Frankenkönigs Chlodwig

500–850 Frühmittelalter

800 Kaiserkrönung Karls des Großen

843/880 Teilungen des Frankenreichs

Wer herrschte im Mittelalter?

Im Europa des Mittelalters regierten Könige und Kaiser, Grafen, Herzöge und Fürsten. Sie standen an der Spitze mächtiger Reiche oder kleiner Herrschaftsgebiete. Seit dem frühen Mittelalter gewann auch die christliche Kirche mit ihrem Oberhaupt, dem Papst, politischen Einfluss. Sie erhob als geistliche Macht Anspruch darauf, an der weltlichen Herrschaft der Kaiser und Könige mitzuwirken.

Die mittelalterlichen Herrscher orientierten sich an den Vorstellungen, die sich im Römischen Reich herausgebildet hatten. So nannte sich der deutsche König Otto, als er sich 962 vom Papst zum Kaiser krönen ließ, „Kaiser der Römer“. Damit machte er seinen Machtanspruch deutlich: Wie die römischen Kaiser der Antike sah er sich als der unangefochtene Herrscher in Europa. Sein Reich erhielt den Namen „Heiliges Römisches Reich*“.

- Wie gelang es den Königen und Kaisern im Mittelalter, ihre großen Reiche und Länder zu regieren und ihre Macht zu sichern?
- Warum kam es zu Konflikten zwischen geistlicher und weltlicher Macht und wie verliefen diese?

M 1

Europa um 1000

1000 | 1100 | 1200 | 1300 | 1400 | 1500

850–1250
Hochmittelalter

1250–1500
Spätmittelalter

962 Kaiserkrönung Ottos des Großen

1076 Investiturstreit

1122 Wormser Konkordat

1356 Goldene Bulle: Gesetz über die Königswahl

1453 Ende des Oströmischen (Byzantinischen) Reichs

M 2

Ein Lehnsmann schwört seinem Lehnsherrn die Treue für das Gut, das er von ihm erhält. Miniatur aus dem Sachsenspiegel, einem Rechtsbuch aus dem 13./14. Jahrhundert

M 3

Bundeskanzlerin Angela Merkel wird nach ihrer Wahl durch den Bundestag vom Parlamentspräsidenten vereidigt. Foto, 2018

M 4

Petrus übergibt Papst Leo III. und Karl dem Großen die Symbole ihrer Macht. Kopie eines Mosaiks um 798. Die Inschrift unten am Thron lautet: „Heiliger Petrus, du schenkst Leben dem Papst Leo und Sieg dem König Karl."

1 Beschreibe M1:
a) Notiere, welche Reiche und Herrschaftsgebiete sich um das Jahr 1000 auf dem Gebiet des früheren Römischen Reichs gebildet hatten.
b) Nenne die Staaten, die heute teilweise oder vollständig auf dem damaligen Gebiet des Heiligen Römischen Reichs liegen.

2 Vergleiche M3 mit der mittelalterlichen Abbildung M2. Notiere Ähnlichkeiten und Unterschiede zwischen dem Dargestellten.

3 Beschreibe M4 und denke dir eine Geschichte zu dem Bild aus.

4 **Recherche:** Die Krone (siehe S. 56/57) gehört zu den „Reichsinsignien", den Symbolen der deutschen Königsherrschaft. Sie gehen zurück auf die römischen Amtsabzeichen. Finde heraus, welche weiteren Gegenstände zu den Insignien der mittelalterlichen Herrscher gehörten.

Warum zerfiel das Römische Reich?

Ab dem 3. Jahrhundert n. Chr. geriet das Römische Reich in eine Zeit andauernder innen- und außenpolitischer Krisen. Die Verteidigung der Grenzen des Reichs gegen einfallende Völker aus dem Norden und Osten Europas wurde immer schwieriger und kostete viel Geld, was zu einer Wirtschaftskrise führte.

- ***Untersuche weitere Gründe für den Untergang des Römischen Reichs.***

M 1

Skulptur der vier Kaiser Diokletian, Maximian, Galerius und Constantius Chlorus aus der Zeit der Vierkaiserherrschaft, Anfang 4. Jh. n. Chr. Die Skulptur ist in die Außenfassade des Markusdoms in Venedig eingefügt.

Bedrohung der römischen Herrschaft

Im 3. Jahrhundert drangen germanische Stämme von Norden ins Römerreich ein. Der Limes* musste aufgegeben werden. Im Osten erlitten die Römer schwere Niederlagen. Die Verstärkung der Grenzbefestigungen und der Unterhalt des Heeres verschlangen so gewaltige Summen, dass die Steuern für Handel, Gewerbe, Bauern und Wohlhabende drastisch erhöht wurden. Dadurch erlahmte das Wirtschaftsleben. Keiner der Kaiser fand eine Lösung, es fehlten neue Ideen für die Verbesserung der Verwaltung. Die Befehlshaber der römischen Armeen an den Grenzen erlangten zunehmende Macht und wurden von ihren eigenen Soldaten zu Kaisern ausgerufen. Zwischen 234 und 284 regierten 22 solcher „Soldatenkaiser".

Kaiser Diokletian versuchte 285 durch die Einführung einer Viererherrschaft (Tetrarchie) die staatliche Ordnung wiederherzustellen. Vier Herrscher regierten von den vier neuen Hauptstädten Trier, Mailand, Thessaloniki und Nikomedia (heute Izmit/Türkei) aus, um näher an den Konfliktherden zu sein. Ihr Nachfolger, Konstantin (324–337), gründete auf den Mauern der griechischen Stadt Byzanz an der Meerenge zwischen Europa und Asien eine neue Hauptstadt und nannte sie Konstantinopel. Im Jahre 395 kam es unter Kaiser Theodosius zur Teilung in das lateinische Weströmische Reich und das griechisch geprägte Byzantinische (Oströmische) Reich.

Die Wanderbewegungen

Um 375 tauchte im Osten Europas das Nomadenvolk der Hunnen auf. Als hervorragende Reiter und Bogenschützen waren sie gefürchtete Krieger. Die Hunnen lösten eine Reihe von Wanderbewegungen germanischer Völker aus, ehe sie sich in den Ebenen des heutigen Ungarn niederließen. Lange Zeit waren Historiker der Ansicht, dass ganze Völker mit Pferd und Wagen auf der Suche nach einer neuen Heimat unterwegs waren („Völkerwanderung"). Die moderne Forschung betrachtet viele dieser Wanderungen nur noch als mythische Erzählungen späterer Zeiten. Unbestritten ist jedoch, dass es größere Wanderungsbewegungen gab. Die Gründe dafür waren vermutlich Verdrängung durch andere Völker, Ernährungsprobleme durch Klimaveränderungen und die Nachrichten über günstigere Lebensbedingungen im Römischen Reich.

Römer und Germanen

410 eroberten die Westgoten Rom und zogen weiter. Das Ende des Weströmischen Reichs war um 500 gekommen,

als ein Germanenfürst den letzten römischen Kaiser Romulus Augustulus absetzte. Die Römer mussten sich nun einer kleinen Führungsschicht von Germanen unterordnen. Die an Dorf- und Stammesgemeinschaften gewohnten Germanen übernahmen die funktionierende römische Verwaltung und brauchten dazu römische Experten. Römer und Germanen lebten nach eigenem Recht mit eigenen Richtern. Ehen zwischen Römern und Germanen waren verboten.

Im Laufe der Zeit nahmen die Germanen die römische Kultur und das römische Rechtswesen an. Auch das Christentum breitete sich unter den Germanen aus.

M 2

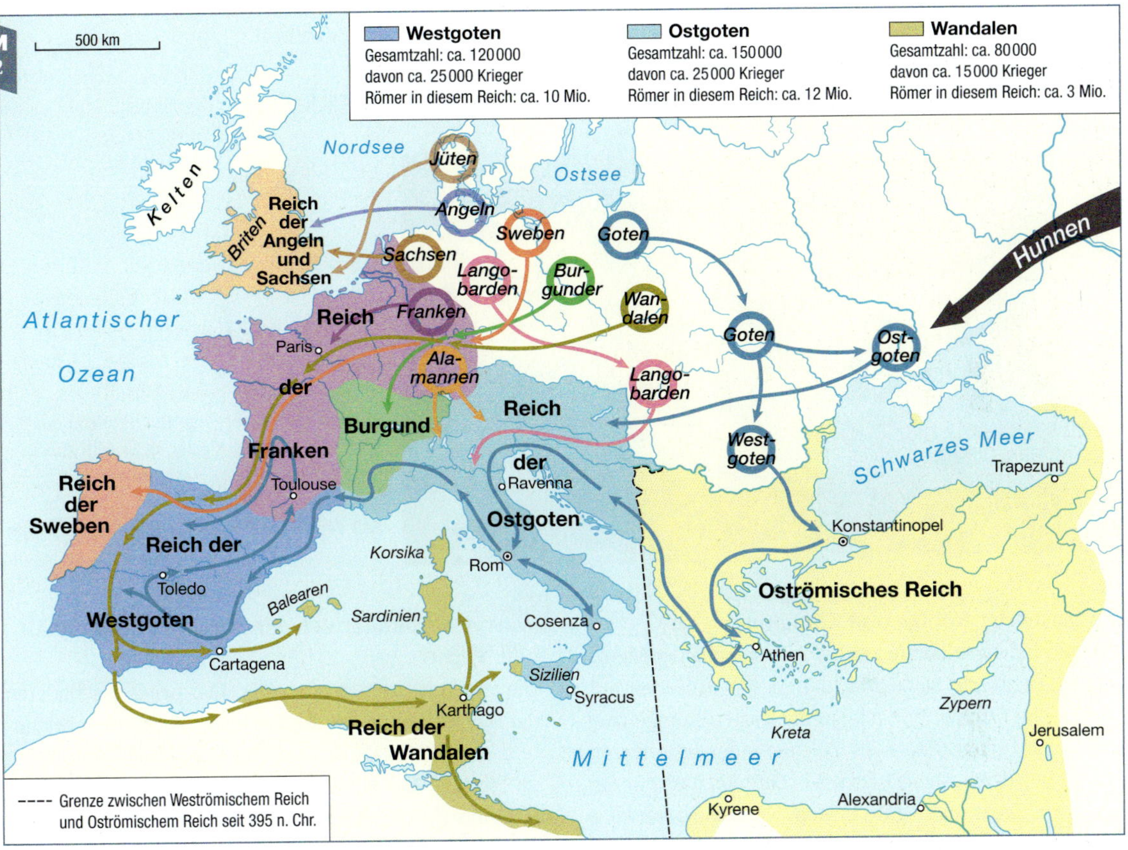

Germanische Heerzüge und Reiche auf römischem Gebiet im 5. Jahrhundert

1 Schreibe mithilfe der folgenden Sätze eine eigene zusammenfassende Darstellung:
Auf die Bedrohungen von außen reagierten die römischen Kaiser durch …
Schließlich wurde das Reich geteilt in …
Das Auftauchen der Hunnen erzeugte …
Nach der Eroberung Roms lebten Römer und Germanen …
Der Begriff Völkerwanderung ist unzutreffend, weil …

2 Erläutere, was die Skulptur (M1) über die Herrschaftsverhältnisse im Römischen Reich aussagt.

3 a) Arbeite aus der Karte M2 die Zahlenverhältnisse von Römern und Germanen (West- und Ostgoten, Wandalen) heraus.
Tipp: Die Zahlen der Römer findest du in der oberen Legende.
b) Begründe mithilfe des Darstellungstextes und M2, warum es trotz dieser Zahlenverhältnisse zum Untergang des Weströmischen Reichs kam.

cornelsen.de/webcodes
Code: quzeye
Die Völkerwanderung

Eine neue Macht im Westen: Das Frankenreich

Die Franken waren Germanen und siedelten ab dem 3. Jahrhundert östlich des Rheins. Unter ihrem König Chlodwig I. (488–511), der vermutlich im Jahr 498 getauft wurde und zusammen mit 3000 seiner Krieger den christlichen Glauben annahm, eroberten sie große Teile der ehemaligen römischen Provinz Gallien.

- *Worauf gründeten die Frankenkönige ihre Macht?*
- *Welche Rolle spielte die christliche Kirche für die fränkischen Herrscher?*

M 1

Fränkischer Panzerreiter, Buchmalerei aus einem fränkischen Kloster, 9. Jh. Zur Ausrüstung gehörten Helm, Kettenhemd, lange Hose, Wollmantel, Holzschild und Lanze. Seit dem 8. Jahrhundert setzte sich in Europa langsam der Steigbügel durch.

Die Macht der Könige und Königinnen

König Chlodwig stammte aus der Adelsfamilie der Merowinger. Er stützte seine Macht und sein Ansehen auf militärische Erfolge. Wie alle germanischen Könige trug er Bart und lange Haare als Zeichen einer besonderen Macht, des „Königsheils". Dieses bedeutete, dass nur der König und seine Sippe gute Ernten, Kriegsglück und das Wohlergehen des Volkes garantieren konnten.

Quellen aus der Zeit der Merowinger erzählen auch von Königinnen, die zeitweise über großen politischen Einfluss verfügten. Zum Beispiel regierte Balthild (gest. 680) als Königinwitwe fast acht Jahre lang für ihre minderjährigen Söhne, bevor sie von einigen Adligen gestürzt wurde und ins Kloster ging. Nach germanischer Sitte verwalteten die Frauen der merowingischen Könige den Königsschatz und banden, besonders während der Abwesenheit ihrer Männer, hohe Adlige durch Geschenke an sich. So sicherten sie sich die Unterstützung der Beschenkten in politischen Angelegenheiten.

Die Söhne Chlodwigs führten die fränkische Eroberungspolitik fort und gliederten die Stämme der Thüringer, Burgunder und Bayern ins Frankenreich ein. Starb ein fränkischer König, dann wurde das Reich wie ein Familienbesitz unter den Söhnen aufgeteilt. Diese Reichsteilungen führten immer wieder zu Machtkämpfen.

Warum verbündet sich der Karolinger Pippin mit dem Papst?

Die inneren Streitigkeiten der Merowinger schadeten der Machtstellung des Königs. Im 8. Jahrhundert erlangte deshalb der „Hausmeier" am Königshof immer mehr an Einfluss. Die Hausmeier waren für das Personal am Hof und für die königlichen Landgüter verantwortlich. Auch gewannen sie militärische Befehlsgewalt: Der Hausmeier Karl Martell, der aus der Adelsfamilie der Karolinger stammte, besiegte 732 bei Poitiers im heutigen Frankreich eine Truppe islamischer Krieger aus Al-Andalus, die auf Beutezug ins Frankenreich eingedrungen war. Karl Martells Sohn Pippin wurde ebenfalls Hausmeier. Er strebte nach noch mehr Macht und ließ beim Bischof von Rom, dem Papst, anfragen, wer die Königskrone verdient habe: derjenige, der die Macht ausübt, oder derjenige, der den Königstitel trägt? Der Papst antwortete, dass derjenige König genannt werden solle, der die Macht besitze. Daraufhin ließ Pippin dem letzten Merowingerkönig Childerich die Haare und den Bart abrasieren und ihn in ein Kloster bringen. So erlangte Pippin als erster Karolinger die Königswürde.

Die Karolinger – Könige von „Gottes Gnaden"

Im Jahr 754 reiste Papst Stephan II. ins Frankenreich und bat Pippin um militärischen Schutz gegen Angriffe der Langobarden, eines Volks aus Norditalien. Bei seinem Besuch salbte* er nach biblischem Vorbild König Pippin und seine Söhne mit heiligem Öl und verlieh Pippin den Titel „Schutzherr der Römer" (Patricius Romanorum).

Mit der Entscheidung, den fränkischen König Pippin zu salben, hatte sich der Papst zum ersten Mal an die Seite eines germanischen Herrschers gestellt.

Pippin führte zwei Feldzüge nach Italien durch und schenkte dem Papst fünf Hafenstädte an der Adria und einen Streifen Land bis nach Rom. Diese Gebiete gehörten rechtlich in den Herrschaftsbereich des byzantinischen Kaisers.

Der Bund zwischen Papst und Frankenkönig wurde in der Folgezeit noch bedeutender. Der vom Papst gesalbte König galt als von Gott selbst eingesetzt, und Pippin war der erste König „von Gottes Gnaden" (siehe S. 69).

M 2

Grabstein eines fränkischen Kriegers, der sich kämmt, 7. Jh., gefunden in der Nähe von Bonn

M 3

Ein Historiker über die Bedeutung des Haares bei den Germanen (1989):

Die Franken trugen das Haar ziemlich lang, wie ihre Könige. Die Römer schnitten es in Höhe des Nackens ab. Die Franken enthaarten Nacken und Stirn und zupften sich das Barthaar aus. Priester und Mönche hatten ... nur einen schmalen Haarkranz, der von Ohr zu Ohr lief. Die Symbolik ist klar: Langes Haar stand für Stärke, Potenz[1] und Freiheit. Die Tonsur[2] war das Zeichen für den Sklavenstatus. Bei den Geistlichen bedeutete sie die Unterwerfung unter Christus. Die Frauen ließen das Haar lang wachsen. Nach der Länge der Nadeln zu urteilen, die man gefunden hat, müssen sie es zu kunstvollen Frisuren geformt haben. Einem frei geborenen Kind eine Tonsur zu schneiden, war ein Delikt[3], auf das nach germanischem Recht 45 Gold-Solidi Strafe standen. Die Strafe ermäßigte sich bei Mädchen auf 42 Solidi.

*Philippe Ariès/Georges Duby, Geschichte des privaten Lebens, Band 1, Frankfurt a. M. (Fischer) 1989, S. 421**

[1] *Kraft*
[2] *Entfernung des Kopfhaars bis auf einen Haarkranz*
[3] *Straftat*

Papst – Papsttum

Nach kirchlicher Überlieferung war der Apostel Petrus der erste Bischof in Rom gewesen. Deshalb besaß der römische Bischof eine herausgehobene Stellung in der Kirche und trug seit dem 5. Jahrhundert den Titel „Papst" (lat. papa). Mit dem Bündnis zwischen dem Karolinger Pippin und dem Papst begann eine für das gesamte europäische Mittelalter wichtige Verbindung zwischen König und Kirche. Nach der Lehre der Kirche hatte Christus dem König (später dem Kaiser) die gesamte weltliche Macht und dem Papst die Führung der geistlichen Herrschaft verliehen.

1 Charakterisiere mithilfe des Darstellungstextes und M1, worauf sich die fränkische Königsmacht stützte.

2 Gestalte einen Brief, in dem Pippin dem Papst darlegt, warum er als Hausmeier Ansprüche auf den Thron und die Königskrone erhebt.
Tipp: Nimm den Darstellungstext Z. 25–46 zu Hilfe.

3 **Partnerarbeit:** Notiert in einer Tabelle Vorteile und Nachteile, die sich aus der Verbindung zwischen dem Papst in Rom und dem Frankenkönig Pippin ergaben:
a) aus der Sicht des Papsttums,
b) aus der Sicht des Frankenkönigs.

4 Erkläre die Bedeutung der Frisuren und der langen Haare der germanischen Könige (M2, M3).

Zusatzaufgabe: siehe S. 169

Wie verbreitete sich das Christentum in Mitteleuropa?

Chlodwig war der erste Frankenkönig, der zum Christentum übertrat. Mit seiner Taufe 498 war das Frankenreich aber noch lange kein christliches Land. Erst ganz allmählich verbreitete sich die neue Religion. Für die Christianisierung Europas spielten Missionare wie Bonifatius, der im 8. Jahrhundert ins Frankenreich kam, eine wichtige Rolle.

- ***Untersuche auf dieser Doppelseite, wie die Missionare den christlichen Glauben verbreiteten.***

M 1

Bonifatius tauft einen Germanen (linke Hälfte) und wird 754 oder 755 von Friesen, einem germanischen Volksstamm, getötet (rechte Hälfte). Buchmalerei aus dem Kloster Fulda, um 975

Missionare verbreiten den christlichen Glauben

Nach Chlodwigs Taufe waren viele Menschen im Frankenreich zwar dem Namen nach Christen, verehrten aber weiterhin die alten Götter. Es waren Wanderprediger aus Irland und Schottland, die im 7. und 8. Jahrhundert die christliche Religion im Fränkischen Reich bekannt machten. Sie gewannen durch ihre Predigten Nichtchristen für ihre Lehre und gründeten Klöster als Orte der Frömmigkeit. Der bekannteste Missionar war der Angelsachse Winfried, der 710 vom Papst den Beinamen Bonifatius (= Wohltäter) erhielt. Über 30 Jahre zog Bonifatius durch das östliche Frankenreich und predigte den christlichen Glauben. Nicht selten übernahm er einzelne Bräuche aus den herkömmlichen germanischen Religionen.

Bonifatius erkannte die Bedeutung einer funktionierenden Verwaltung. Nach römischem Vorbild teilte er die bereits christlich gewordenen Gebiete in Verwaltungsbezirke ein. Als Leiter dieser Bezirke, die Bistümer oder Diözesen genannt wurden, setzte er fähige Männer ein, die er zu Bischöfen weihte. Durch Bonifatius entstand ein Netz von Pfarreien, Klöstern und Bistümern. Diese leisteten den fränkischen Herrschern gute Dienste bei der Durchsetzung ihrer Macht.

Europa – ein „christlicher Kontinent"?

Bis zur Jahrtausendwende war das Christentum in seiner katholischen Form in West- und Nordeuropa überall präsent. In Russland und auf dem Balkan missionierten Mönche aus Byzanz und verbreiteten die orthodoxe Form des Christentums.

Zur gleichen Zeit gab es in Europa aber immer auch Juden und Muslime. Jüdische Gemeinden gründeten sich besonders in Städten und an Handelsplätzen, Muslime lebten auf der Iberischen Halbinsel und auf der Insel Sizilien.

Missionierung
(lat. missio = Sendung) Missionare wie Bonifatius wurden von ihren Kirchen ausgesandt, um den christlichen Glauben weiterzugeben und neue Anhänger zu taufen. Die Missionierung geschah auch gewaltsam durch Zwangstaufen, z. B. bei der Bekehrung der Sachsen unter den Karolingern im 8. und 9. Jahrhundert.

M 2

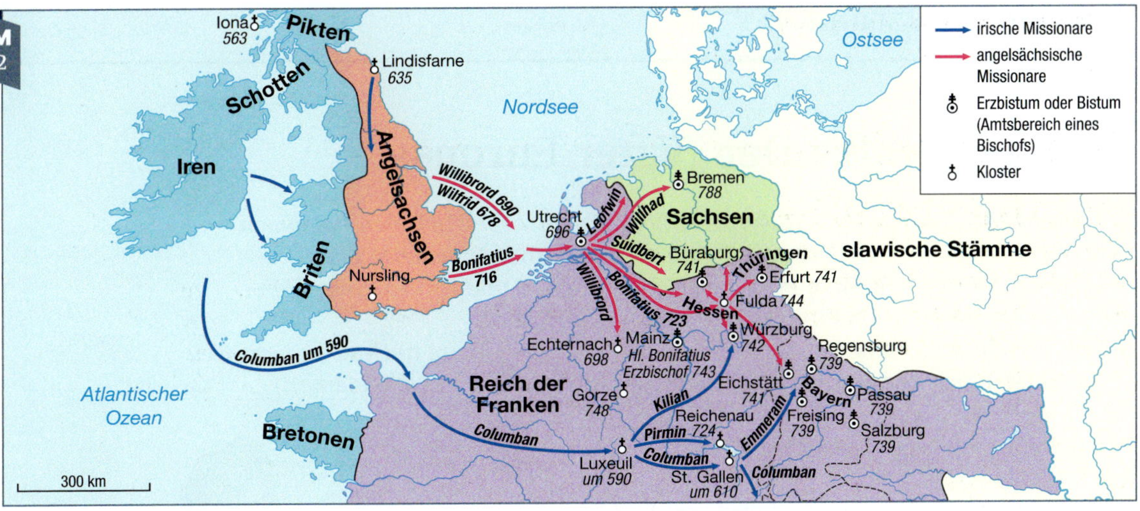

Ausbreitung des Christentums in Mitteleuropa im 7./8. Jh.

M 3

Papst Gregor II. schrieb 722 an Bonifatius:

Wir sind von großer Besorgnis erfüllt, weil wir erfahren haben, dass einige Stämme in Germanien östlich des Rheins umherirren und sich unter dem Schein christlichen Glaubens der Götzenverehrung[1] hingeben. Andere kennen weder Gott noch sind sie im heiligen Wasser der Taufe gebadet worden. Wir haben daher beschlossen, unseren Bruder Bonifatius in diese Gegenden zu entsenden, damit er den Germanen das Wort des Heils verkünde und ihnen dadurch zum ewigen Leben verhelfe ... Wir fordern alle auf, ihm in allem mit ganzer Kraft beizustehen und ihn mit dem Nötigsten zu versorgen. Gebt ihm Begleiter für seine Reise mit, gebt ihm Speise und Trank und was er sonst noch braucht. Jeder, der ihm Unterstützung gewährt, der soll die Gemeinschaft mit den heiligen Märtyrern Jesu erlangen[2]. Wer aber versucht, seine Arbeit zu behindern, der soll nach dem Richterspruch Gottes vom Bannfluch getroffen ewiger Verdammnis verfallen[3].

*Rudolf Buchner (Hg.), Ausgewählte Quellen zur Geschichte des deutschen Mittelalters, Band 4b, 3. Aufl., Darmstadt (Wiss. Buchges.) 2011, S. 67**

[1] *Verehrung eines fremden Gottes*
[2] *in den Himmel kommen*
[3] *in die Hölle kommen*

M 4

Aus einer Lebensbeschreibung des Bonifatius, die der Priester Willibald im Auftrag des Mainzer Erzbischofs verfasste (um 760):

Viele Hessen erhielten damals die Taufe. Andere opferten aber immer noch heimlich oder offen an Bäumen und Quellen, betrieben Weissagung, Zauberei und Beschwörung. Da beschloss Bonifatius, eine Eiche seltener Größe, die den heidnischen Namen Donar-Eiche[1] führte, im Beisein seiner Mönche zu fällen. Als diese Absicht bekannt wurde, versammelten sich viele Heiden, die den Feind ihrer Götter heftig verfluchten. Kaum aber hatte Bonifatius den Baum ein paarmal mit der Axt getroffen, da wurde die ungeheure Masse des Baumes durch göttliche Winde erschüttert. Die Enden der Äste brachen, und die Eiche stürzte krachend zu Boden. Die Heiden aber, die kurz zuvor noch geflucht hatten, fingen an, den Herrn zu preisen und an ihn zu glauben.

*Johannes Bühler, Das Frankenreich, Leipzig (Insel) 1923, S. 415**

[1] *Donar hieß ein wichtiger germanischer Gott. In unserem Donnerstag hat sich sein Name bis heute erhalten.*

1 Beschreibe M1.
Tipp: Achte auf die Gesichtsausdrücke und die Haltungen der Personen.

2 Arbeite aus M3 die Gründe heraus, die Papst Gregor für die Missionierung angibt.

3 Beschreibe die Ausbreitung des Christentums im 7. und 8. Jahrhundert (M2, Darstellungstext).

4 **Methode:** Untersuche M4 mithilfe der Arbeitsschritte „Eine schriftliche Quelle analysieren" auf S. 71.

Karl der Große: Der „Vater Europas“?

Vor über 1200 Jahren starb Kaiser Karl (vermutlich 748–814). Den Beinamen „der Große“ erhielt er erst Jahrzehnte nach seinem Tod. Er regierte über große Gebiete der heutigen Staaten Frankreich, Deutschland und Italien. Seine Zeitgenossen nannten ihn „pater europae“ – Vater Europas.

- ***Was spricht dafür und was spricht dagegen, ihn auch heute noch so zu nennen? Zu dieser Frage kannst du dir auf dieser Doppelseite ein Urteil bilden.***

Eroberungskriege gegen Langobarden und Sachsen

Der Frankenkönig Karl trat 768 das Erbe seines Vaters Pippin an. Mit seinen damals außergewöhnlichen 1,84 Metern überragte er fast alle Männer seiner Zeit.

Über drei Jahrzehnte führte Karl Krieg. Die enge Verbindung zwischen dem Papst in Rom und Karls Vater Pippin setzte sich unter Karls Herrschaft fort. Ein Hilferuf des Papstes an Karl löste 773 einen Feldzug gegen das Volk der Langobarden in Norditalien aus. Karl eroberte 774 deren Hauptstadt Pavia, setzte sich die Königskrone der Langobarden auf und nannte sich von nun an „König der Franken und Langobarden“.

Der Krieg gegen die Sachsen in Norddeutschland war nach Ansicht Einhards, des Verfassers von Karls Lebensgeschichte, „der langwierigste, grausamste und für das Frankenvolk anstrengendste, den es je geführt hat“. Über 30 Jahre kam es zu grausamen Niederschlagungen von sächsischen Aufständen, ehe sich ihr Anführer Widukind taufen ließ. Obwohl die Annahme des christlichen Glaubens erzwungen war, galten die Sachsen bereits nach kurzer Zeit als „Brüder der Franken“. Ihre Einbindung ins Frankenreich schritt so schnell voran, dass aus dem Volk der Sachsen nur wenige Generationen nach Karl eine Reihe deutscher Könige hervorging.

Um 800 hatte Karl das Reich seines Vaters an Größe verdoppelt und eine politische Einheit der christlichen Völker im Westen und der Mitte Europas geschaffen.

M 1 *Reiterstatuette eines fränkischen Herrschers, vermutlich Karl der Große, 24 cm hoch, Bronze, Frankreich, um 870*

Ein neues Kaiserreich

Am Weihnachtstag des Jahres 800 wurde Karl von Papst Leo III. in Rom zum Kaiser gekrönt. Karl fühlte sich dennoch in erster Linie als Frankenkönig und vermied die Bezeichnung „Imperator Romanorum“ = Kaiser der Römer. Vielleicht tat er dies auch aus Rücksicht auf den eigentlichen römischen Kaiser in Byzanz. Dieser billigte ihm aber nach langem Streit den Titel „Kaiser“ zu und redete ihn in seinen Briefen als „Bruder“ an. Karl verstand sich als Beschützer der Christen und betrachtete seine Kaiserwürde als ein „von Gottes Gnaden“ übertragenes Amt. Die Ausbreitung des christlichen Glaubens im Frankenreich ging Hand in Hand mit der Festigung der fränkischen Herrschaft. Die Kirche übernahm dabei die meisten staatlichen Verwaltungsaufgaben.

Kaiser – Kaisertum

Der höchste weltliche Herrschertitel in Europa wurde von dem Namen Caesar abgeleitet. Mit der Kaiserkrönung Karls des Großen lebte die römische Reichsidee wieder auf. Das Krönungsrecht lag beim Papst, der damit auf den weltlichen Bereich Einfluss nahm. Die mittelalterlichen Kaiser verbanden mit der Kaiserkrone den Herrschaftsanspruch über Italien und die Einflussnahme auf die Kirche.

M 2

Rekonstruktion eines karolingischen Panzerreiters für eine Ausstellung über Karl den Großen in Aachen, 2014. Karl Martell hatte die Panzerreiter in der Auseinandersetzung mit islamischen Heeren im Frankenreich eingeführt.

M 3

Ein Mitglied des Königshofs in einem gedichteten Text über Karl den Großen (um 800):
Der König übertrifft alle Könige auf der ganzen Welt an Würde und Weihe, er ist gerechter, und mächtiger als alle ragt er empor. Er ist das Haupt der Welt, die Liebe und die Zierde des Volkes, die bewundernswerte Spitze Europas, der beste Vater, der Held, der Augustus, aber auch mächtig in der Stadt[1], die als zweites Rom zu neuer Blüte gewaltig emporwächst, mit hoch gebauten Kuppeln, die Sterne berührend.

*Karolus Magnus et Leo Papa (Paderborner Epos), MG Poetae Latinii Medii. Zit. nach Geschichte in Quellen, Bd. 2, bearb. und übers. v. Wolfgang Lautemann, München (bsv), 2. Aufl. 1978, S. 68**

[1] *Gemeint ist die Stadt Aachen, wo Karl sich häufig aufhielt.*

M 4

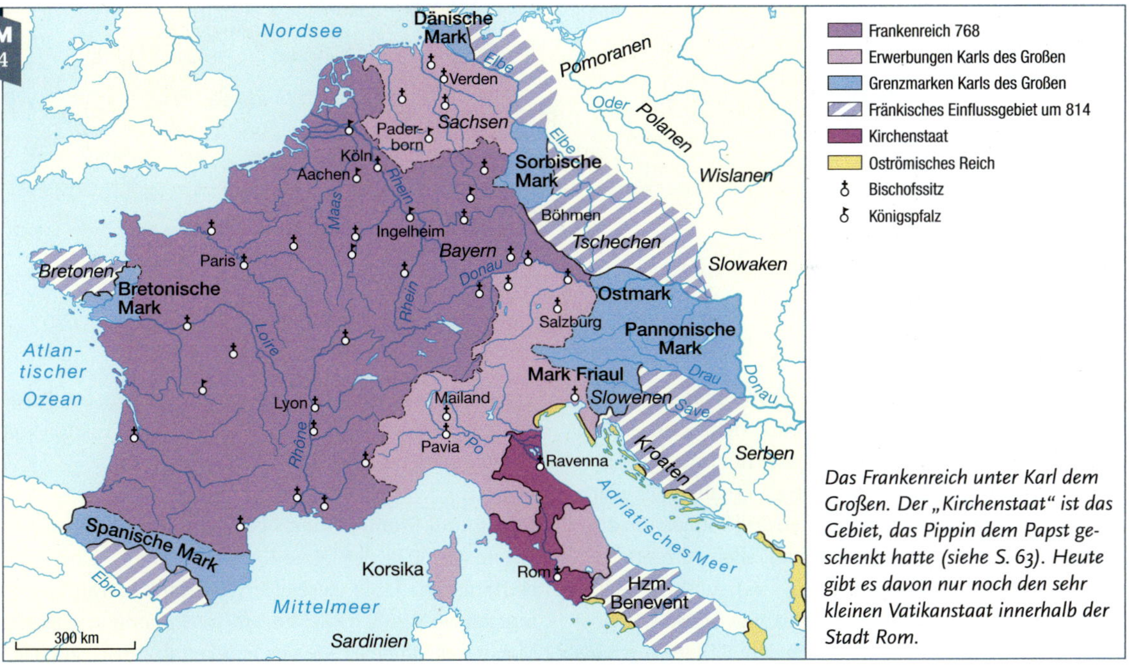

Das Frankenreich unter Karl dem Großen. Der „Kirchenstaat" ist das Gebiet, das Pippin dem Papst geschenkt hatte (siehe S. 63). Heute gibt es davon nur noch den sehr kleinen Vatikanstaat innerhalb der Stadt Rom.

1 Erläutere mithilfe des Darstellungstextes das Verhältnis von Karl und dem Papst.

2 Beschreibe die Reiterstatue M1.
Tipp: Finde Adjektive, die die Statue am besten beschreiben.

3 Vergleiche M1 mit M2. Begründe, welche Abbildung du für glaubwürdiger hältst.

cornelsen.de/webcodes
\+ Code: *qiyohu*
Karl der Große

4 **Wähle eine Aufgabe aus:**
a) Beschreibe mithilfe der Karte M4 den Machtbereich Karls des Großen.
b) Erläutere die Entwicklung des Frankenreichs unter Karl dem Großen (Darstellungstext, M4).

5 Fasse Karls Herrschaft mithilfe des Darstellungstextes und M3 zusammen und notiere dir Argumente, die dafür, und solche, die dagegen sprechen, Karl mit dem Beinamen „der Große" auszuzeichnen.

Der Zerfall des Frankenreichs

Nach dem Tod Karls des Großen geriet das Frankenreich in eine Krise. Es stellte sich die Frage, ob die Einheit des fränkischen Großreichs künftig erhalten werden könnte.

- ***Warum zerbrach das Frankenreich?***
- ***Wie entstand das Deutsche Reich?***

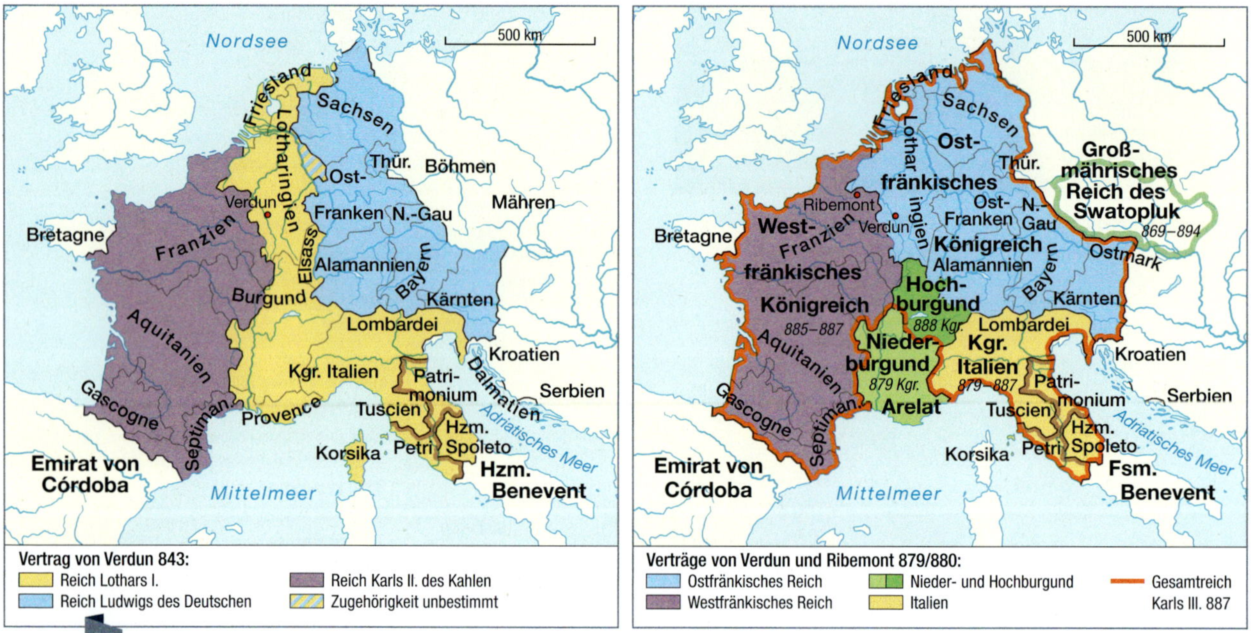

M 1 *Das Frankenreich 843 bis 887*

Die Auflösung des fränkischen Großreichs

Ludwig dem Frommen (813/814–840), dem Sohn Karls, gelang es als Nachfolger auf dem Thron nur unter großen Mühen, die Reichseinheit vorerst zu erhalten. Er war aber im Verlauf des Streits mit seinen drei Söhnen um die Macht nicht stark genug, eine von allen akzeptierte Nachfolgeordnung durchzusetzen. Als Ludwig 840 starb, kam es zum blutigen Konflikt zwischen seinen Söhnen. Die Auseinandersetzung endete 843 im Vertrag von Verdun mit der Teilung des Reichs: Karl der Kahle erhielt das West-, Ludwig der Deutsche das Ostreich, und der älteste Sohn Lothar sicherte sich das Mittelreich und die Kaiserwürde.

Nach Lothars Tod 855 zerfiel das Mittelreich und wurde unter den Brüdern aufgeteilt. Aber nicht nur durch innere Streitigkeiten wurden die fränkischen Teilreiche geschwächt, sondern auch von außen durch häufige Überfälle der Wikinger, Beutezüge der Ungarn und Eroberungen der Araber im Mittelmeerraum. Mit dem Vertrag von Ribemont kamen die Teilungen des Frankenreichs im Jahre 880 zum Abschluss. Der Westteil von Lotharingien fiel an das Ostfränkische Reich.

König und Stammesherzöge – ein Machtkampf

Als im Jahr 911 der letzte Karolinger starb, erlosch die ostfränkische Linie dieses Herrscherhauses. Die Bedrohungen von außen hielten an, im Inneren wuchs die Macht der Stämme, wie der Franken und Sachsen. Obwohl das karolingische Herrscherhaus in Westfranken weiterbestand, wählten Sachsen, Franken, Bayern und Schwaben im November 911 den Franken Konrad zum neuen König. Damit gaben sie die Bindung an die karolingische Dynastie* auf, denn Konrad I. war kein Karolinger.

Mit dem Aufstieg der Stammesherzöge wurde die Königsmacht eingeschränkt. Als Konrad schließlich im Kampf gegen die Ungarn versagte und sich immer stärker in Machtkämpfe mit den Stammesherzögen verwickelte, zeigte sich der Kern des Konflikts: Es ging um die Machtverteilung zwischen Königtum und Stammesherzogtümern. Auch ein Bündnis mit der Kirche brachte Konrad nicht weiter. Schon bevor er 918 starb, hatten sich die Stammesherzöge in Sachsen, Bayern und Schwaben gegen den König durchgesetzt. Am Ende seines Lebens gab er noch den Anstoß, den Sachsenherzog Heinrich, den mächtigsten der Stammesherzöge, zum König zu wählen.

Vom Frankenreich zum „Reich der Deutschen"

Heinrich I. (919–936) beendete die Politik seiner beiden Vorgänger, zusammen mit der Kirche gegen die Stammesherzogtümer vorzugehen. Durch ein besseres Verhältnis zu den Stämmen hielt er den Niedergang des Reichs auf. Die Herzogtümer Schwaben und Bayern konnte er allerdings nur mit politischem und militärischem Druck einbinden. Die Anerkennung der Herzogtümer als „Teilmächte" gab ihm den Spielraum, das Reich auch nach außen, z. B. gegen die Ungarn und gegen slawische Stämme, zu sichern. Ein gemeinsames Bewusstsein im „neuen" Reich kommt dadurch zum Ausdruck, dass aus seiner Regierungszeit der Begriff des „Reichs der Deutschen" anstatt des „Fränkischen Reichs" in den Quellen überliefert ist. Nach dem Tode Heinrichs I. wurde sein Sohn Otto I., den er zu Lebzeiten als seinen Nachfolger ernannt hatte, 936 zum deutschen König „von Gottes Gnaden" gekrönt. Nach seiner Krönung stellte sich aber zunächst die Frage, wie der neue Herrscher und seine Nachfolger (= „Ottonen") die Reichsmacht gegenüber den Herzogtümern und nach außen sichern würde.

M2

Ludwig der Fromme als „Soldat Christi", Buchmalerei, um 831

Gottesgnadentum
Alle mittelalterlichen Könige begründeten seit König Pippin (Krönung 754) ihre Herrschaft mit dem „Gottesgnadentum". Nach diesem Verständnis gründete sich die Legitimation (= Rechtfertigung) zu regieren auf der Überzeugung, dass die Herrschaft von Gott direkt auf den jeweiligen Herrscher übertragen und er direkt von Gott eingesetzt wurde.

1 Beschreibe mithilfe des Darstellungstextes und M1 den Zerfall des Frankenreichs.

2 Begründe, inwiefern ein Zusammenhang zwischen Nachfolgeregelung und Stabilität des Reichs bestand (Darstellungstext).

3 Fasse zusammen, zu welchen Konflikten es nach dem Tod Karls des Großen gekommen ist (Darstellungstext).

4 Erkläre, wie Heinrich I. die Konflikte löste (Darstellungstext, Z. 47–60).

5 Wähle eine Aufgabe aus:

a) Untersuche mithilfe des Begriffskastens, wie das Verhältnis von geistlicher und weltlicher Herrschaft in M2 dargestellt wurde.

b) Beurteile, was M2 über das Selbstverständnis mittelalterlicher Herrscher aussagt. Nimm auch den Begriffskasten zu Hilfe.

6 Recherchiere im Internet, warum es zur Reichsteilung zwischen den Söhne Ludwigs des Frommen kam.

Eine schriftliche Quelle analysieren

Durch die Krönung 936 wurde Otto I. einer der mächtigsten Herrscher des Mittelalters. Der folgende Bericht über seine Wahl und Krönung ist ein „Schlüsseldokument" der Geschichtsforschung. Fast alle Nachfolger Ottos wurden nach diesem Ablauf zum König gekrönt. Die Arbeitsschritte leiten dich an, diese Schriftquelle sorgfältig zu lesen, zu verstehen und zu beurteilen.

M 1

Bericht Widukinds von Corvey (ca. 925–um 973) über die Wahl und Krönung König Ottos I. 936

Widukind war ein sächsischer Mönch aus dem Kloster Corvey an der Weser, wo er um 970 die „Sachsengeschichte" verfasste. Er hat Otto I. wahrscheinlich mehrmals persönlich getroffen. Sein Geschichtswerk diente dem Ziel, das Ansehen des Herrschers und seiner Familie zu vermehren. Der Ort der Krönung war die fränkische Pfalz Aachen[1].*

Nach der Ankunft dort versammelten sich die Herzöge und die vornehmsten Grafen mit der Schar der führenden Krieger in dem Säulenhof, der an die Kirche Karls des Großen angrenzt. Sie setzten den neuen Herrscher auf einen hier errichteten Thron, reichten ihm die Hände [= leisten ihm Mannschaft], gelobten ihm Treue und Hilfe gegen alle Feinde und machten ihn so nach ihrem Brauch zum König ... Als er [Otto I,] in die Kirche einzog, ... fasste der Erzbischof [von Mainz] die Rechte [Hand] des Königs, ... wandte sich zu dem Volk, das im Umkreis stand, ... und rief: „Seht, hier führe ich zu euch den von Gott erwählten, früher vom Reichsherrn Heinrich bezeichneten und jetzt von allen Fürsten zum König gemachten Otto. Wenn ihr dieser Wahl zustimmt, so hebt zum Zeichen dafür die Rechte [Hand] zum Himmel!" Darauf hob das ganze Volk die Rechte in die Höhe und wünschte mit kräftigem Zuruf dem neuen Herrscher Glück. Dann schritt der Erzbischof mit dem König, der ein eng anliegendes Gewand nach Frankenart trug, hinter den Altar, auf dem die königlichen Herrschaftszeichen [Insignien] lagen: das Schwert mit dem Wehrgehenk, der Mantel mit den Armspangen, der Stab mit dem Zepter und die Krone ... [Nach deren Übergabe] wurde er von den beiden Erzbischöfen [von Mainz und Köln] mit heiligem Öl gesalbt[2] und mit der goldenen Krone gekrönt ... Nach ordnungsgemäßem Vollzug der Weihe wurde er von den gleichen Erzbischöfen zum Thron geführt ..., dass Otto dort alle sehen und von allen gesehen werden konnte. Nun wurde das Tedeum[3] gesungen und das Messopfer gefeiert. Dann stieg der König herab und ging [in die Königshalle]. Er trat zu dem Marmortisch, der mit königlichem Prunk gedeckt war, und setzte sich mit den Erzbischöfen und allem Volk; die Herzöge taten Tischdienst. Der Lothringerherzog Giselbert, zu dessen Machtbereich Aachen gehörte, hatte die Oberaufsicht; Eberhard [Frankenherzog] besorgte den Tisch, Hermann der Franke [Schwabenherzog] überwachte die Schenken[4], Arnulf [Bayernherzog] sorgte für die Reiterschaft ...

*Sachsengeschichte, zit. nach Arno Borst, Lebensformen im Mittelalter, Hamburg (Nikol) 2004, S. 490ff.***

[1] *einst die Lieblingspfalz Karls des Großen*
[2] *Die Salbung war ein religiöses Ritual* zur Übertragung politischer Macht.*
[3] *auf Deutsch: Lob Gottes*
[4] *Mundschenk = Verwalter der Weinberge des Königs*

Herrschaftsinsignien (= Herrschaftszeichen)

Bis zum Ende des Heiligen Römischen Reichs (1806) wurden den Königen und Kaisern die Herrschaftsinsignien als Symbole ihrer Herrschaft verliehen. Ein Herrscher musste die heiligen Gegenstände besitzen und sich mit ihnen dem Volk zeigen, denn sie verliehen seiner Herrschaft die Rechtmäßigkeit. Die wichtigsten Insignien waren die Krone, die heilige Lanze, das Zepter, der Reichsapfel, der Mantel und das Schwert.

1 Untersuche M1 mithilfe der Arbeitsschritte. Ergänze die Lösungshinweise an den Auslassungszeichen.
2 Verfasse eine „Tagesordnung" des Krönungstags.
3 Diskutiert in Kleingruppen mithilfe von M1 und des Begriffskastens in der Klasse die Bedeutung
a) der symbolischen Handlungen der Salbung und Krönung eines Königs im Mittelalter,
b) von Herrschaftsinsignien im Mittelalter.

Arbeitsschritte „Eine schriftliche Quelle analysieren“

Quelle und Autor (Verfasser) einordnen	**Lösungshinweise zu M1**
1. Wer ist der Autor der Quelle? (Augenzeuge; besondere Beziehungen zwischen ihm und einer der beschriebenen Personen)	• *Widukind von Corvey, ein sächsischer Mönch* • *kein Augenzeuge, Widukind war 936 ca. elf Jahre alt* • *Kontakt zur Königsfamilie (Zeugen der Krönung)*
2. Wann und wo wurde die Quelle geschrieben? (zeitlicher und örtlicher Abstand zum Ereignis)	• *um 970 im sächsischen Kloster Corvey an der Weser; ca. 35 Jahre nach dem Ereignis*
3. Um welche Art von Text handelt es sich? (z. B. Brief, Urkunde, Gesetz, Geschichtsbuch)	• ...
4. An wen ist der Text gerichtet?	• ...
Textinformationen entnehmen	
5. Welche Begriffe muss ich klären?	• *Lexikon; hier z. B. Pfalz, Erzbischof, Wehrgehenk ...*
6. Wie ist die Quelle aufgebaut? Finde Überschriften für die dir wichtig erscheinenden Abschnitte.	*1) erste Thronsetzung, Mannschaft und Treueid durch Herzöge und Grafen Z. 8–15* *2) Bestätigung der Königswahl durch Handzeichen und Rufe aller Anwesenden („das ganze Volk“) Z. 16–26* *3) Übergabe der Herrschaftszeichen, Salbung und Krönung durch die Erzbischöfe Z. 26–35* *Weitere Abschnitte: ... Z. 36–39; ... Z. 39–48; ... Z. 49–51*
7. Welche Schlüsselbegriffe (= wichtige oder wiederholte Wörter) werden verwendet?	*Wahl, wählen, erwählt; Volk; Otto wurde mehrfach „ge-/erwählt“: von Gott erwählt, von Heinrich bezeichnet ...*
8. Was ist die Hauptaussage des Textes? Fasse sie in ein bis zwei Sätzen zusammen.	*Otto I. wird nach seiner Wahl durch Herzöge und Grafen in sein Königtum eingesetzt; der hohe Adel verpflichtet sich ihm gegenüber zur Treue. Zu der Zeremonie gehören die Übergabe der Herrschaftszeichen, die Salbung und Krönung durch ...*
Tatsachen von Meinungen unterscheiden und selbst Stellung nehmen (beurteilen)	
9. Welche Absicht verfolgte der Autor?	*Widukind wollte ...*
10. Welche Aussagen des Textes scheinen dir historisch zuverlässig zu sein, welche sind eher individuelle Meinungen des Autors? Aus welcher Perspektive* betrachtet der Autor das Geschehen? Prüfe Textaussagen mithilfe anderer Informationsquellen (Schulbuch, Fachbücher).	*Widukind betont die fränkische Tradition: Königswahl durch Fürsten; „Kirche Karls des Großen“ ...* *Die Perspektive des Autors: Für ihn ist diese Königserhebung rechtmäßig, weil ...* *Das ganze Geschehen wirkt sehr harmonisch. Auffällig ist aber, dass Ottos Brüder nicht erwähnt werden.*
11. Wie wurde das Ereignis aus damaliger Sicht beurteilt?	*Der Adel unterstützt die Krönung Ottos I. und erkennt ihn als rechtmäßigen König an.*
12. Welche Meinung vertrittst du zur Quelle?	*keine „demokratische“ Wahl – eher eine zeremonielle öffentliche Bestätigung der Entscheidung für Otto I., die bereits zuvor in nicht öffentlichen Absprachen getroffen wurde*

Zusatzaufgabe: siehe S. 169

Zwischen Reich und Kirche: Die Herrschaft Ottos I.

Die Regierungszeit Ottos I. von 936 bis 973 zeigt, dass die mittelalterlichen Könige nicht allmächtig waren. Es gab weitere Kräfte im Reich, die Macht beanspruchten: die weltlichen Fürsten und die Kirche mit ihrem Oberhaupt, dem Papst.

- ***Welche Konflikte entstanden um die Macht des Königs und Kaisers?***

M 1

Die Kaiserfamilie Ottos I. mit Christus, Elfenbeinschnitzerei, 10. Jh. Christus in der Mitte, oben zwei Engel, rechts und links die beiden Heiligenfiguren Maria und Mauritius, Schutzpatron des von Otto I. gegründeten Erzbistums Magdeburg. Unten: der Kaiser, sein Sohn und die Kaiserin.

Otto I. und die geistlichen und weltlichen Fürsten

Mit der Salbung, die Otto I. bei seiner Erhebung zum König erhalten hatte, war er zum Beschützer der Kirche und des Reichs geworden. In dieser Rolle sah er sich auf der einen Seite dem Papst und den Bischöfen gegenüber, auf der anderen Seite musste er seine Machtstellung gegen die mächtigen Fürsten des Ostfränkischen Reichs behaupten.

Es ist sicher belegt, dass Otto I. die Herzöge* an sich band, indem er ihnen wichtige Ämter mit dazugehörigen Herrschaftsgebieten verlieh. Dafür verlangte er als Gegenleistung Treue und Unterstützung. Dennoch bedrohten mehrere Aufstände mächtiger Adliger seine Königsherrschaft. Als wirksames Mittel der Macht erwies sich die Politik Ottos, Bischöfen und Äbten weltliche Ämter in seinem Reich zu überlassen. Er machte darüber hinaus sein Recht geltend, höchste kirchliche Ämter zu vergeben. Dieses beanspruchte Verfügungsrecht über die Geistlichen führte zu einer engen und dauerhaften Beziehung zwischen König und Kirche. Da die Geistlichen unverheiratet waren und keine Erben hatten, fiel das verliehene Amt und Herrschaftsgebiet nach ihrem Tode auch wieder an den König zurück. Zu den bekanntesten Beispielen gehörte Ottos Bruder Brun: Er war Erzbischof von Köln und erhielt zusätzlich die Herzogwürde von Lothringen. Von 961 bis 964 verwaltete Brun das Reich, während sich sein Bruder in Italien aufhielt.

Sieg über die Ungarn und Christianisierung

Nach außen vertrat Otto seinen Machtanspruch äußerst erfolgreich: Er konnte die andauernden Ungarneinfälle abwehren und beendete mit dem Sieg in der Schlacht auf dem Lechfeld 955 deren seit Jahren andauernde Raubzüge auf die südöstlichen Grenzgebiete des Reichs. Dem Sieg über die Ungarn folgten auch Siege über die Slawen in der Lausitz östlich der Elbe. Von Magdeburg aus, wo er 968 ein neues Erzbistum eingerichtet hatte, trieb er die Christianisierung der Slawen, besonders im heutigen Sachsen, weiter voran. So gründete er zahlreiche Bistümer, Dorfkirchen, Dome und Klöster. Im Süden band er Burgund, Lothringen und Italien in seinen Herrschaftsbereich ein.

Die Kaiserkrönung 962

962 zog Otto I. mit seinem Gefolge nach Rom, wo ihn Papst Johannes XII. durch die symbolischen Handlungen der Salbung und Krönung zum Kaiser des gleichzeitig gegründeten „Heiligen Römischen Reichs“ (im späten 15. Jahrhundert erhielt es noch den Zusatz

„Deutscher Nation") ernannte. In einem kaiserlichen Privileg* versprach er, den Papst und die Kirche zu schützen. Im Gegenzug erhielt er das Treueversprechen des Papstes. Otto I. sah sich als Kaiser des „Heiligen Römischen Reichs" gleichzeitig als Nachfolger der römischen Kaiser der Antike sowie Beschützer des ganzen Christentums.

Als der Papst sah, dass sich Otto I. in Italien durchsetzte und seinen Einfluss festigen konnte, schloss er sich mit den Gegnern des Kaisers zusammen. Daraufhin ließ Otto den Papst im November 963 absetzen und bestimmte als neuen Papst Leo VII. Den König von Italien, Berengar II., nahm er gefangen. Als Kaiser Otto im Sommer 972 Italien verließ, stand er auf dem Höhepunkt seiner Macht. Dennoch brachte das Kaisertum dem König keine unmittelbare Vergrößerung seiner Herrschaft, wohl aber einen Zuwachs an Ansehen und Würde. Seit der Kaiserkrönung Ottos I. bis zum Ende des Mittelalters waren die ostfränkisch-deutschen Könige auch immer Anwärter auf die Kaiserkrone des Reichs.

M 2

Die Schlacht auf dem Lechfeld im Jahr 955, Buchmalerei, 1457. Wegen der Truppengröße der Ungarn hatten sich die ostfränkischen Stammesherzöge unter der Führung Ottos I. zu einem gemeinsamen Heer vereinigt. Der Sieg steigerte das Ansehen Ottos und festigte den Zusammenhalt der ostfränkischen Stammesherzöge zum König.

1 Erkläre anhand von M1, wie der Künstler die Stellung des Kaisers und seiner Familie darstellte.

2 Arbeite mithilfe des Darstellungstextes und M2 die Erfolge und Misserfolge Ottos I. als Herrscher heraus.

3 Stelle Vermutungen an, warum Otto I. heute „Otto der Große" genannt wird.
Tipp: Vergleiche auch die Erfolge Ottos mit denen Karls des Großen. Nimm S. 66/67 zu Hilfe.

4 Beschreibe den Konflikt mit den Ungarn und wie dessen Lösung die Macht Ottos I. vergrößerte (Darstellungstext, M2). Nimm auch S. 68/69 zu Hilfe.

5 **Geschichte heute:**
a) Führe eine Internetrecherche durch und arbeite heraus, warum sich die Stadt Magdeburg als „Ottostadt" bezeichnet und welche Ziele sie damit verfolgt.
b) Diskutiert in der Klasse, ob die Bezeichnung Magdeburgs als „Ottostadt" gerechtfertigt ist.

cornelsen.de/webcodes
+ *Code: jixozu*
Kaiser Otto I.

Zusatzaufgabe: siehe S. 170

Wer steht höher: Kaiser oder Papst?

Weltliche und geistliche Macht – wir würden heute sagen Staat und Kirche – waren im Mittelalter nicht getrennt: Kaiser und Könige bestimmten in ihrem Herrschaftsbereich selbst, wer Bischof wurde. Die Bischöfe ihrerseits übten neben dem Kirchenamt auch die weltliche Macht aus. Im 11. Jahrhundert kam es zu einem folgenschweren Streit zwischen Kaiser und Papst über die Einsetzung von Bischöfen.

- ***Worum ging es bei diesem Streit und wie wurde er (vorläufig) gelöst?***

M 1 *Buchillustration zum Verhältnis zwischen Kaiser und Papst, Sachsenspiegel, 13./14. Jh.*

Warum brach der Investiturstreit aus?

Nach der im frühen Mittelalter entstandenen „Zwei-Schwerter-Lehre" hatte Gott dem Kaiser ein Schwert als Zeichen der Herrschaft über den weltlichen Bereich und dem Papst ein Schwert als Symbol der geistlichen Gewalt gegeben. Diese Herrschaftsvorstellung wurde mit zahlreichen Bibelaussagen, u. a. des Apostels Paulus, belegt. Im 11. Jahrhundert wurde die Frage, ob beide Gewalten gleichberechtigt seien oder ob zunächst der Papst beide Schwerter von Gott erhalte und dann eines freiwillig an den Kaiser weitergebe, heftig diskutiert.

Gleichzeitig ging von der Abtei Cluny in Burgund eine Reformbewegung aus, die die Kirche von weltlichen Einflüssen reinigen wollte. Die Reformer forderten z. B., dass kirchliche Ämter nicht mehr käuflich sein dürften. Weltliche Adlige hätten kein Recht, Geistliche in ein Amt einzusetzen (Investitur*). Zudem sollten Priester nicht mehr heiraten dürfen.

Was war der Höhepunkt des Streits?

Ende des 11. Jahrhunderts kam es zum erbitterten Kampf zwischen König Heinrich IV. und Papst Gregor VII. In Mailand, das zum Reich gehörte, setzte der König gegen den Willen von Bevölkerung und Papst einen Erzbischof ein. Da drohte ihm der Papst mit der härtesten Strafe: dem Kirchenbann*. Daraufhin gerieten Heinrich IV. und viele deutsche Bischöfe in Konflikt mit dem Papst und forderten ihn im Januar 1076 auf, von seinem Amt zurückzutreten. Doch Papst Gregor machte seine Drohung wahr: Er bannte Heinrich IV. und erklärte alle ihm geleisteten Treue- und Hilfeversprechen für ungültig. Eine bislang undenkbare Situation: Die Vertreter Gottes auf Erden – der Papst und der König – erklärten sich gegenseitig für abgesetzt! Da der König unter Bann stand, war er von den Sakramenten, wie dem Abendmahl, und aus der Gemeinschaft der Christen ausgeschlossen. Das bedeutete: Allen Christen war es strengstens verboten, mit ihm zu reden oder ihm zu helfen.

Im Herbst 1076 stellten Fürsten und Bischöfe Heinrich IV. ein Ultimatum: Wenn er nicht innerhalb eines Jahres vom Kirchenbann gelöst wäre, würden sie einen neuen König wählen.

Heinrichs Thron wankte. Deshalb entschloss er sich, mit seiner Familie die Alpen zu überqueren, um Papst Gregor VII. aufzusuchen. Im Winter 1077 traf sich Heinrich mit dem Papst auf der Burg Canossa in Norditalien und unterwarf sich. Den Konflikt mit dem Papst führte er aber anschließend mit Waffengewalt weiter.

Wie wurde der Investiturstreit gelöst?

Erst unter den Nachfolgern Heinrichs IV. und Gregors VII. kam es zu einer Einigung (Wormser Konkordat*, im Jahr 1122): Ein Bischof hatte auch weiterhin weltliche und geistliche Aufgaben. Er verwaltete den Besitz der Kirche und bestimmte über die Ausübung des christlichen Glaubens. Die weltlichen Herrschaftsrechte verlieh ihm der König, die geistlichen Aufgaben wurden ihm von der Kirche übertragen.

Investitur
Als Investitur (von lat. investire = bekleiden) wird die feierliche Einsetzung von hohen Geistlichen in ihr Amt im Mittelalter bezeichnet.

M 2

Unter dem Titel „Dictatus papae“ stellte Papst Gregor VII. im Jahr 1075 folgende kirchenrechtliche Grundsätze auf:

1. Einzig und allein von Gott ist die römische Kirche gegründet ...

3. Er [der Papst] ganz allein kann Bischöfe absetzen und auch wieder einsetzen ...

7. Nur er darf ... neue Gemeinden gründen ..., ein reiches Bistum teilen und arme zu einem einzigen zusammenlegen.

8. Nur er verfügt über die kaiserlichen Insignien.

9. Alle Fürsten haben die Füße einzig und allein des Papstes zu küssen ...

12. Der Papst kann Kaiser absetzen ...

18. Sein Entscheid kann von niemandem aufgehoben werden, er selbst aber kann Urteile aller anderen ... aufheben.

19. Über ihn besitzt niemand richterliche Gewalt ...

27. Er kann Untertanen vom Treueid gegen unbillige [Herrscher] entbinden.

*Zit. nach Geschichte in Quellen, Bd. 2, hg. u. übers. v. Wolfgang Lautemann, 3. Aufl., München (bsv) 1978, S. 291f.***

M 3

Zwei Briefe Heinrichs IV. an Papst Gregor VII.

Im Jahr 1073 schrieb Heinrich IV. dem neuen Papst:

Da weltliche und geistliche Herrschaft ... wechselseitiger Hilfe bedürfen, o mein Herr und geliebter Vater, darf zwischen ihnen auch nicht die geringste Spannung bestehen, sondern sie müssen unauflöslich zusammenhängen, wobei Christus sozusagen der Leim zwischen ihnen ist.

*Zit. nach Geschichte in Quellen, Bd. 2, hg. u. übers. v. Wolfgang Lautemann, 3. Aufl., München (bsv) 1978, S. 285.**

Am 24. Januar 1076 antwortete Heinrich IV. auf die Androhung des Kirchenbanns:

Heinrich, durch Gottes Willen König, an den falschen Mönch Hildebrand, der nicht mehr Papst ist ... Du hast ... gedroht, uns die Kaiserkrone zu entreißen ... und nun werden von dir noch die Untergebenen gegen ihre Herren aufgehetzt ... Sei verflucht und verdammt für alle Zeiten. Ich heiße dich vom römischen Bischofsstuhl herabsteigen, damit ein anderer ihn besteige.

*Zit. nach Quellen zur Geschichte Kaiser Heinrichs IV., hg. v. Franz-Josef Schmale, Darmstadt (Wissenschaftliche Buchgesellschaft) 1963, S. 64**

Papst Gregor VII. (≈ 1020–1085) hieß eigentlich Hildebrand von Soana und war zunächst Mönch und großer Anhänger der Kirchenreform. Er wurde 1073 Papst und geriet mit König Heinrich IV. in Streit um die Vorrangstellung des Papstes gegenüber weltlichen Herrschern. Kurzfristig hatte sich Heinrich ihm 1077 in Canossa unterworfen. Bald schon belagerte dieser Rom und Gregor musste fliehen. Er starb 1085 in Salerno.

Kaiser Heinrich IV. (1050–1106) wurde als Dreijähriger zum König gewählt. Zunächst herrschte seine Mutter Agnes für ihn, 1065 übernahm er selbst die Regierung. Heinrich war machtbewusst und begann, seine Position gegenüber den Fürsten im Reich auszubauen, z. B. durch einen Krieg gegen die Sachsen, und zog damit die Feindschaft vieler Adliger auf sich.

1 Beschreibe M1 und vergleiche mit dem im Darstellungstext geschilderten Verhältnis von König und Papst.

2 **Methode:** Analysiere M2 und M3 mithilfe der Arbeitsschritte „Eine schriftliche Quelle analysieren“ auf S. 71. Fasse anschließend zusammen, worum es beim Investiturstreit ging.

Zusatzaufgabe: siehe S. 170

3 **Wähle eine Aufgabe aus:**

a) **Partnerarbeit:** Gestaltet mithilfe des Darstellungstextes, M2 und M3 ein Streitgespräch zwischen Heinrich IV. und Gregor VII. in Canossa.
Tipp: Beachtet, wie der Kaiser den Papst anspricht.

b) Beurteilt in einer kurzen Darstellung das Wormser Konkordat aus der Sicht des Königs und aus der Sicht des Papstes.

Der Kaiser und die Fürsten im Spätmittelalter: Konflikte um die Macht

Nicht nur die Päpste stellten im Investiturstreit die Macht des Kaisers infrage: Auch die vielen Fürsten des Reichs bauten in ihren Territorien ihre Macht aus.

- ***Wie gelang den Fürsten der Ausbau ihrer Landesherrschaft?***

M 1 *Kaiser Karl IV. und die sieben Kurfürsten des Heiligen Römischen Reichs, Zeichnung, um 1370*

Landesherr
Herrscher über ein fest umrissenes Gebiet (= Territorium) des Reichs. Seit dem 11. Jh. entstanden im Heiligen Römischen Reich zahlreiche Landesherrschaften, deren Bewohner der Gewalt des Landesherrn unterworfen waren. Jeder Landesherr (z. B. ein Graf oder ein Herzog) musste sich beim Ausbau seiner Herrschaft gegen benachbarte Herren durchsetzen, die dasselbe Ziel verfolgten.

Wie gelang die Stärkung der Landesherrschaft?

Im 13. Jahrhundert konnten die Reichsfürsten* ihren politischen Einfluss weiter ausbauen. Sie bemühten sich, ihre zuvor meist locker verbundenen und oft verstreut gelegenen Besitzungen zu zusammenhängenden Herrschaftsgebieten (= Territorien) zu vereinigen. Ihre vom König geliehenen Güter (siehe S. 88/89) waren weitgehend erblich geworden und bildeten die Machtbasis der Fürsten. In ihren Territorien bauten sie eine Verwaltung auf.

Der Verlierer dieser Entwicklung war der König, denn er erhielt sein Amt durch die Wahl der Reichsfürsten und blieb auch danach von ihnen abhängig. Als 1212 Friedrich II., aus dem Herrschergeschlecht der Staufer, zum König gekrönt wurde, musste er seine Herrschaft mit den Fürsten teilen. Friedrich II. trug dieser Entwicklung Rechnung und erließ das „Gesetz zugunsten der Fürsten". Die Fürsten wurden zu selbstbewussten Landesherren und bauten ihre Macht zum Nachteil des Königtums aus.

Die Goldene Bulle: Ein Gesetz für die Fürsten?

Die Machtverschiebung im Reich vom König zu den Landesherren zeigte sich auch in der Regelung der Königswahl: Seit dem 13. Jahrhundert beanspruchte eine kleine Gruppe geistlicher und weltlicher Fürsten das Recht, den König zu wählen. Diese Fürsten hießen Kurfürsten* (von küren = wählen). Das Vorgehen war nicht neu, denn schon seit Jahrhunderten wählten die mächtigsten Fürsten im Reich den deutschen König. Um Zweifel und Streit bei künftigen Königswahlen auszuschließen, regelte Karl IV. 1356 im Einvernehmen mit den Kurfürsten die Wahl erstmals in Schriftform: Das Wahlgesetz war bis 1806 gültig und wurde nach dem königlichen Goldsiegel (= lat. aurea bulla) „Goldene Bulle" genannt. Die darin festgelegten Regeln waren vermutlich auch ein Grund für die Beständigkeit des Heiligen Römischen Reichs. In dem Gesetz wurde u. a. festgelegt:

- die Zusammensetzung des Kurfürstenkollegiums: die Erzbischöfe von Mainz, Köln und Trier, der König von Böhmen, der Pfalzgraf bei Rhein, der Herzog von Sachsen und der Markgraf von Brandenburg
- das Wahlverfahren
- die Rechte der Kurfürsten
- die Durchführung der Reichstage*
- Weitervererbung des Kuramts an den Erstgeborenen und Unteilbarkeit der kurfürstlichen Territorien
- jährliche Zusammenkunft der Kurfürsten zur Beratung der Angelegenheiten des Reichs.

Starke Landesherrschaften: Folgen bis heute

Mit der Thronfolge des erstgeborenen Sohnes, die in der Goldenen Bulle festgelegt wurde, sicherte der König seiner eigenen Familie die Nachfolge. Gleichzeitig wurde er mehr und mehr von den Landesherren und den Kurfürsten abhängig, denn um seine bzw. die Wahl seines Sohnes durchzusetzen und eine effiziente Verwaltung im Reich zu ermöglichen, war er auf sie angewiesen. So wurde die Grundlage gelegt, dass Deutschland aus vielen kleinen Staaten bestand, die ihre Rechte gegenüber dem Kaiser verteidigten. Auch die starke Stellung der heutigen Bundesländer gegenüber der Bundesregierung in Berlin geht teilweise auf die Macht der Landesherrschaften zurück. Dieses Prinzip nennt man Föderalismus (lat. foedus = Bündnis).

M 2

Gesetz zugunsten der Fürsten (1232)

Friedrich II. übertrug mit der folgenden Urkunde den Fürsten wichtige Reichsrechte. Er bezeichnete die Fürsten erstmals als „Landesherren":

1. Wie schon unser königlicher Sohn[1], so gestehen auch wir ihnen [den Fürsten] für immer zu, dass keine neue Burg oder Stadt auf geistlichem Gebiet ... von uns oder einem anderen [Fürsten] errichtet werden darf ...

2. Neue Märkte sollen alte in keiner Weise stören.

6. Ein jeder Fürst habe freien Gebrauch seiner Freiheiten, Gerichtsbefugnisse, Grafschaften und Zehnten, nach den Gewohnheitsrechten seines Landes, sie seien sein Eigentum oder ein Lehen.

8. Ohne Zustimmung des Landesherrn darf niemand die Gerichtsstätte verlegen.

13. Eigentum und Lehen der Fürsten, Edlen, des Dienstadels und der Kirchen, das sich in den Händen unserer Städte befindet, soll zurückgegeben werden und darf nicht wieder weggenommen werden.

17. Im Lande eines Fürsten wollen wir keine neue Münze schlagen lassen, durch welche die Münze des Fürsten im Werte gemindert werden könnte.

*Zit. nach Geschichte in Quellen, Bd. 2, hg. u. übers. v. Wolfgang Lautemann, 3. Aufl., München (bsv) 1978, S. 568 f.***

[1] *Heinrich VII. (1220–1235)*

M 3

Bestimmungen aus der „Goldenen Bulle" (1356):

Die Kurfürsten sollen zur Wahl schreiten und ... Frankfurt nicht verlassen, bevor die Mehrzahl von ihnen ... ein weltliches Oberhaupt gewählt hat, nämlich einen römischen König und künftigen Kaiser ...

Wir bestimmen ferner, dass [der Gewählte] sogleich ... allen Kurfürsten ihre Privilegien, Rechte, Freiheiten ... und alles, was sie bis zum Tag seiner Wahl empfangen und besessen haben, ohne Verzug durch seine Briefe und sein Siegel bestätigen und bekräftigen soll.

Wir verordnen daher, dass von jetzt an künftig und auf ewige Zeiten die ... Fürstentümer [und] Lehnsverhältnisse[1] ... nicht getrennt oder zersplittert werden dürfen, sondern es soll der erstgeborene Sohn in ihnen nachfolgen, und ihm allein soll Recht und Herrschaft zustehen.

*Zit. nach Quellen zur Neueren Geschichte, hg. vom Historischen Seminar der Universität Bern, Heft 25 (1957), bearbeitet von Konrad Müller, Bern**

[1] *siehe S. 80/81*

Goldene Bulle Karls IV., 14. Jh. **M 4**

1 Beschreibe mithilfe des Darstellungstextes und des Begriffskastens den Ausbau der Landesherrschaft.

2 Liste in einer Tabelle auf, welche Rechte den Fürsten übertragen wurden, und umgekehrt, welche Herrschaftsmittel der König damit verloren hat (M2).

3 Stelle Vermutungen an, welche Forderungen die Fürsten an den König stellen könnten.
Tipp: Nimm M3 und das Internet zu Hilfe.

4 a) Fasse die Bestimmungen der „Goldenen Bulle" (Darstellungstext, M3) zusammen.
b) Partnerarbeit: Diskutiert, ob durch dieses Gesetz der Kaiser oder die Fürsten mehr Macht besaßen.

5 Nimm Stellung: Die „Goldene Bulle" war einer der Gründe für den langen Bestand des Heiligen Römischen Reichs bis ins Jahr 1806 (Darstellungstext).
Tipp: War die „Goldene Bulle" ein „Kompromiss" zwischen König und Landesherren?

Das Heilige Römische Reich um 1400

Zählt man alle adligen Herrschaften – vom ärmsten Ritter bis zu den mächtigen Kurfürsten –, so bestand das Heilige Römische Reich um 1400 aus 685 Territorien. Der Aufstieg der Landesherren, die ihre verstreuten Herrschaften zu geschlossenen Territorien ausbauten, hatte gerade erst begonnen. Der Kaiser war nur mächtig, wenn er sich auf eine starke Hausmacht stützen konnte.

M1

Mitteleuropa um 1400

1 a) Beschreibe die Karte M1.
b) Erläutere an einem Beispiel, welcher Fürst im Heiligen Römischen Reich vermutlich über großen Einfluss verfügte.

2 Vergleiche M1 mit dem Ostfränkischen Reich im 9. Jahrhundert (siehe S. 68 M1).

3 Partnerarbeit: Diskutiert, wie sich die Zersplitterung auf die Stabilität des Heiligen Römischen Reichs auswirkte.

500 | 600 | 700 | 800 | 900 | 1000 | 1100 | 1200 | 1300 | 1400 | 1500

476 Ende des Weströmischen Reichs

498 Taufe des Frankenkönigs Chlodwig

756 Pippinsche Schenkung: Beginn des Kirchenstaates

800 Kaiserkrönung Karls des Großen

843/880 Teilungen des Frankenreichs

936–973 Otto I. (962 Kaiserkrönung)

11./12. Jh. Investiturstreit

1122 Wormser Konkordat: Regelungen zur Investitur von Bischöfen

seit 13. Jh. Machtausbau der Landesherren gegenüber dem Königtum

1356 Goldene Bulle: Gesetz über die Königswahl durch die Kurfürsten

Wer herrschte im Mittelalter?

Das Ende des Römischen Reichs

Ab dem 3. Jahrhundert geriet das Römische Reich durch Bedrohungen von außen in eine Krise. Im Jahr 395 zerbrach es in eine westliche Hälfte, in der Lateinisch gesprochen wurde, und in eine griechisch bestimmte östliche Hälfte. Nach dem Untergang 476 siedelten germanische Stämme im ehemaligen Weströmischen Reich.

Das Frankenreich

Durch den Übertritt Chlodwigs zum Christentum entwickelte sich zwischen den fränkischen Königen und der Kirche ein enges Verhältnis. Die Geistlichen unterstützten den königlichen Herrschaftsanspruch und die Könige traten als Schutzherren der Kirche auf. Als einer der bedeutendsten Könige des Mittelalters gilt der Frankenkönig Karl der Große (768–814). Er stellte sich mit seiner Kaiserkrönung 800 durch den Papst in die Nachfolge der römischen Kaiser. Unter Karls Nachfolgern konnte die Einheit des Reichs nicht erhalten werden. Im Oströmischen Reich kam zu einem Machtkampf zwischen dem König und den Stammesherzögen, den erst Heinrich I. (919–936) beenden konnte. Er suchte den Ausgleich mit den Stämmen und erkannte sie als „Teilmächte“ an. So hielt er den Niedergang des Reichs auf.

Königsherrschaft im Heiligen Römischen Reich

Mittelalterliche Herrscher wie Otto I. (936–973) verdankten ihr Königtum der Wahl und Erhebung durch weltliche und geistliche Fürsten. Der erstmals für die Wahl Ottos I. überlieferte Ablauf galt für fast alle seine Nachfolger im Mittelalter. Durch ein Netz von persönlichen Beziehungen mit Fürsten, Bischöfen und Äbten versuchten sie sicherzustellen, dass ihre Macht im ganzen Reich anerkannt wurde.

Seit Otto I. ließen sich die meisten deutschen Könige vom Papst in Rom zum Kaiser krönen. Mit dem Kaisertitel stellten sie sich in die Tradition der römischen Kaiser und sahen sich so als die rechtmäßigen Herrscher und Beschützer des Christentums in Europa. Sie legitimierten ihre Herrschaft damit, durch Gott eingesetzt worden zu sein – damit war das Gottesgnadentum etabliert. Ihr Herrschaftsbereich erhielt die Bezeichnung „Heiliges Römisches Reich“ (später mit dem Zusatz „Deutscher Nation“). Als Symbol der deutschen Königs- und Kaiserherrschaft wurden dem Herrscher bis zum Ende des Heiligen Römischen Reichs 1806 die Reichsinsignien als Herrschaftszeichen verliehen. Die wichtigsten Insignien waren die Krone, die heilige Lanze, der Mantel, das Zepter, der Reichsapfel und das Schwert.

Machtkonkurrenz zwischen Kaiser und Papst

Seit Otto I. war die Kirche mit den von den Herrschern eingesetzten Bischöfen die zuverlässigste Stütze der königlichen Macht im Reich geworden. Zur Ehelosigkeit verpflichtet und deshalb ohne natürliche Erben, konnte der König nach dem Tod eines Bischofs das Amt wieder neu an einen seiner Getreuen vergeben. Deshalb war das Recht auf Einsetzung von Bischöfen zu einem unverzichtbaren Instrument der Königsherrschaft geworden. Diese Vermischung von geistlichem und weltlichem Machtbereich zugunsten des Königtums konnte nicht ohne Folgen bleiben. Unter Papst Gregor VII. und König Heinrich IV. brach der Konflikt offen aus. Der „Gang nach Canossa“ (1077) stellte den Höhepunkt im sogenannten Investiturstreit dar. Mit dem Wormser Konkordat (1122) wurde ein Kompromiss gefunden, durch den beide Seiten am Vorgang der Einsetzung von Bischöfen beteiligt wurden.

Stärkung der Landesherrschaften

Seit dem 13. Jahrhundert bauten die Reichsfürsten ihre politische Macht in ihren Herrschaftsgebieten aus. Als selbstbewusste Landesherren schufen sie eigene Verwaltungen in ihren Territorien. Die Machtverschiebung im Reich vom König zu den Landesherren zeigte sich auch in der Reform der Königswahl: In der Goldenen Bulle (1356) wurde das Wahlrecht von sieben Kurfürsten schriftlich festgehalten.

In diesem Kapitel konntest du folgende Kompetenzen erwerben:

- den Aufstieg des Frankenreichs von Chlodwig bis Karl den Großen beschreiben
- die Verbreitung des Christentums in Mitteleuropa erklären
- die Herrschaft Karls des Großen erläutern
- die Herrschaft Ottos I. bewerten
- die Positionen im Investiturstreit vergleichen und beurteilen
- die Entwicklung des Reichs und der Landesherrschaften im Spätmittelalter beschreiben
- **Methode:** Eine schriftliche Quelle analysieren

Folgende Begriffe hast du kennengelernt:
- Gottesgnadentum
- Herrschaftsinsignien
- Frankenreich
- Ungarneinfälle
- Christianisierung
- Landesherrschaft
- Goldene Bulle
- Investiturstreit
- Heiliges Römisches Reich Deutscher Nation

1 Wähle drei Begriffe aus und schreibe zu jedem mindestens einen erklärenden Satz.

M 1

Kaiser und Papst, Abbildung aus dem Sachsenspiegel, 13./14. Jh.

M 2

Richtig oder falsch? Entscheide dich:

1. Karl der Große regierte sein Reich von der Hauptstadt Aachen aus.
2. Symbole und Gesten spielten in der mittelalterlichen Herrschaft eine bedeutende Rolle.
3. Bonifatius verbreitete das Christentum in Europa gegen den Willen des Papstes.
4. Der Kaisertitel knüpfte an das Römische Reich an.
5. Karl der Große wurde gegen seinen Willen zum Kaiser gekrönt.
6. Otto I. stützte sich bei seiner Herrschaft auf Bischöfe.
7. Der Investiturstreit war die Auseinandersetzung um die Einsetzung der Fürsten durch den Kaiser.
8. Die Goldene Bulle regelte die Wahl des Papstes.
9. Die ostfränkisch-deutschen Könige des Mittelalters wurden meist auch Kaiser des Reichs.
10. Das mittelalterliche Reich wurde im Laufe der Zeit durch die Landesherrschaften geschwächt.

M 3

Heutige Beispiele für die Redewendungen zum „Gang nach Canossa“:

- „Doch schon im Herbst mussten die Chefs der Deutschen Bahn nach Canossa gehen.“
- „Nach diesen Ereignissen war es für ihn ein schwerer Gang nach Canossa.“
- „Stolz und Scham nutzten ihr nichts, diesen Gang nach Canossa musste sie antreten, wollte sie etwas für ihre Kinder erreichen.“
- „Der Funktionär bereitete sich seit Tagen mit seinen Anwälten auf den Gang nach Canossa vor.“

M4

Brief Papst Gregors VII. an die geistlichen und weltlichen Fürsten in Deutschland (1077):

Bischof Gregor, Knecht der Knechte Gottes, sendet allen Erzbischöfen, Bischöfen, Herzögen, Grafen und sonstigen Fürsten des Königreiches der Deutschen Gruß und apostolischen[1] Segen. Da Ihr aus Liebe zur Gerechtigkeit gemeinsam mit uns im Kampf der Streiter Christi Last und Gefahr auf Euch genommen habt, möchten wir Euch Lieben in ungeschminkter Wahrheit mitteilen, wie der König, demütig Buße suchend, die Gnade der Lossprechung erlangte und wie die ganze Angelegenheit nach seinem Eintritt in Italien bis heute weitergeführt worden ist. Wie es ausgemacht war mit den Gesandten, die Ihr zu uns schicktet, kamen wir in die Lombardei ... Inzwischen erhielten wir sichere Nachricht, der König nahe. Auch sandte er, bevor er Italien betreten hatte, untertänig Boten zu uns voraus und bot an, Gott, dem heiligen Petrus und uns in allem Abbitte zu leisten, und versprach, zur Besserung seines Lebens völligen Gehorsam zu wahren, sofern er nur Lossprechung und die Gnade des apostolischen Segens zu erlangen verdiene. Da wir dies unter vielfältigen Überlegungen lange hinausschoben und ihn durch all die Boten, die hin und her wechselten, heftig wegen seiner Ausschreitungen zurückwiesen, gab er schließlich durch sich selbst keinerlei Feindschaft oder Unbesonnenheit zu erkennen und kam in geringer Begleitung nach Canossa, wo wir uns aufhielten. Dort harrte er während dreier Tage vor dem Tor der Burg ohne jedes königliche Gepränge[2] auf Mitleid erregende Weise aus, nämlich unbeschuht und in wollener Kleidung, und ließ nicht eher ab, unter zahlreichen Tränen Hilfe und Trost des apostolischen Erbarmens zu erflehen, als bis er alle, die dort anwesend waren und zu denen diese Kunde gelangte, zu solcher Barmherzigkeit und solchem barmherzigen Mitleid bewog, dass sich alle unter vielen Bitten und Tränen für ihn verwandten und sich fürwahr über die ungewohnte Härte unserer Gesinnung wunderten; einige aber klagten, in uns sei nicht die Festigkeit apostolischer Strenge, sondern gewissermaßen die Grausamkeit tyrannischer Wildheit. Schließlich wurden wir durch seine ständige Zerknirschung und solches Bitten aller Anwesenden besiegt, lösten endlich die Fesseln des Anathems[3] und nahmen ihn wieder in die Gemeinschaft und den Schoß der heiligen Mutter Kirche auf.

*Zit. nach Deutsche Geschichte in Quellen und Darstellung, Band 1: Frühes und hohes Mittelalter 750–1250, hg. v. Wilfried Hartmann, Stuttgart (Reclam) 1995, S. 299ff.**

[1] *päpstlichen*
[2] *Prunk*
[3] *Kirchenbann*

Methoden- und Interpretationskompetenz

1 Untersuche die Textquelle M4 mithilfe der Arbeitsschritte auf S. 71.

2 Erläutere, was das Herrscherbild M1 über das Verhältnis von Kaiser und Papst aussagt.

3 Nimm Stellung zu der Aussage, dass die Machtstellung der mittelalterlichen Kaiser in Europa zwischen 1000 und 1400 abgenommen hat.

4 Bearbeite M2, indem du die Nummern der richtigen Aussagen notierst und die falschen Aussagen in ein bis zwei Sätzen berichtigst.

Geschichte darstellen

5 Gestalte aus der Sicht eines Mönchs zur Zeit des Investiturstreits einen Eintrag für die Klosterchronik, in der dieser die Ereignisse der Jahre 1076/77 sowie die Lösung dieses Konflikts zusammenfasst (M4).

Geschichte heute

6 Erläutere die Redewendungen zum „Gang nach Canossa" (M3). Denke dir einige weitere über Situationen in der Schule aus.

7 **Partnerarbeit:** Diskutiert, warum Städte wie Aachen (Karl den Großen) und Magdeburg (Otto I.) historische Personen für Werbezwecke nutzen und ob diese Verwendung angebracht ist.

cornelsen.de/webcodes
Code: zibape
Selbsteinschätzungsbogen

3

Wie lebten die Menschen im Mittelalter?

Die Abbildung entstand im 15. Jahrhundert und ist Teil eines Wandgemäldes in einem Palast der italienischen Stadt Trient. Sie gibt Einblick in das Leben auf dem Land und zeigt zwei wichtige Gesellschaftsgruppen des Mittelalters: Bauern und Adlige.
Was zeichnete deren Leben und Alltag aus? In welcher Beziehung standen die beiden Gruppen zueinander? Und in den Städten: Wer lebte da und was bestimmte Alltag, Arbeit und Miteinander?

Stelle dir vor, du bist Augenzeuge der Szene: Beschreibe möglichst genau, was du siehst, und ergänze, was du hörst.

Feldarbeit im April, Ausschnitt aus einem Wandgemälde, um 1400

500 | 600 | 700 | 800 | 900

500–850
Frühmittelalter

Entstehung von Orden und Klöstern in Europa

Entstehung der Grundherrschaft

Beginn der deutschen Ostsiedlung

Neuerungen in der Landwirtschaft

Wie lebten die Menschen im Mittelalter?

Fast 1000 Jahre umspannte das Mittelalter: Es war geprägt von einer Gesellschaft, in der 90 Prozent der Menschen von der Landwirtschaft lebten. Jeder Mensch hatte durch seine Geburt einen bestimmten Platz. Burgen, Klöster und Städte, aber auch alte Dorfanlagen sind Orte, die das „ferne" Mittelalter bis heute sichtbar und gegenwärtig machen.

Viel langsamer als heute veränderten sich Arbeits- und Lebensbedingungen, dennoch unterschied sich der Alltag im Spätmittelalter von dem des frühen Mittelalters. Eine besondere Rolle spielten die Städte, die in immer größerer Zahl in ganz Europa entstanden.

- Wie sicherten die Menschen auf dem Land und in den Städten ihre wirtschaftliche Existenz?
- Welche Bedeutung hatten Handwerk und Handel für die Gesellschaft in der Stadt und auf dem Land?

M 1

Die Stadt Meißen im Mittelalter, Holzschnitt von Franz Hogenberg, 1572

1 Erarbeite anhand von M1 und M2 die Merkmale einer mittelalterlichen Stadt.

2 Beschreibe die Bilder M2 bis M4 und liste die abgebildeten Gruppen der mittelalterlichen Gesellschaft auf.

1000 | 1100 | 1200 | 1300 | 1400 | 1500

850–1250
Hochmittelalter

Zeit der Burgen und Ritter
Dreifelderwirtschaft
Anstieg der Bevölkerung

11.–13. Jh. Städtegründungen

Handwerker schließen sich zu Zünften zusammen

1250–1500
Spätmittelalter

1358 Gründung der Hanse

Zunftkämpfe in den Städten

1315–1317 Große Hungersnot

1347–1352 Große Pestepidemie in Europa

M 2

Der Marktplatz von Augsburg, Ausschnitt aus einem Gemälde von Jörg Breu d. Ä., um 1530

M 3

Vertreter der mittelalterlichen Gesellschaft, französische Buchillustration, zweite Hälfte 13. Jh.

M 4

Bauern liefern Abgaben ab. Holzschnitt, 1479

Die Ständegesellschaft: Eine festgefügte Ungleichheit?

Von der Antike bis ins 19. Jahrhundert entschieden Herkunft, Vermögen und unterschiedliche Rechte über die Stellung des Einzelnen in der Gesellschaft. Heute sind die Grenzen zwischen den Gesellschaftsschichten durchlässiger. Im Mittelalter war jedem Menschen von Geburt an sein Platz zugewiesen.
- ***Warum war das so?***
- ***Wie wurde die Ständegesellschaft legitimiert?***

Die Einteilung in Stände

Schon in der Antike suchten Gelehrte nach Erklärungen dafür, dass es innerhalb einer Gesellschaft Unterschiede gab. Sie teilten die Gesellschaft in zwei Gruppen ein: die Herren und die Knechte. Aus dieser Vorstellung entwickelten seit dem 11. Jahrhundert Gelehrte ein neues Bild von der Gesellschaft: die Lehre von den drei Ständen, nach der jeder Mensch einem Stand zugewiesen wurde. Zum ersten Stand gehörten die Geistlichen (= Klerus), zum zweiten die Adligen und zum dritten alle anderen wie die Bauern, Handwerker und später die Bürger in den Städten.

In den Stand der Adligen oder den der Bauern wurde man hineingeboren, in den Stand des Klerus erhoben. Die Stände hatten bestimmte Aufgaben und Rechte innerhalb dieser Ordnung und grenzten sich gegeneinander ab. Geistliche und Adlige waren nicht zur körperlichen Arbeit verpflichtet. Sie lebten von den Abgaben und Diensten der Bauern, die den zahlenmäßig weitaus größten Stand ausmachten.

Eine Heirat war nur innerhalb eines Standes möglich. Da diese Ständeordnung als von Gott gegeben bezeichnet wurde, durfte sich niemand gegen sie auflehnen. Diese Gliederung der Gesellschaft galt über Jahrhunderte: in Frankreich bis zur Revolution 1789 und in den meisten europäischen Ländern bis weit ins 19. Jahrhundert.

Nicht erfasst wurden in dieser Ordnung Frauen, Kinder oder Juden. Auch Berufe wie der des Totengräbers und Henkers und Gruppen wie Schausteller und Bettler zählten zu keinem Stand („Standeslose").

Die Wirklichkeit der Ständeordnung

In Wirklichkeit waren die Stände in sich sehr uneinheitlich: Es war ein Unterschied, ob man als Adliger mit wenig Besitz oder als Sohn eines reichen Fürsten, als Bauer oder als Sohn eines reichen Kaufmannes geboren wurde. Bei den Geistlichen gab es sowohl arme Mönche und Dorfpfarrer als auch reiche Äbte und Bischöfe. Hohe Kirchenämter und die wichtigen Ämter in der Reichsverwaltung waren Angehörigen des hohen Adels vorbehalten.

M 1

Die drei Stände, Holzschnitt von Johannes Lichtenberger, 1488. Die Beschriftung lautet: Tu supplex ora – du bete demütig! Tu protege – du beschütze! Tuque labora – Und du arbeite!

M 2

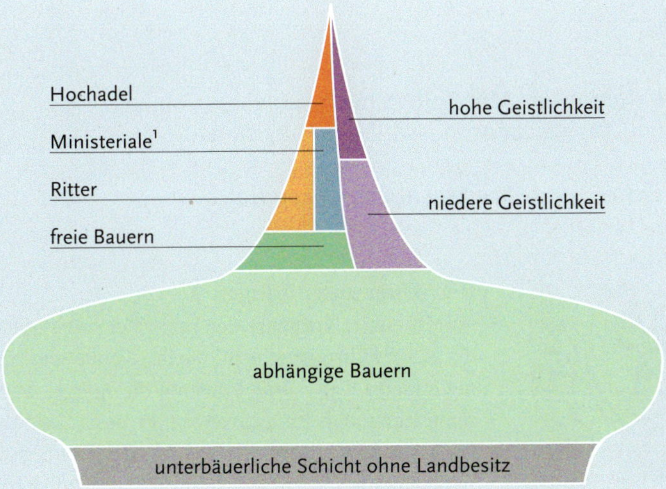

Schema der ländlichen mittelalterlichen Gesellschaft

1 Ministeriale (= Dienstmannen) waren ursprünglich Unfreie, die von ihrem Herrn zu Verwaltungsaufgaben oder Kriegsdienst herangezogen wurden. Seit dem 12. Jahrhundert verbanden sie sich mit dem Adel zum Ritterstand.

M 3

Bischof Adalbero von Laon (971–1030) schrieb an den französischen König Robert:

Dreigeteilt ist das Haus Gottes, das man als eine Einheit glaubt: Die einen beten, die anderen kämpfen und andere arbeiten. Diese drei sind vereint und mögen denn keine Spaltung.
Durch die Aufgaben des einen Teils werden auch die beiden anderen Teile bedacht.
Im Wechsel der Pflichten erwächst allen Trost.

*Zit. nach Ferdinand Seibt, Glanz und Elend des Mittelalters, Berlin (Siedler) 1987, S. 131f.**

M 4

Aufruf eines Priesters an die Bauern (1381):

Aus welchem Grund sind die, die wir Herren nennen, größere Meister als wir? ... Warum halten sie uns in Knechtschaft? Und wenn wir alle von einem Vater und einer Mutter, Adam und Eva, abstammen, inwiefern können sie behaupten und beweisen, dass sie mit besserem Grund als wir Herren sind? Höchstens damit, dass sie uns erbringen und erpflügen lassen, was sie ausgeben.

*Zit. nach Arno Borst, Lebensformen im Mittelalter, Hamburg (Nikol) 2004, S. 284**

M 5

Die Äbtissin Hildegard von Bingen schrieb an die Äbtissin von Andernach (1150):

Gott achtet bei jedem Menschen darauf, dass sich der niedere Stand nicht über den höheren erhebe, wie es einst Satan und der erste Mensch getan ... Wer steckt all sein Viehzeug zusammen in einen Stall: Rinder, Esel, Schafe, Böcke? Da käme alles übel durcheinander! ... Gott teilt sein Volk auf Erden in verschiedene Stände, wie die Engel im Himmel in verschiedene Gruppen geordnet sind, in die einfachen Engel und in die Erzengel.

*Zit. nach Johannes Bühler, Die Kultur im Mittelalter, Stuttgart (Kröner) 1954, S. 123**

1 **Methode:** Untersuche M1 mithilfe der Arbeitsschritte „Eine Bildquelle interpretieren" auf S. 91.
Tipp: Achte darauf, wie die einzelnen Stände dargestellt werden und wer ihnen ihre Aufgaben zuweist.

2 **Gruppenarbeit:**
a) Teilt euch M3 und M5 auf: Arbeitet heraus, wie die Einteilung in Stände jeweils begründet wird.
b) Tauscht euch über eure Ergebnisse aus. Vergleicht dann eure Ergebnisse mit der Argumentation von M4.
Tipp: Welche Haltung zur Ständegesellschaft nimmt der Priester in M4 ein?

3 Beschreibe das Schaubild M2. Ordne die abgebildeten Gesellschaftsgruppen den drei Ständen zu. Welche Gruppe wird hier nicht berücksichtigt? Nimm den Darstellungstext zu Hilfe.

4 Recherchiere im Internet Gründe, warum die Ständeordnung bis ins 19. Jahrhundert hinein bestehen blieb.
Tipp: Wer profitierte davon?

Zusatzaufgabe: siehe S. 171

Das Lehnswesen

Um ihr Reich zu regieren, hatten die Könige des Mittelalters noch keine Behörden mit Tausenden von Beamten, Verwaltungsangestellten, Polizisten und Richtern wie unser Staat heute.

- ***Wie aber konnten die Könige erreichen, dass ihre Macht im ganzen Reich anerkannt wurde?***

M 1 *Darstellung aus dem Sachsenspiegel, einem Rechtsbuch des 13./14. Jahrhunderts*

Die Vergabe von Lehen

Das Lehen war ein vom Lehnsherrn an den Lehnsmann (**Vasall**) lebenslang geliehenes Gut, für das der Vasall dem Herrn Dienste leistete. **Lehnsherr** und **Vasall** begaben sich in ein gegenseitig verpflichtendes Verhältnis, in dem beide einander Treue schuldeten: Der Herr erwartete im Frieden Rat und im Kriegsfall militärische Hilfe. Als Gegenleistung belohnte der Herr den Vasallen mit einem Lehen. Nicht nur Land, auch Ämter oder Rechte wie das Münzrecht wurden als Lehen vergeben. Herzöge, Grafen und Bischöfe waren Vasallen des Königs (**Kronvasallen**), die Ämter in der Reichsverwaltung ausübten.

Die Übergabe des Lehens bestand aus drei Teilen:

1. **Mannschaft**: Der Vasall gab seine zusammengelegten Hände in die Hände des Herrn; der umschloss sie als Zeichen von Schutz und gegenseitiger Treue.
2. **Treueid** des Vasallen: Der Vasall versprach Rat und Hilfe.
3. **Lehnsübergabe** an den Vasallen: Je nach Art des Lehens wird ein Symbol übergeben.

Kronvasallen konnten Teile des empfangenen Lehens an Untervasallen weiterverleihen, die dann ihrem unmittelbaren Lehnsherrn, aber nicht mehr dem König zu Treue verpflichtet waren.

Herrschaft unter Adligen

Im Mittelalter gründete der Herrscher seine Macht auf die adlige Führungsschicht, die ihn wählte und zum König erklärte. Der König brauchte die Adligen auch, um seine Herrschaft durchzusetzen. Er besaß kein eigenes Heer, sondern war im Kriegsfall auf die Unterstützung seiner Gefolgsleute angewiesen. Für die Adligen zahlte sich der Dienst für den König aus. Sie erhielten für ihre Gefolgschaft ein sogenanntes Lehen. Das war ein Stück Land, eine Burg oder ein besonderes Recht (z. B. das Recht, einen Markt zu gründen).

Er brauchte die Adligen aber auch, um sein Königreich zu kontrollieren, um Recht zu sprechen oder politische Entscheidungen zu treffen. Seine Königsboten übten zwar eine gewisse Kontrolle aus, aber sie konnten das Land nicht für ihn verwalten. Auch die Anweisungen des Königs, z. B. gegenüber den Grafen, konnten sie nicht dauerhaft durchsetzen. Deshalb band der König die Adligen durch einen Eid an seine Person, damit sie ihm treu blieben und in seinem Interesse handelten. So entstand ein System persönlicher Herrschaft, das sich im 8. Jahrhundert zum Lehnswesen* entwickelte. Für dieses Herrschaftsverhältnis unter Adligen verwenden Historiker auch den Begriff Feudalismus (lat. feudum = Lehen).

Im Hochmittelalter veränderte sich das Lehnswesen zugunsten der Lehnsnehmer (Vasallen). Es setzte sich das Prinzip der Erblichkeit durch. Das Lehnsverhältnis erlosch nicht mehr beim Tod des Vasallen. Eine Ausnahme bildete die Belehnung von Bischöfen und Äbten.

1 Erkläre, warum es für mittelalterliche Könige wichtig war, Adlige durch einen Eid an sich zu binden (Darstellungstext).

2 Wähle eine Aufgabe aus:

a) Erkläre den Fachbegriff „Lehen“, indem du nach ähnlichen Wörtern im Deutschen suchst.

b) Für „Lateinexperten“: Überlege, warum das lateinische Wort für ein als Lehen vergebenes Gut „beneficium“ (von *bene* + *facere*) lautet.

3 Finde heraus, was auf M1 abgebildet ist. Notiere deine Ergebnisse.

M 2

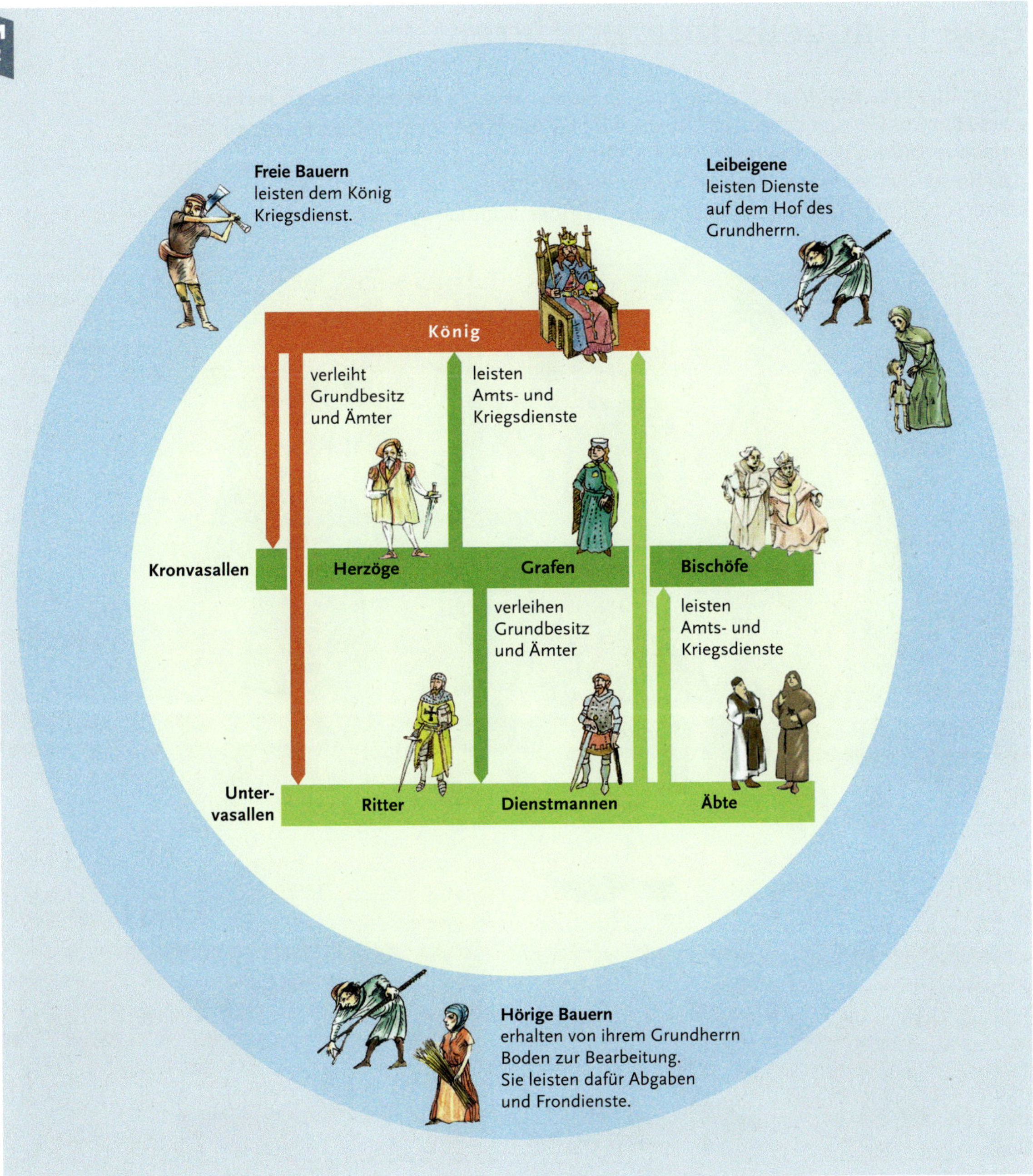

Eine vereinfachte Darstellung des Lehnswesens

4 Untersuche das Schaubild M2:

a) Beschreibe die Beziehungen zwischen dem obersten Lehnsherrn und den Kronvasallen sowie die Beziehungen zwischen Kron- und Untervasallen.

b) Erläutere, was man daraus über die Beziehungen zwischen Lehnsherren und Vasallen allgemein schlussfolgern kann.

c) Beurteile, welche Probleme sich daraus ergeben konnten, dass Untervasallen ihrem unmittelbaren Lehnsherrn, aber nicht mehr dem König zur Treue verpflichtet waren.

cornelsen.de/webcodes
Code: qoqafa
Lehnswesen und Sachsenspiegel

Eine Bildquelle interpretieren

Mittelalterliche Bilder erscheinen uns oft fremd: Warum hat ein Mensch mehr als zwei Hände? Warum erhebt ein Mensch den Zeigefinger gegenüber einem vor ihm knienden Mann? Warum legen zwei Männer die Hände ineinander?
Auf diesen Seiten lernst du, eine Bildquelle mit ihren Symbolen und Zeichen zu verstehen und die Einzelheiten eines Bildes zu einer Bildaussage zusammenzufügen.

M 1

Die Belehnung geistlicher und weltlicher Fürsten, Abbildung aus dem Sachsenspiegel, 13./14. Jh.

M 2

Szenen aus dem Lehnsrecht, Illustrationen aus dem Sachsenspiegel, 13./14. Jh.

1 Interpretiere M1 mithilfe der Arbeitsschritte auf S. 91. Vergleiche anschließend deine Ergebnisse mit den Lösungshinweisen in der rechten Spalte.
2 Untersuche eines der Bilder aus M2 mithilfe der Arbeitsschritte.
3 **Rollenspiel:** Wählt ein Bild dieser Seite aus und schreibt einen Dialog für die abgebildete Handlung. Spielt diese Zeremonie mithilfe eurer Kenntnisse zum Lehnswesen nach. Eine Anleitung für ein Rollenspiel findest du auf S. 179.
Tipp: Verfasst eine Einleitung für die Szene.
4 Zeichne dein eigenes Sachsenspiegel-Bild zu einer symbolischen Handlung von heute, z. B. eine Zeugnisausgabe in der Schule oder eine Eheschließung. Verwende eigene Symbole, aber auch mindestens ein Element der Zeichensprache aus M3.

Arbeitsschritte „Eine Bildquelle interpretieren“

Einzelne Elemente beschreiben	Lösungshinweise zu M1
1. Was ist dargestellt (Personen, Gegenstände)? 2. In welchen Positionen (Haltungen), in welchen Bewegungen sind sie zu sehen? 3. Wie lässt sich die Situation beschreiben? 4. Was erscheint merkwürdig?	• *Eine Person mit Krone auf einem Thron (ein König) gibt drei gekrönten Personen rechts drei Fahnen, zwei Personen links (eine mit Schleier, die andere mit Bischofshut) ein Zepter.* • *Es scheint sich um eine Übergabe zu handeln.* • *Es ist merkwürdig, dass die drei Personen auf der rechten Seite identisch aussehen.*
Zusätzliche Informationen hinzuziehen und Bedeutung der Bildelemente interpretieren	
5. Welche Hinweise gibt die Bildunterschrift? 6. Welche Bedeutung würdest du der entsprechenden Geste, Gebärde, Handlung oder auch dem Gegenstand heute noch zuordnen? 7. Recherchiere Hintergrundinformationen zu den Symbolen (Bibliothek, Internet; hier: M3). 8. Welche Einzelaussagen ergeben sich aus den Symbolen und Gesten?	• *Der Bischof und die Äbtissin links erhalten vom König ein Zepterlehen als Symbol ihrer geistlichen Herrschaft, die drei weltlichen Fürsten rechts erhalten Fahnen als Herrschafts- und Lehnssymbole.* • *Der äußerste von ihnen macht eine erklärende Geste mit seiner Hand; vielleicht deutet dies auf den Lehnseid hin, den er dem König schwören muss.* • *Der König sitzt erhöht gegenüber den anderen Personen, er ist ihnen also überlegen.*
Bildaussage formulieren	
9. Welche Gegenstände oder Handlungen scheinen besonders wichtig zu sein für die Aussage des Bildes? Woran erkennst du dies? 10. Welche Gesamtaussage lässt sich formulieren? Gibt es mehrere Deutungen?	• *Das Lehnswesen wird als ein gegenseitiges Verhältnis dargestellt, da der König den Kronvasallen Lehen gibt, dafür von ihnen aber einen Treueid erhält. Der König hat die oberste Stellung inne.* • *Die anderen Personen stehen für Gruppen; deshalb sehen die drei weltlichen Fürsten identisch aus.*

M 3

Kleines Zeichensprachelexikon des Mittelalters:

Ähren anbieten: Bereitschaft, das Lehnsverhältnis fortzusetzen
Fahne (halten, übergeben): Herrschafts- und Lehnssymbol; Fahnenlehen: Lehen an einen Fürsten
Gabel am Hals: Drohung, das Lehen wegzunehmen
Hand schräg nach unten geführt: Geste der Erklärung
Handschuh: Eigentumsübertragung
Kniefall: Geste der Huldigung und Unterwerfung
Kreuz: Hauptsymbol des Christentums; als Zeichen der Weltherrschaft des Christentums gedeutet
Krone: Zeichen königlicher Macht
Kugel, Reichsapfel: Zeichen königlicher Herrschaft, Kugel = Erde
Mit dem Zeigefinger auf jemanden zeigen: Geste der Ermahnung, des Benennens
Schwert: Zeichen der Macht und der strafenden Gerechtigkeit
Wappen: schildförmiges, grafisch festgelegtes Symbol, zuerst während der Kreuzzüge verwendet; Zeichen für Erblichkeit der Lehen
Zeigefinger nach unten: Geste des Zeigens
Zepter: Herrschaftssymbol; Zepterlehen: Lehen an Geistliche

Die Grundherrschaft: Herrschaft über Bauern

Die meisten Menschen im Mittelalter waren Bauern, und die meisten von ihnen waren keine freien Menschen. Ihr Herr, der Grundherr, besaß das Land, auf dem sie lebten und arbeiteten.

- ***Was bedeutete es für die Bauern, „unfrei“ zu sein?***
- ***Wie übten die Grundherren ihre Herrschaft aus?***
- ***Warum unterwarfen sich die Bauern dieser Herrschaft?***

Wie war die Grundherrschaft organisiert?

Im Laufe des Mittelalters wurden immer mehr Bauern von einem Grundherrn abhängig. Grundherr konnte ein Adliger sein, etwa ein Graf*. Ebenso gab es Grundherren, die Geistliche waren, z. B. ein Bischof* oder der Abt eines Klosters.

In der Grundherrschaft bestanden unterschiedliche Formen der Abhängigkeit: Es gab Bauernfamilien, die auf dem Hof des Grundherrn, dem Herrenhof, lebten und arbeiteten. Sie waren Leibeigene* und gehörten zum persönlichen Besitz des Grundherrn.

Andere Bauern lebten und wirtschafteten auf „Hufen“. Das waren kleine Hofstellen, die im Besitz des Grundherrn waren und abseits von Herrenhof und Herrenland zu Dörfern gehörten. Diese Bauern waren unfrei.

Wenn der Grundherr sein Land verkaufte, gehörten die unfreien Bauern dem neuen Eigentümer. Man nannte sie deshalb auch Hörige*, da sie das Land ohne Zustimmung des Grundherrn nicht verlassen durften. Dafür standen sie unter seinem Schutz, denn nur er durfte Waffen tragen. Auch mussten sie nicht wie die freien Bauern in den Krieg ziehen. Krieg bedeutete das große Risiko, sein Leben zu verlieren oder verletzt zu werden und damit seine Familie nicht mehr ernähren zu können. Bei Missernten sollte der Grundherr seine Bauern versorgen. Für seine Leibeigenen und Hörigen war der Grundherr auch Richter. Allerdings überließ er kleinere Streitigkeiten zwischen den Dorfbewohnern dem Dorfgericht. Es tagte unter der Leitung des Dorfvorstehers.

Abgaben und Frondienste

Die hörigen Bauern mussten dem Grundherrn Abgaben und Dienste leisten. Die Abgaben der Bauern wurden auf Fronhöfen (mittelhochdeutsch fro = Herr) abgeliefert. Hier wohnte auch der Meier (lat. maior = höher gestellt). Er war der Verwalter, dem mehrere Hufen und die darauf lebenden Bauern unterstellt waren.

Von den Erträgen der Landwirtschaft mussten die hörigen Bauern jährlich einen festgelegten Anteil abliefern, den sogenannten Zehnt. Oft genug betrug der Zehnt mehr als den zehnten Teil, weil z. B. nicht jedes zehnte Huhn, sondern immer das erste von zehn Hühnern abzugeben war – ein Nachteil für den Bauern, der nur acht Hühner hatte! Die Hörigen waren zu Arbeiten für den Herrn, den Frondiensten, verpflichtet. Dazu gehörten vor allem landwirtschaftliche Arbeiten auf dem Herrenhof oder auf einem der Fronhöfe. Im Laufe des Mittelalters wurden die Frondienste zunehmend durch Geldzahlungen ersetzt.

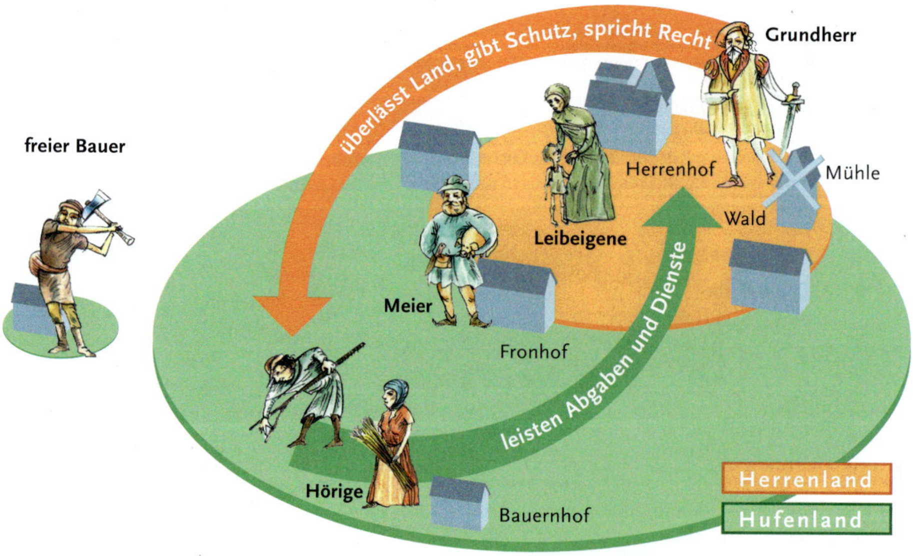

M 1 *Vereinfachtes Schaubild der mittelalterlichen Grundherrschaft*

Wie veränderte sich die Grundherrschaft?

Nach und nach ging die Zahl der freien Bauern weiter zurück. Diese freien Bauern – sogenannte Königsfreie – waren allein dem König zu Kriegsdienst verpflichtet. Für den Rückgang vermutet man vielfältige Gründe: Es gab zum Beispiel die gewaltsame Unterdrückung durch einen mächtigen Grundherrn, gegen die sich Bauern nicht wehren konnten. Als Analphabeten war es ihnen in solchen Fällen kaum möglich, ihre Ansprüche durch schriftliche Besitzurkunden nachzuweisen. Es sind aber auch Fälle bezeugt, dass sich Bauern freiwillig in die Grundherrschaft begaben: etwa nach Missernten oder um dem Heeresdienst und den Kosten für die militärische Ausrüstung zu entgehen. Mit der Entwicklung der Städte im 12. und 13. Jahrhundert lockerten die Grundherren diese Belastungen. Denn sie mussten fürchten, dass sich die Bauern durch Flucht in die Städte der Grundherrschaft entziehen würden. In dieser Zeit entstand der Spruch „Landluft macht eigen – Stadtluft macht frei" (siehe S. 112/113).

M 2 *Bauern bei der Fronarbeit, Buchmalerei, 15. Jh.*

M 3 *Abgaben an den Grundherrn, Buchmalerei, 15. Jh.*

M 4 **Aus einer Urkunde Kaiser Konrads II. für das Kloster Limburg (1035):**

Jeder Mann entrichte jährlich einen Schilling, eine Frau sechs Pfennige, oder aber es dienen Männer wie Frauen wöchentlich einen Tag auf dem Abtshof. Der Abt hat auch die Verfügungsgewalt über ihre noch unverheirateten Söhne. Er kann, welchen er will, in die Küche ..., in die Backstube stellen ..., die Wäsche waschen ..., die Pferde bewachen lassen und ihn zu jedem Dienst ... abordnen ... Wenn der Abt einen ... in seinem Gefolge haben will und ihn zum Truchsess[1] oder Mundschenk[2] oder zu seinem Reiter machen [will] ..., [so ist ihm dies erlaubt]. Nach dem Tode des Mannes wird das beste Stück Vieh ... zum Abtshof entrichtet, nach dem Tode einer Frau das wertvollste Kleid. Eine Frau, die außerhalb des Dorfes heiratet, gibt selbstverständlich ihren Zins von sechs Pfennigen.

*Zit. nach Quellen zur Geschichte des deutschen Bauernstandes, hg. v. Günther Franz, 2. Aufl., Darmstadt (Wiss. Buchgesellschaft) 1976, Nr. 51***

1 *Amtsträger, der für die Tafel und den Speisesaal zuständig war*
2 *Amtsträger, der für den Wein zuständig war*

1 **Kurzvortrag:** Du planst eine Präsentation über die Grundherrschaft und verwendest hierzu das Schaubild M1. Erstelle zu den fett hervorgehobenen Begriffen im Schaubild Karteikarten, die du bei deiner Präsentation verwenden könntest. Nimm den Darstellungstext zu Hilfe.

2 Beschreibe M2 und M3: Wer könnten die abgebildeten Personen sein? Welches Verhältnis zwischen ihnen kommt in den Bildern jeweils zum Ausdruck?

3 **Methode:**

a) Beurteile, inwiefern Höriger und Grundherr voneinander abhängig waren (Darstellungstext, M4).

b) Bewerte aus heutiger Sicht, ob die Forderungen der Grundherren gerechtfertigt waren (M4).

Tipp: Nimm die Arbeitsschritte der Methode „Ein historisches Urteil bilden" auf S. 145 zu Hilfe.

Wie lebten und arbeiteten die Bauern im Mittelalter?

Im Mittelalter produzierten Bauernfamilien als Selbstversorger alle Nahrungsmittel durch Ackerbau und Viehzucht. Auch Kleidung, Werkzeuge, Geschirr oder Möbelstücke stellten sie selbst her. Den Alltag von Bäuerinnen und Bauern des Mittelalters kennen wir vor allem aus gegenständlichen Quellen und aus Bildquellen. Die wenigen Textquellen zum bäuerlichen Alltag sind in Klöstern und auf Burgen geschrieben worden.

- ***Wie sah der Alltag der Bauernfamilien im Mittelalter aus?***

Wälder und Äcker um 1000

Riesige Wälder bedeckten um 1000 die Nordhälfte Europas. Die Bauerndörfer lagen inmitten dieser Wälder. Viele euch bekannte Märchen erinnern noch an die Bedrohlichkeit der riesigen Wälder im Mittelalter. Für neue Ackerflächen rodeten die Bauern den Wald mit einfachen Werkzeugen oder brannten ganze Waldstücke nieder. Alles, was man zum Leben brauchte, musste der Natur mühevoll abgerungen werden.

Die Lebensbedingungen der Bauernfamilien

Die Bauernfamilien lebten in einfachen Häusern oder Hütten, von denen viele nur aus einem einzigen großen Raum bestanden. Geschlafen wurde auf Stroh. Eine Feuerstelle diente zum Kochen, erzeugte Wärme und Helligkeit. Der Rauch zog über kleine Öffnungen im Dach nur langsam ab. Kerzenlicht gab es keines, da sich die meisten Bauern Talg und Wachs nicht leisten konnten. Kleine Löcher in den Wänden ließen etwas Licht und Luft herein. Der harte Arbeitstag der Bauern begann bei Sonnenaufgang und endete bei Einbruch der Dunkelheit. Die Menschen orientierten sich am Sonnenstand und den Gestirnen, um die Zeit ungefähr bestimmen zu können.

Heerscharen von Parasiten verbreiteten Krankheiten, gegen die es kein Heilmittel gab. Kloaken (Abwasserkanäle) wurden oft neben dem Brunnen gegraben und verdarben das Trinkwasser.

Die bäuerliche Kleidung war vielfach ausgebessert und grau, denn Färbemittel für leuchtende Farben waren unerschwinglich teuer. Das Hauptnahrungsmittel war ein Brei aus verschiedenen Getreidesorten. Zur Ergänzung des Speisezettels wurden Früchte, Wurzeln oder Pilze gesammelt. Fleisch kam nur selten in den Kochtopf. Die Hälfte der Kinder starb in den ersten sechs Lebensjahren an Unterernährung oder Krankheiten. Wer Kindheit und Jugend überstanden hatte, konnte im Mittelalter mit einer Lebenserwartung von 30 bis 40 Jahren rechnen. Ein 50-Jähriger galt als uralt.

M 1

Leben auf dem Land, kolorierter Holzschnitt, um 1517

Glaube und Magie

Der christliche Glaube war um 1000 überall in Europa verbreitet, doch glaubten die Menschen auf dem Lande weiter auch an Dämonen, Kobolde, Wassermänner und Nixen. Heutige Forscher sprechen vom „magischen Denken" der mittelalterlichen Menschen, im Gegensatz zu heute.

Alle arbeiteten mit

Heute arbeiten viele Landwirte nur noch nebenberuflich auf ihrem Hof, weil sie von dem Ertrag allein nicht leben

M 2

Tätigkeiten von Bäuerinnen und Bauern in den zwölf Monaten des Jahres, Illustration aus einer französischen Handschrift, 1480

könnten. Im Mittelalter war die ganze Familie in den landwirtschaftlichen Betrieb eingebunden, und zu dieser zählten neben Eltern und Großeltern auch die Kinder, sobald sie kräftig genug waren, in der Regel ab sieben Jahren. Auf dem Hof arbeiteten außerdem Knechte und Mägde, die unter der Bezeichnung „Gesinde" zusammengefasst werden. Wissenschaftler bezeichnen die auf den Höfen lebenden Gruppen als „Hausgemeinschaften" und „Haushaltsfamilien", weil sie im Wesentlichen durch die gemeinsame Arbeit und den gemeinsamen Verbrauch von Gütern verbunden waren, nicht (nur) durch Blutsverwandtschaft. Bäuerin und Bauer standen der Hausgemeinschaft vor und organisierten die Haus- und Landwirtschaft. Der Bauer war rechtlich gesehen der „Herr im Haus" und besaß damit die Rechtsgewalt über die anderen Hofbewohner. Starben er und seine Witwe, gingen ihre Rechte und Pflichten (z. B. gegenüber dem Grundherrn) auf ihre Kinder über, wenn diese 14 Jahre alt waren. Meist erbte der älteste Sohn, danach erbten die jüngeren Brüder oder Schwestern.

1 **Partnerarbeit:**
a) Arbeitet aus dem Darstellungstext, M1 und M2 heraus, was ihr über die Arbeit und die Aufgabenverteilung in Bauernfamilien erfahrt.
Tipp: Unter anderem werden auch die Herstellung von Butter und der Weinanbau dargestellt.
b) Wer fehlt auf den Abbildungen?

2 Betrachte M1 genau und formuliere für die einzelnen dargestellten Szenen eine Überschrift.

Zusatzaufgabe: siehe S. 171

cornelsen.de/webcodes
Code: juzifo
Alltag der Bauern

3 **Wähle eine Aufgabe aus:**
a) Beschreibe mithilfe von M1 und M2 den Alltag von Bauern im Mittelalter.
b) Verfasse einen Artikel für eure Schülerzeitung, in dem du über Bauern im Mittelalter berichtest.

4 **Geschichte darstellen:** Der Grundherr ist nicht mit den Abgaben eines Bauern einverstanden. Dieser konnte wegen einer schlechten Ernte nur wenige Abgaben leisten. Formuliere ein Streitgespräch. Versuche beide Standpunkte mit Argumenten zu stützen.
Tipp: Welche gegenseitigen Verpflichtungen sind der Grundherr und der Hörige eingegangen? Nimm S. 92/93 zu Hilfe.

Veränderungen in der Landwirtschaft

„Aufbruchsepoche Europas" nennen heutige Wissenschaftler die Zeit zwischen 1050 und 1300. Ein wärmeres Klima sowie neue Formen der Bodenbewirtschaftung und der Energienutzung führten dazu, dass auf dem Gebiet des heutigen Deutschlands um das Jahr 1200 fünfmal mehr Menschen lebten als im Jahr 800, zur Zeit Karls des Großen.

- ***Welche Veränderungen führten dazu, dass mehr Menschen ernährt werden konnten und die Bevölkerung wuchs?***

M 1

Bauern beim Pflügen, Buchillustration, 1525

Technische Modernisierungen

Zur Gewinnung neuer Flächen für Ackerbau und Weidewirtschaft wurden Wälder gerodet, Sümpfe trockengelegt und an zahlreichen Flüssen und Küsten Deiche gegen Überschwemmungen gebaut. Ab dem 10. Jahrhundert entstanden überall in Europa Wassermühlen und Windmühlen. Mühlen trieben einfache hölzerne Geräte zum Mahlen, Zerstampfen, Drehen, Filtern und Pumpen an. Auch Blasebälge von Schmelzöfen und Schmiedehämmer wurden durch Wind- und Wasserkraft angetrieben. Trotz der Mühlen blieb aber die Muskelkraft von Mensch und Tier die wichtigste Energiequelle im Mittelalter. Nachdem die Herstellung und Verarbeitung von Metallen lange Zeit nur der Waffenherstellung gedient hatte, erlaubte nun eine verstärkte Eisenproduktion die Produktion einer größeren Anzahl von Äxten, Hufeisen, Spaten, Sägen, Sicheln und Pflügen.

Erfindungen erleichtern die Arbeit

Wichtige Erfindungen verbesserten die Arbeit der Bauern: Der mit Eisen beschlagene Räderpflug brach die Erde um, statt sie nur anzuritzen. Die Egge ersetzte die Stöcke zum Zerkleinern der Erdklumpen vor der Saat. Die Erfindung der Schubkarre und des Lastkarrens mit Deichsel erleichterte den Warentransport. Durch die Erfindung des Kummets, eines mit Leder gepolsterten Halskragens für Pferde, konnten diese jetzt die doppelte Last ziehen. Ochsen befestigte man ein gepolstertes Holzbrett zwi-

schen den Hörnern. Sie waren zwar langsamer als Pferde, konnten jedoch viel schwerere Lasten ziehen.
Eine bedeutende Neuerung war der Übergang zur Dreifelderwirtschaft. Bis zum 11. Jahrhundert ließen die Bauern ein Feld nach der Ernte ein Jahr unbearbeitet („brach“) liegen, damit sich der Boden erholte. Nun wechselten Wintersaat, Frühjahrssaat und Brache einander ab. Dadurch stieg der Ernteertrag an.

Wirtschaft und Umwelt

Holz war der wichtigste Grundstoff des Mittelalters. Es diente nicht nur als Brennstoff im Haushalt, sondern auch als Baumaterial für Häuser, Mühlen, Brücken, Befestigungsanlagen und den Schiffbau. Schmelzöfen für die Eisenproduktion entstanden in der Nähe von Wäldern. Die Öfen wurden zur Erreichung der notwendigen Temperaturen mit Holzkohle betrieben. Hersteller von Holzkohle waren die Köhler. Ein Köhlereibetrieb mit 10 Angestellten benötigte pro Monat die Fläche von zwei Fußballfeldern Wald für die Produktion der Holzkohle. Um neue Acker- und Weideflächen bewirtschaften zu können, wurden riesige Flächen Wald gerodet. Das führte zu einem ersten „Raubbau an der Natur“ und Umweltschäden.

M2 *Neuerungen in der mittelalterlichen Landwirtschaft*
1 Die Sense ersetzte im 11. Jahrhundert die Sichel. Mit der Sense konnten die Bauern rascher ernten und die Getreidehalme tief unten abschneiden.
2 Mergel ist ein mineralhaltiges Gestein aus Ton und Kalk, das vor allem Sandböden verbessert.

M3

Wandel der Ernteerträge (Durchschnittswerte für Roggen)

M4

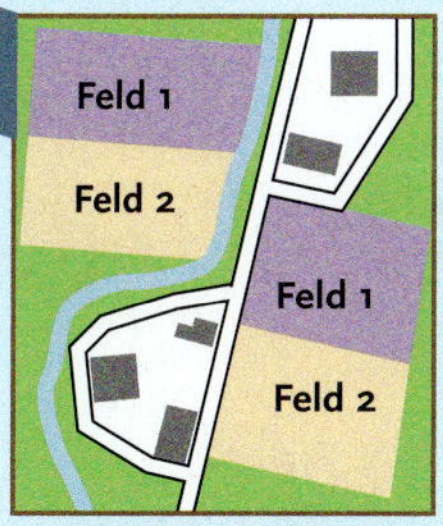

Zweifelderwirtschaft

	1. Jahr	2. Jahr	3. Jahr
Feld 1	Getreide	Brache	Getreide
Feld 2	Brache	Getreide	Brache

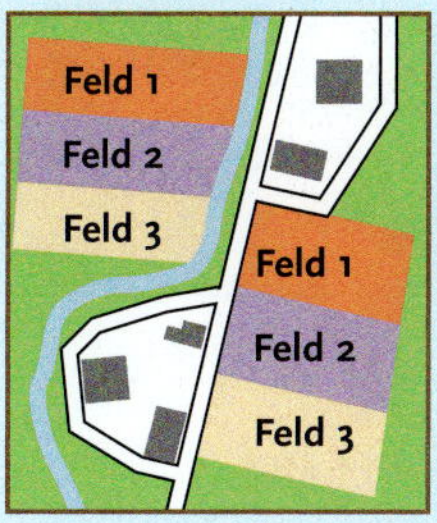

Dreifelderwirtschaft

	1. Jahr	2. Jahr	3. Jahr
Feld 1	Wintergetreide	Sommergetreide	Brache
Feld 2	Sommergetreide	Brache	Wintergetreide
Feld 3	Brache	Wintergetreide	Sommergetreide

Von der Zweifelder- zur Dreifelderwirtschaft

1 Wähle eine Aufgabe aus:
a) Erläutere, welche Vorteile die in M2 dargestellten Neuerungen für die Bevölkerung im Mittelalter jeweils brachten.
b) Stelle mithilfe des Darstellungstextes und M3 dar, welche Folgen die Verbesserungen in der Landwirtschaft hatten.

2 Erkläre anhand von M4 den Unterschied zwischen der Zwei- und Dreifelderwirtschaft. Warum steigerte die Dreifelderwirtschaft die Erträge?
Tipp: Nimm den Darstellungstext zu Hilfe.

3 Benenne mithilfe von M1 die abgebildeten Arbeitsgeräte und -techniken. Überprüfe: Waren sie, als das Bild entstand, „neu“ oder nicht?

4 Erläutere den Zusammenhang zwischen neuen Techniken und Bevölkerungswachstum.

Die Ostkolonisation

Zu Beginn des 10. Jahrhunderts siedelten die Stämme des deutschen Königreichs bis an die Saale und die Elbe. Jenseits dieser Grenze lebte im heutigen östlichen Teil von Sachsen und in Polen das Volk der Slawen (siehe S. 154/155). Ihr Land bestand zu großen Teilen noch aus dichten Wäldern, die landwirtschaftlich nicht nutzbar waren. Die deutschen Herrscher vergrößerten durch Kriege ihr Herrschaftsgebiet nach Osten und verbreiteten dort den christlichen Glauben. Anschließend ließen sich während der sogenannten deutschen Ostsiedlung zwischen dem 12. und dem 14. Jahrhundert in den östlichen Gebieten deutsche Siedler nieder.

- ***Warum wanderten deutsche Siedler in den Osten aus?***

M 1

Die Ostkolonisation im Mittelalter, 8.–14. Jahrhundert

Im Osten entstehen Kulturlandschaften*

Durch einen Anstieg der Bevölkerung im Heiligen Römischen Reich seit dem 11. Jahrhundert war die Landwirtschaft nicht mehr in der Lage, alle Menschen zu ernähren. Ein Ausbau des vorhandenen Siedlungsgebietes durch Rodungen von Wäldern oder Trockenlegung von Sumpfgebieten reichte für die Versorgung nicht mehr aus. Mit der Hoffnung auf ein besseres Leben zogen Bauern, aber auch Handwerker, Kaufleute und Juden als Kolonisatoren* in die von den deutschen Herrschern eroberten und noch unbewohnten Gebiete im Osten. Hier musste das Land erschlossen und nutzbar gemacht werden. Dies wird auch als Landesausbau bezeichnet. Dieser Landesausbau bedeutete für die deutschen Herrscher eine Vergrößerung ihrer Macht, denn sie wurden zu Grundherren des herrenlosen Landes.

Lokatoren* als Teil des Siedlungswesens

Um weitere Siedler für die neuen Gebiete zu gewinnen, beauftragten die Herrscher sogenannte Lokatoren. Diese warben Bauern, junge Adlige, Handwerker und Kaufleute als Neusiedler an. Gelockt wurden sie mit Sonderrechten: Sie mussten nur geringe Abgaben zahlen, meist keine Frondienste leisten und waren persönlich frei. Die Kolonisation des Ostens erfolgte systematisch und organisiert. Die Lokatoren halfen den Bauern und führten sie über mehrere Monate ans Ziel. Dort angekommen, organisierten sie den planmäßigen Aufbau von Dörfern und Städten, von denen zwischen dem 12. und 14. Jahrhundert zahlreiche entstanden. Dem Lokator wurde im Anschluss vom Grundherrn das erbliche Amt des Dorfrichters (= Schulzen) verliehen.

Slawen lernen von den Kolonisatoren

Die slawischen Stämme zwischen Elbe und Oder hatten sich bis ins 11. Jahrhundert größtenteils erfolgreich gegen die Eroberungszüge der deutschen Heere gewehrt. Erst seit dem Ende des 12. Jahrhunderts gehörte das Gebiet zwischen Elbe und Oder durch planmäßige Besiedlung endgültig zum Deutschen Reich (siehe S. 156/157).

In Polen gab es weite unbewohnte Gebiete, die jetzt von deutschen Siedlern erschlossen wurden. Auch die slawischen Fürsten waren von dem Nutzen des Landesausbaus für ihre Herrschaft bald überzeugt. So wie die deutschen Fürsten die Siedler in die Gebiete zwischen Elbe und Oder gerufen hatten, geschah es auch vom 12. Jahrhundert an durch slawische Herzöge in den verschiedenen Gebieten Polens. Sie erhofften sich von dem Landesausbau eine bessere wirtschaftliche Entwicklung und eine Machtstärkung in den dünn besiedelten Gebieten.

Die Slawen lernten von den deutschen Siedlern, denn diese verfügten über neue technische Geräte, wie den eisernen Pflug, und beherrschten mit der Dreifelderwirtschaft eine verbesserte Anbaumethode. Beides wurde von den Einheimischen schrittweise übernommen. Auch wurden Städte nach deutschem Vorbild gegründet. Als besondere Vergünstigungen werden in den Urkunden dieser neuen Städte für die Bewohner Steuerbefreiung und rechtliche Unabhängigkeit vom Landesherrn genannt.

So wie die Dörfer wurden auch die Städte nach „deutschem Recht" gegründet, in den meisten Fällen war es das Magdeburger Stadtrecht, das als Vorbild diente. Wie bei den ländlichen Siedlungen bedeutete die Gründung nach „deutschem Recht" nicht, dass nur Deutsche in diesen Städten wohnten. Allerdings war es so, dass die reicheren Familien oft deutschen Ursprungs waren, während die Slawen eher die Masse der ärmeren Bevölkerung stellte. Dennoch verlief dieser Teil der Ostsiedlung zunächst friedlich, weil er allen Vorteile brachte: den Bauern höhere Erträge, den Städtern größere Freiheiten und den Landesherren zusätzliche Einnahmen. Die einheimischen Slawen waren im Gegensatz zu den Neusiedlern jedoch noch lange unfrei und mussten Abgaben und Dienste leisten.

M 2

Der Herzog von Polen übergibt das Siedlungsrecht in einem Dorf (1272):

Es mögen daher alle ... wissen, dass wir Boleslaw, von Gottes Gnaden Herzog von Polen, unseren getreuen Schulzen Nikolaus unser Dorf Borzykowo mit 42 Hufen[1] übertragen haben, gemäß dem Recht, das die in Schlesien und Neumarkt gelegenen Dörfer als ihr Recht[2] gebrauchen. Außerdem haben wir vorgenannten Schulzen und seiner Nachkommenschaft in diesem Dorfe nach Art der Vererbpachtung die sechste Hufe und den dritten Pfennig von allen Gerichtsfällen zu ruhigem und friedlichem Besitz erbrechtlich verliehen. Wir haben auch den Siedlern des vorgenannten Dorfes vom nächsten Martinstag [11.November] ab für sechs Jahre vollkommene Freiheit der Abgaben gewährt ... Wenn die erwähnten Freijahre vorüber sind, sollen sie uns jährlich von jeder Hufe 6 Maß[3] Roggen und 6 Maß Hafer und einen Vierdung[4] Silbers zu entrichten gehalten sein.

*Zit. nach Quellen zur Geschichte des deutschen Bauernstandes im Mittelalter, hg. v. Günther Franz, 2. Aufl., Darmstadt (Wiss. Buchgesellschaft) 1974, S. 362ff. Bearb. d. Verf.***

[1] *landwirtschaftliches Gut*
[2] *gemeint ist das „deutsche Recht*"*
[3] *1 Maß entspricht 1,5 Liter*
[4] *¼ Mark*

1. Beschreibe Ursachen und Verlauf der Ostkolonisation (M1, Darstellungstext).
2. Erkläre, warum slawische Herrscher deutsche Siedler in ihre Gebiete riefen (Darstellungstext).
3. Arbeite aus M2 die Rechte heraus, die der Herzog von Polen an die Siedler und den Schulzen vergab.
   Tipp: Was dürfte sie veranlasst haben, dem Ruf des Herzoges zu folgen?
4. **Wähle eine Aufgabe aus:**
   a) Stelle aus der Sicht eines Bauern aus der Nähe von Leipzig dar, was für und gegen eine Auswanderung sprach (Darstellungstext, M3).
   b) Vergleiche die Rechte der deutschen und der slawischen Siedler (Darstellungstext).

cornelsen.de/webcodes
Code: hedebe
Die Ostsiedlung

Burg Gnandstein: Mehr als ein festes Haus

Im Mittelalter entstanden in Deutschland etwa 15 000 bis 20 000 Burgen. In Sachsen sind über 700 mittelalterliche Wehranlagen nachgewiesen, die heute allerdings meistens Burgruinen sind. Eine Ausnahme ist Burg Gnandstein, die heute als Sachsens besterhaltene Burg gilt.

- ***Untersuche am Beispiel Gnandstein, warum Burgen entstanden und wie man auf einer Burg lebte.***

Die Burg als Verteidigungsanlage und Wohnsitz

Während die Bauern in einfachen Holzhütten wohnten, lebten die Adligen in einem festen Haus aus Stein, ihrem „Sitz“. Ab dem 11. Jahrhundert verlegten immer mehr Adelsfamilien ihren Wohnsitz auf neu entstehende Burgen, die oft auf Anhöhen oder Bergvorsprüngen gebaut wurden, sodass sie weite Sicht boten und gut zu verteidigen waren. Eine Burg war in erster Linie nicht als Wohnung, sondern als militärische Anlage gebaut. Der Name der Burg war in der Regel der Name der Adelsfamilie, die dort lebte.

Zum Bau einer Burg benötigte man Maurer, Steinmetze und viele Bauarbeiter, meist Bauern aus der Umgebung. Als Material wurden unbehauene Steine, später auch Steinquader und Ziegelsteine verwendet. Für den Transport wurden Rollen aus Baumstämmen benutzt. Rampen, Kräne und einfache Flaschenzüge beförderten die Steine in die Höhe.

Aus- und Umbauten

Die ersten Burgen bestanden nur aus einem befestigten Wohnturm, dem Bergfried. Bei großer Gefahr zogen sich die Burgbewohner in den Bergfried zurück. Nur wenige Bergfriede verfügten jedoch über Schießscharten oder Plattformen zur Abwehr von Angreifern. Umgeben war die gesamte Anlage von einem Wall, einem Graben und einer Ringmauer mit Wehrgängen und Türmen, die Schutz vor Angriffen und Überfällen boten.

Im Laufe der Jahrhunderte veränderten die Burgen ihr Aussehen. Mauern wurden verstärkt, Gräben gezogen, Wehrtürme oder Zugbrücken errichtet. Doch mit der Erfindung großer Geschütze verloren die Burgen ihre Bedeutung als Verteidigungsanlagen, da die Kanonen die Mauern durchbrachen und zerstörten. Viele Burgen zerfielen zu Ruinen oder wurden zu herrschaftlichen Schlössern umgebaut.

Burgtor mit Pechnasen (1), Torhaus mit Fallgitter (2), innere Mauern (3), Wehrgang (4), Ställe und Wohnhaus der Burgbesatzung (5), Burghof (6), Bergfried (7), Palas (8), Kapelle (9), Brunnen (10)

M 1

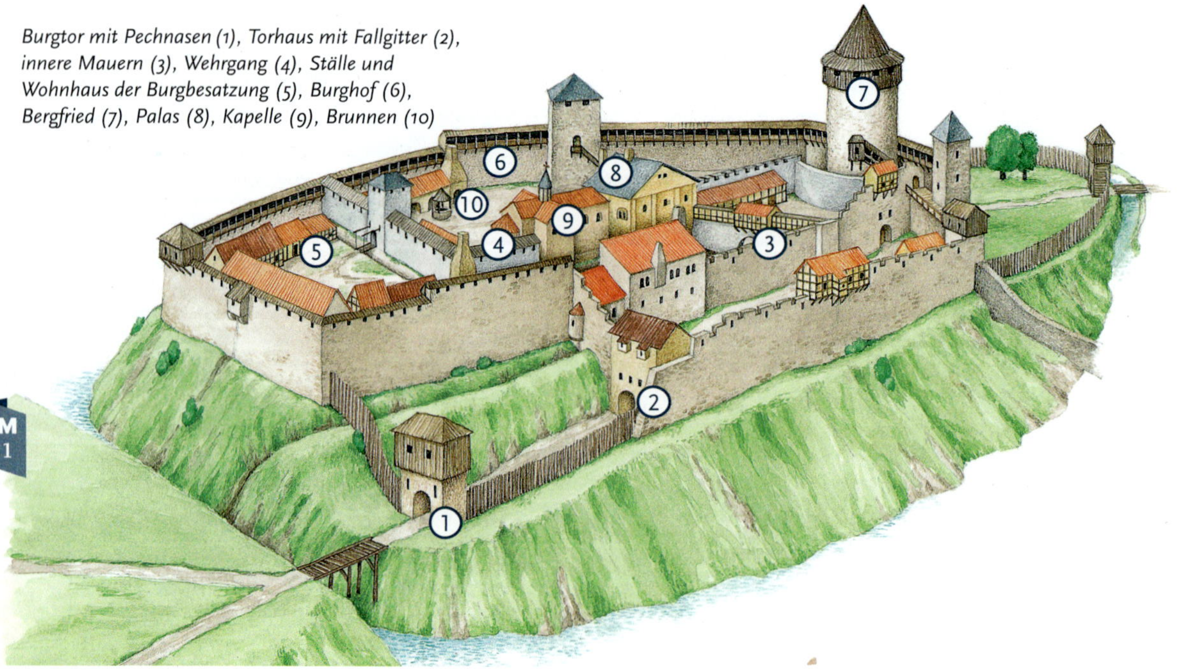

Modell der Burg Gnandstein in Sachsen, Rekonstruktionszeichnung

Steckbrief: Burg Gnandstein

Anfang des 13. Jh. Gründung der Burg
1225/1230 Bau des dreigeschossigen Palas
1229 Erste urkundliche Erwähnung des Herrensitzes als „von Gnandstein"
bis Mitte 13. Jh. Mit Errichtung des Bergfrieds Abschluss der Bauarbeiten an der Kernburg (Oberburg)
um 1450 Adelsgeschlecht der von Einsiedel gelangt in den Besitz der Burg (bis 1939); Erhöhung der Ringmauer im Norden und Osten
15. Jh. Wohnlicher Ausbau der Burg
vor/um 1500 Vollständige Umbauung der Unterburg, Einbau der Burgkapelle
1618–1648 Zeitweise Besetzung durch schwedische Truppen und Zerstörung im 30jährigen Krieg
1812 Barocke Veränderungen am Süd- und Kemenatenflügel
ab 1947 Museum (seit 1932 Privatmuseum derer von Einsiedel)
seit 1992 Burg Gnandstein Eigentum des Freistaates Sachsen
1994–2004 Restaurierung der Burg

M 2

Gnandstein, ein Ortsteil von Frohburg im Süden des Landkreises Leipzig, Foto, 2016

M 3

Auf der Homepage von Burg Gnandstein heißt es:
Eine Burg wie aus dem Bilderbuch. Der Adelssitz besetzt einen weithin sichtbaren Felsen im Kohrener Land südlich von Leipzig. Die Burg Gnandstein ist Sachsens besterhaltene romanische Wehranlage. Schon die imposante Schildmauer und der davor liegende Zwinger lassen Besucher ehrfürchtig innehalten. Nähert man sich der Burg von Osten, so blickt man auf dicke Mauern, Zinnen und einen Bergfried, der noch immer so aussieht, als könne er feindlichen Angriffen trotzen.

Homepage Burg Gnandstein, https://www.burg-museum-gnandstein.de/de/burg-gnandstein/ (Stand: 02.12.2018)

1 Wähle eine Aufgabe aus:
a) Nenne mithilfe des Darstellungstextes möglichst viele Funktionen einer Burg.
b) Überprüfe mithilfe von M1, welche Funktionen die einzelnen Gebäudeteile hatten.

2 Stelle mithilfe von M2 und des Steckbriefs dar, wie die Burg Gnandstein sich vom Mittelalter bis heute veränderte.
Tipp: Berücksichtige auch M1.

3 Partnerarbeit: Gestaltet mithilfe der Informationen dieser Doppelseite zwei Texte. Einer von euch bearbeitet **a)**, der andere **b)**:
a) Der Burgherr führt im 14. Jahrhundert eine Gesellschaft von Rittern durch seine Burg.
b) Eine Reiseleiterin führt 2019 eine Schülergruppe durch die Burg Gnandstein.
c) Vergleicht, was sich geändert hat.

cornelsen.de/webcodes
Code: mogete
Die Burg Gnandstein

Leben auf der Burg

Heute werden auf vielen Burgen Festspiele veranstaltet, bei denen die Darsteller prächtige Rüstungen und farbenfrohe Kleidung tragen. Das Leben auf einer Burg erscheint uns dadurch oft als spannend und angenehm.

- ***Untersuche, ob diese Vorstellung der Realität entsprach.***

M 1

Neujahrsempfang des Herzogs von Berry, Buchmalerei, 1410. Der Gastgeber trägt eine blaue Robe und eine Pelzmütze.

Die Burg als Lebensraum der Adligen

Auf den Burgen lebten im Mittelalter kaum fünf Prozent der Bevölkerung. Zu ihren Bewohnern zählten adlige Herren und Damen, Ritter* und Edelfrauen, Knappen* sowie die Knechte und Mägde. Oft waren die Burgen aber auch sehr klein, sodass insgesamt nicht mehr als 15 bis 20 Personen dort lebten. In vielen Burgen hausten aber auch nur einige wenige bewaffnete Krieger mit Gefolge. Manchmal wohnten mehrere verwandte adlige Familien auf einer Burg. Nach innen bot das „feste Haus" mit Mauern und Türmen dem adligen Hausherrn, seiner Familie und seinen Bediensteten Schutz. Die Burg war auch Zentrum der Grundherrschaft des adligen Burgherrn. Die Burgbewohner lebten von den Abgaben und Diensten der Bauern, die in den zur Burg gehörenden Höfen und Dörfern lebten. Auch notwendige Bauarbeiten an der Burg mussten diese Bauern in Frondienst ausführen. Bei Raubzügen und feindlichen Kriegszügen durften die Bauern zum Schutz in die Burg fliehen.

Wie waren die Wohnbedingungen auf einer Burg?

Auf den meisten Burgen spielte sich keineswegs das romantische Ritterleben ab, das wir aus Filmen kennen. Mittelpunkt der Burg war der Wohnturm, um den sich im Laufe der Zeit die anderen Gebäude gruppierten. Große Burgen wie Gnandstein verfügten über einen Palas mit einem prächtigen Rittersaal, Küchen, Vorratskammern und Schlafgemächern. Bei größeren Burgen waren auf dem Burggelände neben Viehställen und Unterkünften für die Leibeigenen auch kleine Handwerksbetriebe – meist eine Bäckerei, eine Fleischerei und Schmiedewerkstätten – zu finden. Sie sollten die Selbstversorgung der Burg sicherstellen. Auf keinen Fall durfte auf einer Burg eine Kapelle für den Gottesdienst und kirchliche Feste fehlen.

Im Inneren der Burgmauern war es meist feucht und zugig. Es gab kleine Fensteröffnungen, die wenig Licht hineinließen und im Winter mit Holzläden verschlossen wurden. Nur der Wohnbereich der Adelsfamilie, die sogenannte Kemenate, wurde beheizt. Bäder gab es in einer Burg nicht. Man wusch sich über einer Schüssel und benutzte ein Plumpsklo, das sich meist im Hof befand. Das Wasser zum Putzen, Waschen und Kochen holten die Bediensteten des Burgherrn vom Brunnen im Burghof. In Höhenburgen war es aufwendig, einen Grundwasserbrunnen anzulegen. Hier fand sich meist eine Zisterne*, in der Regenwasser gespeichert und durch Sand gefiltert wurde.

Die Bediensteten waren den Adligen auch beim Ankleiden behilflich und hielten die Wohnräume sauber. Hatte sich die Adelsfamilie zum Essen versammelt, trugen Köche und Mägde die in der Burgküche zubereiteten Speisen auf. Sie selber durften nicht am Tisch der Adligen sitzen und bekamen meist nur Getreidebrei und die Reste der Herrenmahlzeit zu essen.

M 2

Der Ritter Ulrich von Hutten berichtete über das Leben auf der Burg (1518):

Die uns ernähren, sind bettelarme Bauern, denen wir unsere Äcker, Weinberge, Wiesen und Wälder verpachten. Der einkommende Ertrag ist, gemessen an der aufgewandten Mühe, geringfügig ... Die Burg ... ist nicht als angenehmer Aufenthalt, sondern als Festung gebaut. Sie ist von Mauern und Gräben umgeben, innen ist sie eng und durch Stallungen für Vieh und Pferde zusammengedrängt. Daneben liegen dunkle Kammern, vollgestopft mit Geschützen, Pech, Schwefel ... Überall stinkt es nach Schießpulver; und dann die Hunde und ihr Dreck ... Reiter kommen und gehen, darunter Räuber, Diebe und Wegelagerer ... Man hört das Blöken der Schafe, das Brüllen der Rinder ... Der ganze Tag bringt vom Morgen an Sorge und Plage, ständige Unruhe und dauernden Betrieb. Äcker müssen gepflügt und umgegraben werden, ... Bäume gepflanzt, Wiesen bewässert werden ... Wenn aber einmal ein schlechtes Ertragsjahr kommt, ... dann haben wir fürchterliche Not und Armut.

*Zit. nach Arno Borst, Lebensformen im Mittelalter, Frankfurt/M. u. a. (Ullstein) 1979, S. 173ff.**

M 3

Aus dem Jugendbuch „Der Brief für den König" (2000)

Der 16-jährige Tiuri soll einen geheimnisvollen Brief zum König Unauwen bringen. Getarnt als Mönch kommt er zur Burg Mistrinaut:

„Seid willkommen, Pilger", sagte der Mann. „Geht nur durch diese Tür dort; da ist die große Halle und der Speisesaal. Es brennt ein Feuer im Kamin; da könnt Ihr Eure nassen Kleider trocknen, während Ihr wartet, bis es Essenszeit ist." „Ich danke Euch", sagte Tiuri.

Die große Halle hatte zwar eine gewisse Ähnlichkeit mit der Halle bei ihm zu Hause ..., aber sie war älter und wirkte düsterer. Die Deckenbalken waren schwarz verrußt, die Mauern grau und verwittert. In dem Raum standen viele lange Bänke und Tische mit gekreuzten Beinen. An einer Seite des Saales befand sich eine Empore, zu der eine Holztreppe hinaufführte. Auch dort stand ein Tisch, mit einem weißen Tuch bedeckt. Dort saßen natürlich der Burgherr und seine Familie. Und bei festlichen Gelegenheiten war dies der Platz für die Minnesänger* und die Musikanten. Am großen offenen Kamin stand ein blau gekleideter Diener und drehte ein großes Stück Fleisch an einem Spieß ... Weitere Diener kamen herein, mit Krügen und Zinnschalen voller Brot, die sie auf die Tische stellten. Einer von ihnen zündete die Fackeln an, die in Eisenringen an den Wänden hingen. Der dunkle Raum sah nun ganz anders aus; alles erhielt einen warmen, rötlichen Glanz."

*Tonke Dragt, Der Brief für den König, übers. v. Liesel Linn und Gottfried Bartjes, Neuausgabe 2000, Weinheim/Basel (Beltz & Gelberg), S. 85f.**

1 Arbeite aus dem Darstellungstext heraus: Wer lebte auf der Burg und welche Aufgaben hatte der Adel?

2 Stelle mithilfe des Darstellungstextes und M2 die Wohnbedingungen auf einer Burg dar.

3 **Methode:** Untersuche M1 mithilfe der Arbeitsschritte „Eine Bildquelle interpretieren" auf S. 91. Vergleiche mit deinen Ergebnissen von Aufgabe 2.

4 **a)** Vergleiche die Beschreibung der Burg im Darstellungstext und in M3.
b) Nenne Gründe für die Unterschiede.
Tipp: Darstellungen sind Rekonstruktionen.

5 Begründe, warum die Quellen widersprüchliche Aussagen über das Leben der Adligen machen.

Die Ritter: Tapfere Krieger und gut erzogen?

Ritter waren Berufskrieger und als Untervasallen oft Teil des Lehnswesens (siehe S. 89). Mit sieben Jahren begann ihre Ausbildung an einem fremden Hof. Mit 20 Jahren wurden sie mit dem „Ritterschlag" in den Kreis der Krieger aufgenommen.

- ***Was waren die Ziele der ritterlichen Ausbildung?***
- ***Erfüllten die Ritter diese Anforderungen?***

Wähle aus, ob du diese Fragen mit Textquellen (A) oder Bildquellen (B) bearbeiten möchtest.

Wie wurden die Kinder adliger Familien erzogen?

Adelsfamilien lagen im Mittelalter häufig in Streit („Fehde"*) um Besitz und Ehre. Deshalb wurden die adligen Söhne von Anfang an darauf vorbereitet, als Ritter gegen andere Adlige in den Krieg zu ziehen und sich in Zweikämpfen zu bewähren. Pferd, Kettenhemd, Lanze und Schwert gehörten zur Kampfausrüstung.

Lesen und Schreiben mussten die Ritter nicht können, aber neben dem Kriegshandwerk verlangte man von Rittern auch ein „kultiviertes" Benehmen, z.B. Höflichkeit, Anstand und gute Tischmanieren. Noch heute bezeichnen wir Menschen mit guten Manieren als „ritterlich" und „höflich". Die jungen Ritter erlernten auch die „Minne". Das waren Regeln für die Verehrung einer adligen Dame. Der Ritter kämpfte für sie auf Turnieren und erfreute sie mit Liebesgedichten und Gesang (Minnedienst*).

Adlige Mädchen lernten lesen und schreiben. Auch ein Musikinstrument sollten sie spielen können. Sie wurden auf ihre späteren Aufgaben in der Hauswirtschaft sowie der Pflege von Kranken und der Burgverwaltung bei Abwesenheit des Burgherrn vorbereitet. Außerdem mussten sie die Verhaltensregeln bei Turnieren kennen und wissen, wie sie dem Minnedienst eines Ritters begegneten. Oft lernten sie auch die Sprache ihres künftigen Ehemannes.

A

M 1

Aus dem Ritterroman „Parzival" von Wolfram von Eschenbach (um 1210)

Der Junge Parzival wird am Hof des Adligen Gurnemanz in die gewünschten Eigenschaften (= Tugenden) eines Ritters eingeführt:

Ihr habt eine schöne Gestalt und seht gut aus, Ihr könnt wohl ein Herrscher werden. Doch auch, wenn Ihr von hoher Geburt seid ..., so sollt Ihr doch stets Erbarmen mit den Notleidenden haben. Bekämpft ihre Not mit Großherzigkeit und Güte; seid immer bereit, anderen zu dienen ... Ihr sollt das rechte Augenmaß behalten, ob Ihr nun arm oder reich seid. Verschwendung steht einem Herrn ebenso wenig an wie das Anhäufen von Schätzen; auch das ist unehrenhaft. Haltet immer das rechte Maß.

*Wolfram von Eschenbach, Parzival 170,21–172,16, hg. v. Walther Hofstaetter, Stuttgart (Reclam) 1934/2001. Übers. v. Wilhelm Hertz**

M 2

Bischof Jakob von Vitry über Ritter (13. Jh.):

Es fehlt nämlich nicht Hochmut bei den Rittern, wenn sie, ... eitlem Ruhm zuliebe, unfromm und eitel herumstolzieren. Es fehlt auch nicht der Neid bei ihnen, wenn einer den anderen beneidet, weil dieser im Waffenhandwerk für tüchtiger gehalten wird und größeres Lob erntet. Es fehlen nicht Hass und Zorn bei ihnen, wenn einer den anderen durchbohrt und ... meistens tödlich verwundet oder direkt gleich tötet ... Sie ... rauben die Güter von anständigen Menschen, ohne Mitleid zu haben, sie zertrampeln die Ernte oder rauben den Ernteertrag ... und schädigen und bedrängen die armen Bauern sehr. Die Turniere sind auch mit der Fress- und Trunksucht verbunden, ... nicht nur ihre Güter, sondern auch das Eigentum der armen Leute verschwenden sie bei ihren Gelagen.

*Zit. nach Hans-Henning Kortüm, Menschen und Mentalitäten. Einführung in die Vorstellungswelten des Mittelalters, Berlin (Akademie) 1996, S. 58f. Bearb. v. Verf.***

1 Stelle aus dem Darstellungstext zusammen, was adlige Kinder lernen sollten.

2 Erläutere, welche Merkmale eines Ritters in M1 hervorgehoben werden.

3 Arbeite aus M2 heraus, wie der Autor Ritter bewertet. Vergleiche mit M1.
Tipp: Nimm den Begriffskasten „Raubritter" zu Hilfe.

B

M 3 *Ritterturnier, Abbildung aus einer Lieder- und Gedichtsammlung, um 1300*

M 4 *Ritter rauben und plündern in einem Dorf. Ausschnitt aus einer Zeichnung, um 1470*

1 Arbeite aus dem Darstellungstext die Regeln heraus, denen ein Ritter gehorchen musste.

2 **a)** Beschreibe M3.

b) Erkläre die Bestandteile der Ritterrüstung und die Bedeutung der Personen oben.

3 Beschreibe, welche Regeln die Ritter in M4 verletzten.

Tipp: Nimm den Begriffskasten „Raubritter" zu Hilfe.

Raubritter

Seit dem 14. Jahrhundert konnten viele Adlige das teure Ritterleben auf der Burg nicht mehr finanzieren. Neue Waffen wie Kanonen und Feuerwaffen machten die Burgen verwundbar und die Ritter als Krieger überflüssig. In dieser Situation wurden Ritter zu Raubrittern. Sie zogen durchs Land und überfielen Händler und Dörfer, um ihren Lebensunterhalt zu sichern.

Aufgabe für alle:

Ein Knappe und ein adliges Mädchen berichten über ihre unterschiedliche Ausbildung. Gestaltet ein Gespräch.

Kloster St. Marienthal: Eine eigene Welt?

Heute gibt es viel weniger Klöster als im Mittelalter, ihre Anziehungskraft haben sie dennoch nicht verloren. Viele Klöster öffnen sich für Laien, die eine Unterkunft suchen oder im abgeschiedenen Klosterleben für einige Tage Ruhe zu finden wollen. Klöster haben oft Gärtnereien oder Handwerksbetriebe, in denen sie Jugendliche ausbilden.

- ***Wie sah der Klosteralltag im Mittelalter aus?***

Beten und arbeiten

Mit der Ausbreitung des Christentums bildeten sich in Europa die ersten Klöster. 529 n. Chr. gründete Benedikt von Nursia (gest. 547 n. Chr.) auf dem Monte Cassino in Italien ein Kloster. Benedikt stellte Regeln für das Zusammenleben auf, die zur Grundlage fast aller klösterlichen Gemeinschaften im Mittelalter wurden. So war festgelegt, dass Mönche und Nonnen in Demut, Keuschheit und Armut leben sollten. Der klösterliche Tagesablauf war streng eingeteilt. Arbeitsphasen wechselten mit Zeiten des Gebets (siehe S. 132). Im Spätmittelalter wurde deshalb den Klöstern der lateinische Spruch „ora et labora" (bete und arbeite) zugeschrieben.

Klöster als Wirtschaftsbetriebe

Die Mönche und Nonnen des Ordens* der Zisterzienser, der 1098 gegründet wurde, zeichneten sich besonders durch die Weiterentwicklung landwirtschaftlicher Methoden aus. So darf man sich ein mittelalterliches Kloster auch nicht als Ort völliger Stille und Ruhe vorstellen, sondern muss einen Wirtschaftshof voller Leben, Lärm und Gestank vor Augen haben. Dort lebten und arbeiteten nicht nur Mönche oder Nonnen, sondern auch Menschen, die kein Klostergelübde abgelegt hatten. Für viele war das Kloster ein Arbeitgeber, der sich vom adligen Grundherrn kaum unterschied.

Klöster als Bildungs- und Wissenschaftszentren

Für Mädchen und Frauen war das Kloster die einzige Möglichkeit, sich wissenschaftlich oder künstlerisch zu betätigen. Viele Frauen traten auch ins Kloster ein, um einer Zwangsheirat zu entgehen oder um versorgt zu sein, wenn sie unverheiratet blieben. Predigt und Oberaufsicht in den Frauenklöstern blieben jedoch ein Vorrecht der männlichen Ordensmitglieder. Somit war die Eigenständigkeit der Nonnen begrenzt.

Die Klöster gründeten eigene Schulen. Hier wurden Kinder für die Aufgaben im Orden ausgebildet. Über Jahrhunderte hinweg waren Klosterschulen die einzigen Bildungseinrichtungen. Deshalb brachten viele Adlige ihre Kinder dort unter, auch wenn diese später gar nicht ins Kloster eintreten sollten (siehe S. 166).

Nachgefragt waren die Klöster auch wegen ihrer wissenschaftlichen Bibliotheken und des Erfahrungsschatzes, der innerhalb der Klostermauern von „Generation zu Generation" weitergegeben wurde. Gerade im Bereich der Medizin und Kräuterheilkunde verfügten viele Klöster über großes Wissen. Sie bildeten gewissermaßen die „Gesundheitszentren" ihrer Region.

cornelsen.de/webcodes
Code: *mewobu*
Kloster St. Marienthal

M 1

Das Zisterzienserinnenkloster St. Marienthal in Ostritz in der Oberlausitz, Foto, 2011

M 2

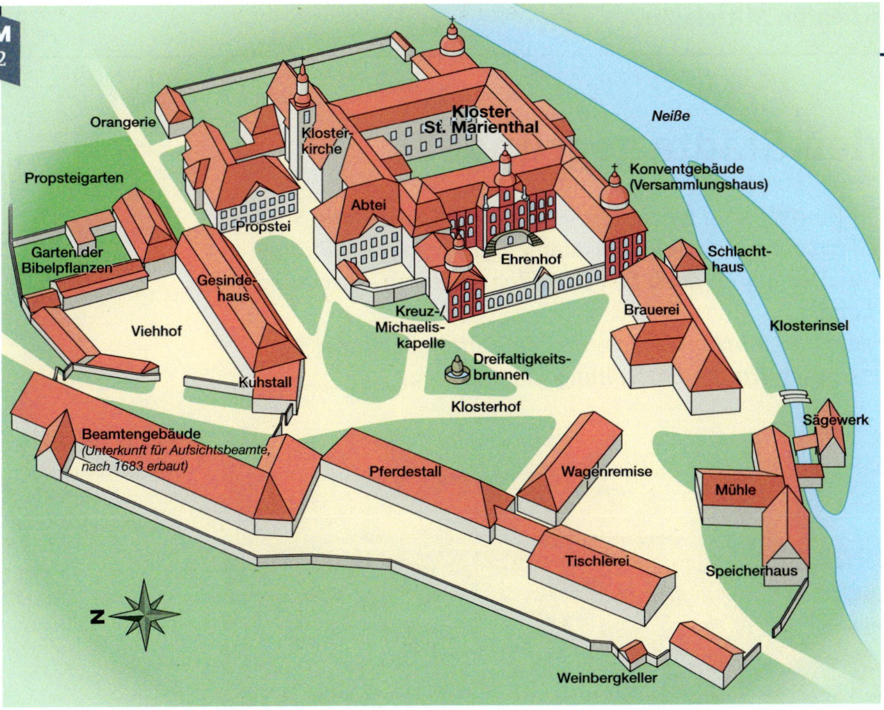

Klosterplan vom Zisterzienserinnenkloster St. Marienthal in Ostritz

M 3

Aus der Satzung der Zisterzienser von 1143:

Wie die Mönche ihren Lebensunterhalt gewinnen sollen: Brüder unseres Ordens sollen ihren Unterhalt durch ihrer Hände Arbeit erwerben, durch Gewinnung von Kulturland und Viehzucht. Deshalb dürfen wir zum eigenen Gebrauch Wasser, Wald, Rebgelände, Wiesen und Äcker besitzen. Aber sie müssen von den Wohnungen der Laien getrennt angelegt sein. Der Besitz von Tieren ist auf solche Arten beschränkt, die weder die Neugier noch die Eitelkeit befriedigen, sondern irgendwelchen Nutzen bringen. Dazu, d. h. zum tätigen Leben, zur Nahrung, zur Vorsorge ... können wir Wirtschaftshöfe haben, die von Konversen[1] verwaltet werden.

*Zit. nach Geschichte in Quellen, Bd. 2., hg. v. Wolfgang Lautemann, München (bsv) 1978, S. 627***

[1] *Laien, die im Kloster arbeiten*

M 4

Auf der Homepage des Zisterzienserinnenklosters St. Marienthal heißt es:

Vielfältige Möglichkeiten gibt es bei uns in St. Marienthal

- Sie können uns und unser Kloster erleben,
- bei uns finden Sie Stille und Besinnung zur Erholung an Körper, Geist und Seele,
- Sie können an unseren spirituellen Angeboten und an unseren Kursen und Seminaren teilnehmen ...

Über die Jahrhunderte mussten wir Schwestern viele Prüfungen bestehen. Doch im Vertrauen auf Gott und mit Unterstützung engagierter Freunde des Klosters gelang es zu jeder Zeit und ohne Unterbrechung, am katholischen Glauben und am klösterlichen Leben festzuhalten. Dank dieser Kontinuität war unser Kloster stets ein Ort, der unseren Schwestern und den Menschen in der Umgebung Sicherheit und geistliches Leben ermöglichte.

*Zit. nach: http://www.kloster-marienthal.de/seiten/start (Stand: 15. 12. 2018)***

1 „Bete und arbeite“: Erkläre, wie diese Forderungen in dem Klosterplan M2 sichtbar werden. Vergleiche mit M1.

2 Die Zisterzienser werden oft als „klösterliche Unternehmer des Mittelalters“ bezeichnet. Überprüfe mithilfe von M3 diese Bezeichnung.

3 Erkläre mithilfe des Darstellungstextes, M1, M3 und M4, welchen Wert ein Kloster im Mittelalter für seine Umgebung bzw. Nachbarn hatte.

4 Prüfe mithilfe von M4 die Behauptung, dass die Nonnen im Kloster St. Marienthal wie ihre mittelalterlichen „Vorfahren“ lebten.

Warum wurden Städte gegründet?

Die meisten Menschen in Deutschland leben heute in Städten. Allein die Städte Berlin, Hamburg, München und Köln zählen zusammen knapp acht Millionen Einwohner. Im Frühmittelalter lebten noch fast alle Menschen auf Burgen oder in Siedlungen auf dem Land.

- ***Warum wurden seit dem 11. Jahrhundert vermehrt Städte gegründet?***
- ***Was waren Voraussetzungen für die Entstehung von Städten?***

M 1

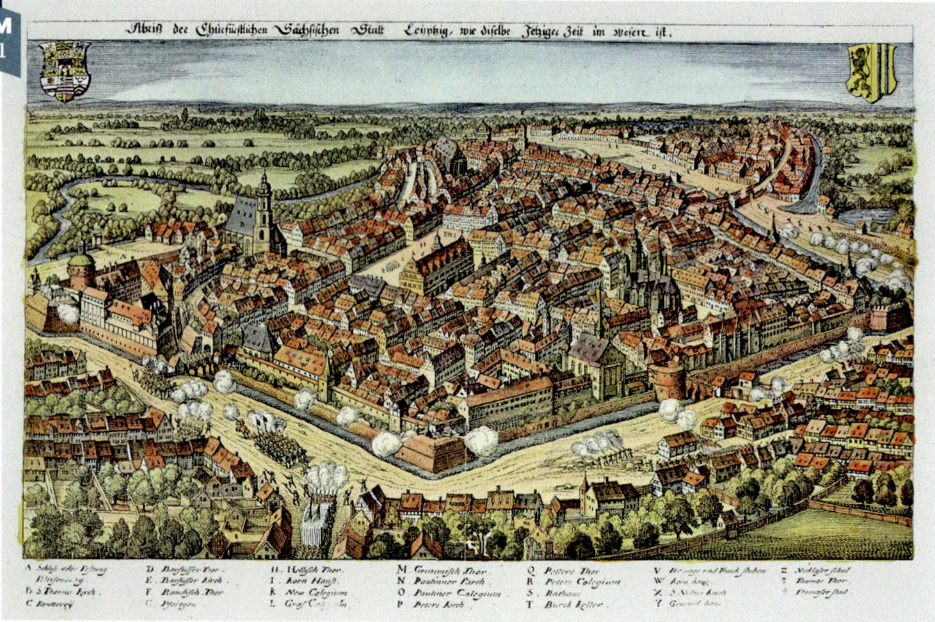

Ansicht von Leipzig, kolorierter Kupferstich von Matthäus Merian dem Älteren, 1620

Wo wurden Städte gegründet?

Seit dem 11. Jahrhundert kam es zu zahlreichen Stadtgründungen. Die Stadtgründer, die auch als Stadtherren bezeichnet wurden, waren Könige, Herzöge und Bischöfe. Sie waren die Grundherren des Landes, auf dem sich die Siedlung befand. Meistens war der Stadtherr der Landesherr – ein Graf oder Herzog, bei geistlichen Territorien der Bischof. Reichsstädte* waren Städte, die direkt dem Kaiser unterstellt waren.

Der Gründung einer Stadt ging in den meisten Fällen eine Ansiedlung von Handwerkern und Kaufleuten voraus. Diese ließen sich an Orten nieder, an denen sie ihre Erzeugnisse gut handeln oder verkaufen konnten. Sicher belegt ist, dass Städte gegründet wurden besonders in der Nähe von Flüssen, an Kreuzungen von Handelswegen, in der Nähe von Pfalzen, Burgen und Klöstern und an Orten, an denen bereits Warenaustausch und Handel betrieben wurde wie in Leipzig. Auch alte Römerstädte entwickelten sich zu neuen Städten.

Der Stadtherr verleiht besondere Rechte

Mit der verkehrsgünstigen Lage hing ein weiterer wichtiger Grund für die Gründung einer Stadt zusammen: der Markt. Einen Markt abhalten durften nur die Orte, denen der Stadtherr ein Sonderrecht (Privileg) verliehen hatte: das Marktrecht. Dieses Recht war meistens Kern des Stadtrechts, mit dem der Stadtgründer die Stadt zu einem vom Umland getrennten Rechtsbereich machte.

Eine Stadtgründung belebte Handwerk und Handel in der Region und brachte den Stadtherren finanzielle Vorteile aus Abgaben und Steuern. Aber auch für die Handwerker und Kaufleute hatte die Stadt Vorteile: Sie fanden für ihre Waren in der Stadt bessere Absatzmöglichkeiten und wurden durch den Stadtherrn geschützt.

Das Marktrecht war nicht das einzige Privileg, das die Städte vom Stadtherrn erhielten. Zu den wichtigsten Sonderrechten gehörten das Recht zur Erhebung von Zöllen, das Recht, eigene Münzen zu prägen, sowie das Recht einer eigenen Gerichtsbarkeit.

M2

Die Gründung des Marktortes Freiburg im Breisgau (Baden-Württemberg)

Der Herzog von Zähringen verlieh den Bürgern von Freiburg im Breisgau in einer Urkunde von 1120 folgende Rechte:

Kundgetan sei allen ... dass ich, Konrad, an dem Ort, der mein Eigengut ist, nämlich Freiburg, einen Markt gegründet habe im Jahre des Herrn 1120. Nachdem also von überallher angesehene Kaufleute zusammengerufen worden sind, habe ich auf der Grundlage einer Schwurvereinigung[1] verfügt, diesen Markt einzurichten und auszubauen. Darauf habe ich einem jeden Kaufmann ... ein Grundstück zugeteilt, damit Häuser errichtet werden; und ich habe festgesetzt, dass von jedem Grundstück ein Schilling mir und meinen Nachkommen jährlich als Zins gezahlt werden soll ... Nun also sei allen kundgetan, dass ich auf Bitten jener die nun folgenden Privilegien eingeräumt habe ...

1. Allen, die meinen Markt besuchen, verspreche ich Frieden und sicheres Geleit innerhalb meines Besitzes und Herrschaftsbereichs.
2. Wenn einer von ihnen in diesem Gebiet beraubt werden sollte, so will ich die Rückerstattung des geraubten Gutes veranlassen oder selbst dafür zahlen.
3. Wenn einer meiner Bürger stirbt, so soll seine Frau mit ihren Kindern alles behalten, was auch immer ihr Mann hinterlassen hat.
4. Allen Kaufleuten erlasse ich den Zoll.
5. Meinen Bürgern will ich keinen anderen Vogt[2] oder Priester geben außer dem, welchen sie selbst gewählt haben.
6. Wenn sich unter meinen Bürgern eine Streitfrage erheben soll, so ist nicht nach meinem Ermessen oder dem ihres Vorstandes zu entscheiden, sondern ... nach dem gebräuchlichen ... Recht aller Kaufleute ...
7. Jeder, der in diese Stadt kommt, darf sich hier frei niederlassen, wenn er nicht der Leibeigene irgendeines Herrn ist ... und diesen auch anerkennt als seinen Herrn ... Wer aber über Jahr und Tag in der Stadt gewohnt hat ..., genießt von da an sicher die Freiheit.

*Zit. nach Friedrich Keutgen, Urkunden zur städtischen Verfassungsgeschichte, Berlin (Felber) 1901, Nr. 133, S. 117. Bearb. v. Verf.***

[1] *Ein Schwur ist ein gemeinschaftlicher Eid, der gegenüber anderen, sich selbst oder z. B. Gott abgelegt wird.*

[2] *Der Vogt leitete im Auftrag des Stadtherrn die Verwaltung und sprach Recht.*

M3

Freiburg im Breisgau (Baden-Württemberg) besaß seit 1218 ein Siegel. Die hier abgebildete Form ist seit 1255 bis heute unverändert geblieben. Sie zeigt das Stadttor mit drei Türmen und zwei Wächtern, die auf den Außentürmen ins Horn blasen.

Stadtrecht

Durch die Verleihung von Stadtrechten an eine Siedlung schuf der Stadtherr einen eigenen Rechtsbezirk. In der Gründungsurkunde wurden die in der Stadt geltenden Privilegien (= Sonderrechte), z. B. das Markt-, Zoll- und Münzrecht, sowie Rechtsvorschriften für das Zusammenleben der Bürger und die Pflichten gegenüber dem Stadtherrn festgelegt.

1 **Partnerarbeit:**
a) Diskutiert, warum Leipzig vermutlich an dem Ort gegründet wurde.
b) Überprüft mithilfe des Darstellungstextes, ob eure Vermutungen korrekt waren oder nicht.

2 **Recherche:** Wähle drei Städte in Sachsen (z. B. Bautzen, Chemnitz, Görlitz) und überprüfe mithilfe des Internets, warum die Städte vermutlich an diesem Ort gegründet wurden.

3 Arbeite aus dem Darstellungstext heraus:
a) die Merkmale einer Stadt,
b) alle Personen, die Interesse an der Gründung einer Stadt hatten.

4 **Wähle eine Aufgabe aus:**
a) Beschreibe, welche Privilegien Herzog Konrad der Stadt Freiburg zugestand (M2).
b) Stell dir vor, du besuchst mit deiner Familie Freiburg im Breisgau. Erzähle ihr die Gründungsgeschichte der Stadt nach (M2).

Wer lebte in der mittelalterlichen Stadt?

In heutigen Städten leben Menschen aus allen sozialen Schichten. Sie üben verschiedene Berufe aus und stammen aus unterschiedlichen Ländern. Alle haben die gleichen Rechte.

- ***Untersuche mithilfe dieser Doppelseite, wie die Menschen in der mittelalterlichen Stadt lebten und welche Unterschiede es zwischen den Stadtbewohnern gab.***

M 1

Eine Patrizierfamilie, Gemälde von Jean Bourdichon, um 1500

Wer wohnte in der Stadt?

Die Einwohner einer Stadt verteilten sich auf verschiedene Wohnviertel. Am Rand, nahe der Stadtmauer, hatten sich Bauernfamilien, Gärtner und Tagelöhner niedergelassen. Hier lagen auch Handwerksbetriebe, die an offenem Feuer arbeiteten, z. B. die Schmiede. Häufig siedelte jedes Handwerk in einem eigenen Viertel. Die Handwerker und ihre Familien, Gesellen* und Lehrlinge stellten etwa die Hälfte der Stadtbevölkerung.
In Zentrumsnähe und um den Markt lebten die reichen Kaufmannsfamilien und oft die Adligen. Sie bildeten die städtische Oberschicht (Patrizier*) und machten weniger als ein Zehntel der Stadtbevölkerung aus.
Die Geistlichen, Nonnen oder Mönche lebten in unmittelbarer Nähe der Kirchen oder in städtischen Klöstern. Sie waren der Anlaufpunkt für die Armen und Kranken der Stadt, die oft keinen festen Wohnsitz hatten und dort Unterstützung erhofften. Zur mittelalterlichen Stadt gehörten auch Bettler, die schon am Stadttor und vor allem vor Kirchen und Klöstern den Vorbeilaufenden ihre Hände oder Holzschalen entgegenstreckten und auf Almosen* hofften. Die Spende für Bedürftige war im Mittelalter eine Selbstverständlichkeit.
Zu den wenig anerkannten Berufen gehörten z. B. Gaukler und Spielleute, Henker oder Hundefänger. Sie wurden als „Unehrliche" bezeichnet.

Frauen in der Stadtgesellschaft

Frauen boten sich viele Möglichkeiten beruflicher Tätigkeit, z. B. als Kauffrauen, Webermeisterinnen, Seidenspinnerinnen oder Weinhändlerinnen. Die Rollenverteilung im privaten Bereich wurde mit Aussagen der Bibel begründet. Danach sollte der Ehemann „regieren" und die Ehefrau gehorchen. Eine Liebesheirat blieb meist ein Wunschtraum, denn oft bestimmten die Eltern, wen die Tochter heiratete. Politische Rechte hatten Frauen nicht, obwohl sie rechtlich frei waren.

Ein Einwohner – ein Bürger?

In unserer Gesellschaft genießen alle Menschen mit deutscher Staatsbürgerschaft das Bürgerrecht*. Wer als Bürger mit vollem Bürgerrecht in die mittelalterliche Stadtgemeinde aufgenommen werden wollte, musste über Grundbesitz verfügen und ein Handwerk oder Handelsgeschäft ausüben. Mit einem Eid schwor man, regelmäßig Steuern zu zahlen, auf der Stadtmauer Wachdienste zu leisten und die Stadt notfalls gegen Angreifer zu verteidigen.
Neben Bürgern mit vollem Bürgerrecht gab es die sogenannten Einwohner. Sie hatten weder Grundbesitz, noch waren sie selbstständig. Zu ihnen gehörten Gesellen, Tagelöhner, Mägde, Knechte und Dienstboten. Sie lebten oft zur Miete oder im Haus ihres Arbeitgebers und durften sich meist nur auf Widerruf in der Stadt aufhalten. Auch jüdische Stadtbewohner waren vom Bürgerrecht ausgeschlossen. All das führte zu großen sozialen Ungleichheiten.

M 2 *Handwerkerehepaar, Gemälde von Jean Bourdichon, um 1500*

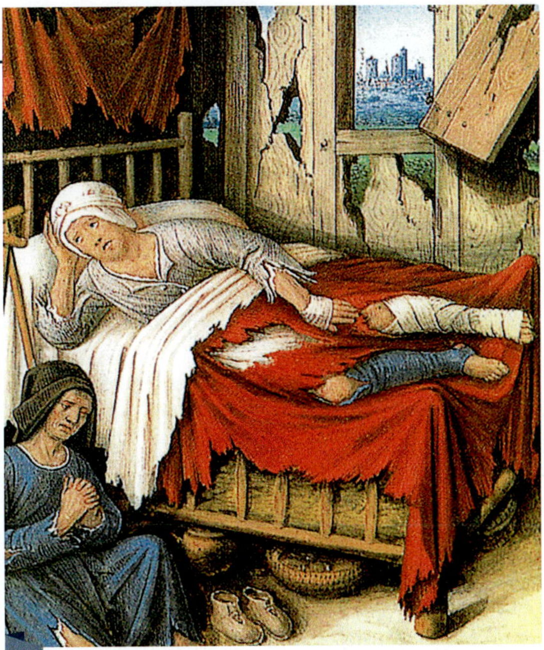

M 3 *Tagelöhner mit seiner Frau, Gemälde von Jean Bourdichon, um 1500*

M 4 **Arbeitsrechtliche Bestimmungen aus einem Rechtsbuch (1328):**

Schlägt ein Mann seinen Knecht oder seine Magd mit Ruten oder mit einem Sommerzweig ... und stirbt der ihm unter den Händen, so muss er den Totschlag büßen. Lebt jener aber über den nächsten Tag, so soll er ihn nicht büßen. Das ist deswegen festgesetzt, weil Gott einen jähen[1] Tod oft über die Leute verhängt und niemand wohl mit einem Schössling[2], der in einem Jahr gewachsen ist, den Menschen wohl zu Tode schlagen kann und (weil) die Meister die Dienstboten in Furcht halten müssen, oder sie arbeiten eben nicht.

*Zit. nach Peter Ketsch, Frauen im Mittelalter, Bd. 1, Düsseldorf (Schwann) 1983, S. 68**

[1] *etwas ganz Schnelles ohne Vorankündigung*
[2] *frischer Trieb einer Pflanze*

M 5 **Auszug aus dem Grundgesetz der Bundesrepublik Deutschland (1949)**

Im Grundgesetz wurden 1949 Bürgerrechte als Grundrechte (Artikel 1–19) festgelegt:

Art. 1: (1) Jeder hat das Recht auf die freie Entfaltung seiner Persönlichkeit ...

Art. 3: (1) Alle Menschen sind vor dem Gesetz gleich ...

Art. 8: (1) Alle Deutschen haben das Recht, sich ohne Anmeldung oder Erlaubnis friedlich und ohne Waffen zu versammeln.

Art. 9: (1) Alle Deutschen haben das Recht, Vereine und Gesellschaften zu bilden ...

Grundgesetz für die Bundesrepublik Deutschland, zit. nach https://www.bundestag.de/bundestag/aufgaben/rechtsgrundlagen/grundgesetz/gg_01/245122 (Stand: 3.5.2016)

1 Vergleiche M1, M2 und M3 hinsichtlich der dort abgebildeten Lebensverhältnisse.
Tipp: Beachte die Personen und die Einrichtung der Räume.

2 Erkläre die Bezeichnungen „Bürger" und „Einwohner" (Darstellungstext).

3 Nenne Merkmale des mittelalterlichen Bürgerrechts (Darstellungstext).

4 Beurteile die Bedeutung des mittelalterlichen Bürgerrechts für die Stadtbewohner (Darstellungstext).

5 Benenne Unterschiede zwischen dem mittelalterlichen Bürgerrecht und den Grundrechten im heutigen Grundgesetz (Darstellungstext, M5).
Tipp: Wer verfügte in der mittelalterlichen Stadt über das Bürgerrecht?

6 **a)** Fasse mit eigenen Worten zusammen, was die Bestimmungen in M4 dem Herrn erlaubten.
b) Erläutere, welche Stellung Mägde und Knechte in der Stadtbevölkerung hatten.

Zusatzaufgabe: siehe S. 172

Macht Stadtluft frei?

Ähnlich wie in unserer Zeit übte auch die mittelalterliche Stadt eine besondere Anziehungskraft auf die Menschen aus. Heute ziehen viele vom Land in die Stadt, weil es dort viele kulturelle Angebote, bessere Ausbildungsmöglichkeiten oder Berufsaussichten gibt. Viele möchten in einer Stadt leben, weil sie sich dort ein besseres Leben erhoffen.

- ***Warum war die mittelalterliche Stadt so attraktiv für die Landbewohner?***
- ***Welche rechtlichen Unterschiede bestanden zwischen den Menschen in der Stadt und denen auf dem Land?***

Warum zog es die Menschen in die Stadt?

Die Landbewohner waren im Mittelalter als Leibeigene (Hörige) von einem Grundherrn abhängig (siehe S. 92/93). Sie hatten keine Rechte und arbeiteten als Bauern auf dem Grund und Boden der Herren. Da sie hohe Abgaben zahlen mussten, blieb kaum genügend für den Lebensunterhalt der eigenen Familie übrig. Dazu kamen noch die Frondienste, die ein Höriger dem Grundherrn leisten musste.

Aus diesen Gründen zogen viele hörige Bauern und auch viele Handwerker vom Land in die Stadt. Sie erhofften sich dort bessere Lebens- und Arbeitsbedingungen und eine verbesserte Rechtsstellung. Wer als Höriger ein Jahr und einen Tag in der Stadt unentdeckt lebte und nicht von seinem ehemaligen Grundherrn entdeckt und zurückgefordert wurde, war persönlich frei. Das bedeutet, er konnte über sich und seinen Besitz, insofern er welchen hatte, verfügen. Im Laufe des Mittelalters wurde dies zu einem Rechtsbrauch, der oft auch in Gründungsurkunden von Städten durch den Stadtherrn garantiert wurde (siehe S. 109, M3).

Viele abhängige Bauern versuchten aus diesem Grund, ihrem Grundherrn durch Flucht in die Stadt zu entfliehen. Es ist sicher belegt, dass es einigen Hörigen tatsächlich gelungen ist, sich so aus der Leibeigenschaft zu befreien. Daher rührt der Ausspruch „Stadtluft macht frei – Landluft macht eigen“. Im Gegensatz dazu ist es in manchen Fällen auch belegt, dass einige Stadtherren Verträge mit Grundherren vom Land schlossen, in denen die Auslieferung geflüchteter Bauern zugesichert wurde.

Frei, aber nicht gleich

Mittelalterliche Quellen belegen, dass die Erwartungen der meisten Hörigen, die in die Stadt kamen, nicht erfüllt worden sind. Da der Zugang zu Handwerksberufen und dem Bürgerrecht an Grundbesitz gebunden war, gerieten die Landbewohner in der Stadt oft in neue Abhängigkeiten. Obwohl sie dort als Einwohner leben konnten, stand der volle Umfang städtischer Freiheiten aber trotzdem nur den Bürgern mit Bürgerrecht zu. Viele ehemalige Landbewohner verarmten in den Städten und lebten als Bettler, Gesinde oder als ungelernte Tagelöhner in einfachen Unterkünften. Einige versuchten auch mithilfe unreiner Berufe, wie Gaukler, Spielleute oder Musikanten, in der Stadt zu überleben.

Ihre Lebensbedingungen konnten sie in der Stadt nicht verbessern, im Gegenteil: Oft ging es ihnen in der Stadt noch schlechter. Trotzdem war die Anziehungskraft der städtischen Freiheit für viele Hörige aber größer als ein Leben in Abhängigkeit eines Grundherrn.

M 1

Notleidende in der Stadt, Holzschnitt, 1520

„Stadtluft macht frei“

Für alle, Einwohner und Bürger, galt die Regel: „Stadtluft macht frei.“ Wer ein Jahr und einen Tag in der Stadt gewohnt hatte, war an keinen Grundherrn mehr gebunden. Viele abhängige Bauern versuchten deshalb, vor ihrem Grundherrn in die Stadt zu fliehen. Sie gerieten dort aber oft in neue Abhängigkeiten, weil der Zugang zu Handwerksberufen und zum Bürgerrecht an Grundbesitz gebunden war.

M 2

Der Journalist Stephan Burgdorff schrieb 1998:

Allein in der dritten Welt[1] machen sich Tag für Tag rund 170 000 Menschen vom Acker. In der Stadt hoffen sie Arbeit, Wohnraum und Wohlstand zu finden – etwas Besseres also, als das Land und dörfliche Gemeinschaft ihnen bieten können. Seit jeher zieht das urbane[2] Leben die Menschen an. „Stadtluft macht frei", war im europäischen Mittelalter die Devise ländlicher Tagelöhner und Leibeigener, die gegen adlige Ausbeuter aufbegehrten und ihr Heil bei den urbanen Patriziern suchten.

*Stephan Burgdorff, Wird die ganze Welt eine Stadt?, in: Spiegel special, Nr. 12, 1998, S. 18**

[1] *Bezeichnung für unterentwickelte Staaten, v. a. in Afrika, Süd- und Mittelamerika, der Karibik und Ozeaniens*

[2] *städtische*

M 3

Über die Folgen der Verstädterung heute heißt es in einer Studie der Umweltschutzorganisation „one fish":

Die Verstädterung ist auf dem Vormarsch: Seit 2008 lebt die Mehrheit der Weltbevölkerung in Städten. Die UNO schätzt, dass es im Jahr 2050 bereits 70 Prozent sein werden. Unter Verstädterung oder Urbanisierung bzw. Urbanisation fällt zwar auch die Ausbreitung städtischer Lebens- und Verhaltensweisen auf die ländliche Bevölkerung. Im Vordergrund steht jedoch das Anwachsen der Metropolen. Die Zahl der Mega-Cities mit mehr als 10 Millionen Einwohnern wächst stetig. Dies hat gravierende Folgen für Gesellschaft und Umwelt ... Als im Zuge der Industrialisierung Wohlstand und Mobilität zunahmen, konnten Arbeiter pendeln und sich eine Wohnung im Grünen leisten ... Heute geht die Verstädterung mit einer Landflucht einher. Vor allem junge und gut ausgebildete Menschen verlassen Dörfer und Kleinstädte, da sie sich in Städten mehr Perspektiven erhoffen. Dies setzt mit der Verstädterung wiederum einen Teufelskreis in Gang: Der Altersdurchschnitt auf dem Land steigt, die wenigen noch ansässigen Firmen finden keine qualifizierten Mitarbeiter mehr und Nahversorger sowie Arztpraxen schließen. Aufgrund dieser Verödung der ländlichen Regionen zieht es noch mehr Menschen in die Stadt. Bauland und Immobilien sind zwar vorhanden, verlieren aufgrund der mangelnden Nachfrage jedoch massiv an Wert. Trinkwasser ist knapp, Müllberge türmen sich, der Verkehr kollabiert und Menschen können aufgrund von Smog an manchen Tagen nur noch mit Atemschutz das Haus verlassen. Natürlich bleiben auch die Folgen der Verstädterung auf Umwelt und Gesundheit nicht aus.

*„One fish": „Was haben wir zu befürchten", zit. nach: http://www.onefish.org/folgen-der-verstaedterung-was-haben-wir-zu-befuerchten/ (Stand: 22. 02. 2019)**

1 Erkläre mithilfe des Darstellungstextes und des Begriffskastens die Bedeutung des Ausspruchs „Stadtluft macht frei".

2 **Wähle eine Aufgabe aus:**

a) Beurteile, welche Vor- und Nachteile das Stadtleben für einen Landbewohner mit sich brachte. (Darstellungstext, Begriffskasten und M1)

Tipp: Stelle die Vor- und Nachteile in einer Tabelle gegenüber.

b) Nimm Stellung: Machte „Stadtluft" wirklich frei?

3 **a)** Vergleiche die Gründe, warum die Menschen im Mittelalter in die Stadt gezogen sind, mit den Aussagen aus M2 und M3.

b) Finde durch Internetrecherche weitere Gründe heraus, warum Menschen heute in die Stadt ziehen.

Tipp: Warum ziehen z. B. heute junge oder alte Menschen vom Land in die Stadt?

4 **Partnerarbeit:** Diskutiert, ob die Probleme für die Menschen in den Städten aus M3 auch schon im Mittelalter existiert haben.

Handwerker organisieren sich in Zünften

Die Handwerker und ihre Familien waren die größte Bevölkerungsgruppe in der mittelalterlichen Stadt. Seit Beginn des 12. Jahrhunderts schlossen sich viele von ihnen zu Zünften zusammen, später wurde die Zunftmitgliedschaft für alle Angehörigen eines Handwerks sogar zur Pflicht.

- ***Was waren die Aufgaben der Zünfte?***
- ***Welche Bedeutung hatten sie für die Wirtschaft und Gesellschaft in der Stadt?***

M 1

Vertreter der Zünfte betreten die Ratsstube, Buchillustration aus dem Ratsehrenbuch der Stadt Augsburg, 15./16. Jh. Die Patrizier sitzen auf den Bänken an der Wand. In der Mitte der Ratsstube liegt neben Siegel und Schlüsselbund das „Statutenbuch" der Stadt, in dem alle Anordnungen und Vorgänge der Stadtverwaltung festgehalten wurden.

Zunft
Verpflichtender Zusammenschluss der Handwerksmeister eines Berufs (Handwerkszweigs). Die Zunft regelte die Arbeitsverhältnisse, sicherte die wirtschaftliche Existenz der einzelnen Handwerker durch die Verhinderung von Konkurrenz und prägte auch die alltägliche Lebensführung.

Zünfte regeln nicht nur das Berufsleben

„Das ist zünftig", sagen wir noch heute, wenn eine Sache nach unserem Geschmack ist. Diese Redewendung stammt aus dem Mittelalter: Die meisten Handwerkszweige in der mittelalterlichen Stadt waren in einer Zunft zusammengeschlossen. Die Zunft regelte alle Fragen, die die Arbeit betrafen: z. B. welche Qualität ein bestimmter Stoff haben musste, wie teuer ein Brot sein durfte oder wie viele Meter Leinen ein Weber weben durfte. Auch erließ sie Vorschriften für die Lehrlingsausbildung. Vor allem waren die Zünfte bestrebt, Konkurrenz auszuschalten. Die Aufnahme neuer Mitglieder wurde streng überwacht und eng begrenzt. So hatten viele Gesellen kaum eine Chance, sich als Meister selbstständig zu machen. Nichtbürger, z. B. Juden, waren generell ausgeschlossen. In vielen Zünften waren zwar nur Männer zugelassen, aber Witwen durften in der Regel die Tätigkeit ihres Mannes weiterführen.

Eine Zunft war mehr als nur ein Berufsverband. In Zunfthäusern traf man sich zu Festen. Geriet ein Mitglied durch Krankheit oder Tod eines Angehörigen in Not, half die Zunft. Gemeinsam sah man die „Zünftler" bei kirchlichen Prozessionen durch die Stadt marschieren. Jede Zunft war für die Instandhaltung und Bewachung eines Abschnitts der Stadtmauer verantwortlich, bei Belagerungen musste sie diesen Abschnitt verteidigen.

Teilhabe an der Stadtherrschaft

Schon im Hochmittelalter kam es zu Kämpfen um die Stadtherrschaft zwischen Bürgern und Zünften auf der einen Seite und Stadtherren auf der anderen Seite. In Köln beispielsweise vertrieben die Bürger 1074 den Erzbischof Anno aus der Stadt. Im Jahre 1215 kam es zu einem bewaffneten Aufstand der Leipziger Bürger gegen ihren Stadtherrn, den Markgrafen Dietrich von Wettin. Diese Konflikte spitzten sich im 14. Jahrhunderts immer mehr zu. Da sich die Zünfte zu einem wichtigen Bestandteil des städtischen Lebens entwickelt hatten und viele Zunftmeister sehr reich und einflussreich geworden waren, forderten die Zünfte Mitspracherechte bei der Verwaltung und Regierung ihrer Stadt. Nach und nach wurden ihnen ihre Forderungen erfüllt.

M 2

Ein Zunftmeister kontrolliert zwei Handwerksgesellen bei der Anfertigung ihrer Meisterstücke. Buchillustration, 1482

M 3

Auszug aus dem Amtsbrief der Kölner Garnmacherinnen vom 14. April 1397:

1. Zum Ersten, welche Person oder Magd das Garnamt [genehmigtes Handwerk] in Köln lernen will, die soll vier Jahre dienen und nicht weniger, damit sie lerne, Kaufmannsgut zu machen und zu bereiten ... Und sie soll sogleich dem Amt sechs Schilling für ihren Eintritt geben ...

3. Weiterhin, wenn eine Person ihre vier Jahre gedient hat und sich ... niederlassen will, um selbstständig zu arbeiten, so sollen die Frauen, die darauf vereidigt worden sind, ihre Arbeit prüfen ...

5. Und welchem Mann seine Frau stirbt, der Mann darf das Amt mit seinem Gesinde weiter ausüben.

6. Weiterhin soll keine Frau mehr als eine Tochter mit ihrem Geld selbstständig machen ...

8. Weiterhin soll keine Frau mehr Gesinde halten als drei Mädchen oder Lohnarbeiterinnen, die für sie arbeiten. Oder aber eine Tochter und zwei Mägde.

*Zit. nach Peter Ketsch, Frauen im Mittelalter, Bd. 1, Düsseldorf (Schwann-Bagel) 1983, S. 173f., sprachliche Bearb. d. Verf.***

M 4

Die Historikerin Merry Wiesner-Hanks über Frauen in Zünften (1996):

Als im späten 13. und im 14. Jahrhundert Tuchmacher und benachbarte Zünfte in der Bekleidungsproduktion gebildet wurden, wurden Frauen als Lehrtöchter aufgenommen und wurden in einigen Fällen auch Meisterinnen oder arbeiteten zumindest unabhängig ...

Die große Mehrzahl der in Zunftwerkstätten arbeitenden Frauen [hatte] keine förmliche Lehre durchlaufen ... Eine junge Meisterstochter [half] dort aus, wo sie gebraucht wurde. Wenn sie sich später außerhalb des Handwerks verheiratete, wurde ihr für gewöhnlich die Weiterarbeit untersagt, wenn auch nicht in jedem Fall. Wenn sie die üblichen Zunftgelder zahlte und die Zunft keine Einwände hatte, konnte eine Meisterstochter nach ihrer Heirat weiterarbeiten ... Ausbildungs- und Berufserfahrung konnten der Tochter eines Handwerkermeisters auf dem Heiratsmarkt einen hohen Wert verleihen, und viele Zünfte verbesserten die Chancen ihrer Meisterstöchter noch, indem sie das Eintrittsgeld senkten, das ein Geselle zu zahlen hatte, oder indem sie die ... Zeitspanne bis zur Anfertigung eines Meisterstücks für ihn verkürzten, wenn er eine Meisterstochter heiraten wollte.

*Merry Wiesner-Hanks, Ausbildung in den Zünften. In: Elke Kleinau/Claudia Opitz (Hg.), Geschichte der Mädchenbildung, Bd. 1, Frankfurt a. M. (Campus) 1996, S. 93ff.***

1 Erarbeite mithilfe des Darstellungstextes Aufgaben und Ziele der Zünfte und erkläre diese mit eigenen Worten.

2 **Methode:** Untersuche M1 mithilfe der Arbeitsschritte von „Eine Bildquelle interpretieren“ auf S. 91.

3 Beschreibe möglichst genau die Szene in M2 und die abgebildeten Personen. Achte dabei besonders auf die Kleidung, Haltung und Größe der Personen und vergleiche sie.

4 Prüfe anhand von M4 und des Darstellungstextes, ob Männer und Frauen in den Zünften gleichgestellt waren.

5 **Wähle eine Aufgabe aus:**

a) Beurteile, ob die in M3 genannten Regelungen für Kunden vorteilhaft waren.

b) Zünfte gab es in vielen Städten bis ins 19. Jahrhundert hinein: Nenne mögliche Gründe für die lange „Lebensdauer“ dieses Elements mittelalterlicher Stadtwirtschaft.

Zusatzaufgabe: siehe S. 172

Welche Bedeutung hatte der Markt?

Wenn wir heute einkaufen wollen, gehen wir meist in den nächsten Supermarkt, in ein Einkaufszentrum oder bestellen online – nur selten gehen wir auf den Markt. Im Mittelalter war dies anders. Damals hatte ein Markt eine große Bedeutung.

- ***Weshalb waren die städtischen Märkte im Mittelalter so wichtig?***

M 1

Der Marktplatz, Gemälde von Hendrick van Steenwyck den Jüngeren, um 1620

Welche Bedeutung hatte der Markt für eine Stadt?

Der Marktplatz war in der mittelalterlichen Stadt der wichtigste Ort. Er lag meist in der Stadtmitte. Dort boten Händler Lebensmittel für den täglichen Bedarf an, welche die Bewohner mangels Anbauflächen in der Stadt nicht selbst produzieren konnten. Die städtische Bevölkerung war von den auf dem Markt angebotenen Lebensmitteln abhängig.

Von den Handwerkern wurden Stoffe, Kleidung und alle Arten von Haushaltswaren angeboten. Für reiche Einwohner gab es Luxusgüter wie Pelze oder edle Gewürze wie Pfeffer und Safran. Natürlich war die Auswahl nicht mit der heutigen zu vergleichen: Es gab nur Lebensmittel der Saison und es herrschte oft Mangel. Besonders auf kleineren Märkten gab es bestimmte Waren monate- oder jahrelang nicht.

Handel nah und fern

Für viele Bauern war eine Anreise zum nächsten Markt sehr mühsam. Oft waren nur die Bauern aus den benachbarten Dörfern in der Lage, den Markt einer Stadt zu besuchen, um dort ihre Waren anzubieten. Daher kauften Fernhändler an Orten mit Warenüberschüssen diese günstig ein und versuchten sie in Städten zu verkaufen. Sie boten auch kostbare Stoffe aus anderen Ländern an, die besonders beim Adel und den reichen Bürgern beliebt waren. So spannten die Fernkaufleute über Ländergrenzen hinweg ein dichtes Handelsnetz von Stadt zu Stadt.

Während zu dieser Zeit auf den Dörfern meist noch Ware gegen Ware getauscht wurde, war es auf dem städtischen Markt bereits üblich, Ware mit Geld zu bezahlen. Aus dem Erlös konnten sich dann auch die Bauern handwerkliche Erzeugnisse oder Handelsware wie Salz oder Wein kaufen.

Marktordnungen regeln das Geschäft

Damit der Händler seinem Geschäft nachgehen durfte, musste er Marktgebühren entrichten. Diese waren für jede Stadt eine wichtige Einnahmequelle. Den Händlern wurde dafür der Marktfrieden zugesichert, um einen ruhigen Handel zu gewährleisten. So war es z. B. verboten, Waffen zu tragen. Marktordnungen regelten den Geschäftsbetrieb. Auch galten einheitliche Währungen und Maße für alle Händler. Die Einhaltung der Marktordnungen wurde von sogenannten Stadtbütteln auf dem Markplatz überwacht.

M 2

Bauern auf dem Weg zum städtischen Markt, französische Buchmalerei, 15. Jahrhundert. Oft gestatteten die Grundherren den Bauern, ihre Waren zollfrei in die Stadt zu bringen, um sie dort auf dem Markt zu verkaufen.

M 3

Aus der heutigen Satzung zum Wochenmarkt in Zittau (2016):

Öffnungszeiten des Wochenmarktes sind Mittwoch (Ersatztag Dienstag) 08.00–17.00 Uhr, Samstag (Ersatztag Freitag) 08.00–13.00 Uhr. Der Aufbau der Marktstände ist bis 08.00 Uhr abzuschließen ... Die Marktaufsicht weist die Standplätze nach pflichtgemäßem Ermessen zu. Standerlaubnis und Standzuteilung erfolgen unter Widerrufsvorbehalt ... Alle mitgebrachten und angelieferten Waren müssen sichtbar feilgeboten werden und an jedermann verkäuflich sein ... Die Verkaufspreise aller angebotenen Waren müssen für die Marktkunden deutlich sichtbar auf Schildern vermerkt werden. Alle Händler/Händlerinnen, ihre Bediensteten und Beauftragten sowie Besucher des Wochenmarktes haben mit Betreten des Marktes die Bestimmungen dieser Wochenmarktsatzung zu beachten ... Jeder hat sein Verhalten auf dem Wochenmarkt und den Zustand seiner Sachen so einzurichten, dass keine Personen oder Sachen beschädigt, gefährdet oder mehr als nach den Umständen unvermeidbar behindert oder belästigt werden.

*Zittauer Stadtanzeiger Nr. 282 v. 10. Mai 2016, S. 2–5ff. zit. nach: https://docplayer.org/39168084-Zittauer-stadtanzeiger.html, (Stand 3. 12. 2018). Bearb. d. Verf.***

M 4

Aus der Marktordnung der Stadt Landshut im heutigen Bayern (1256):

Wir verbieten, Schwerter und Dolche innerhalb der Stadt zu tragen ... Wir verordnen, 2½ Pfund Rindfleisch für einen Pfennig zu verkaufen und ebenso viel Hammelfleisch und 3 Pfund Ziegenfleisch. Die Leute, die es anders machen, werden der Stadt 6 Schillinge und dem Richter 60 Pfennige zahlen ... Wir verordnen, dass kein Kauf außerhalb des öffentlichen Marktes stattfindet, was Leute anbetrifft, die Waren in die Stadt bringen. Wer gegen diese Bestimmung handelt, muss der Stadt 6 Schilling und dem Richter 60 Pfennige zahlen. Wenn er kein Geld besitzt, wird ihm die Hand abgeschlagen ... Lotterbuden in jeder Art, fahrende Schüler mit langem Haar halten wir fern. Die Leute, die sie über Nacht beherbergen, verurteilen wir zu 1 Pfund.

*Zit. nach Heinrich Pleticha, Bürger, Bauer, Bettelmann. Stadt und Land im späten Mittelalter, Würzburg (Arena) 1976, S. 87. Bearb. d. Verf.**

1 **Partnerarbeit:** Erläutert mithilfe des Darstellungstextes und M2 den Spruch „Die Stadt als Drehscheibe des Handels".

2 Gib in eigenen Worten wieder, was die Marktordnung der Stadt Landshut festschrieb (M4).

3 Vergleiche M3 und M4, indem du Gemeinsamkeiten und Unterschiede gegenüberstellst.

4 Stelle aus der Sicht eines Bauern aus dem Umland dar, warum viele Landbewohner an einem Markttag in die Stadt zogen (Darstellungstext, M2).

Die Hanse: Mehr als ein Bund von Kaufleuten?

Noch heute sind Städte stolz darauf, dass sie zu den Hansestädten gehörten. Sie zeigen dies auf ihrem Stadtschild (Freie und Hansestadt Hamburg) oder in ihrem Autokennzeichen (HH, HB, HL, HR, HST). Die „Hanse“ war ein mächtiger Städtebund*, der im Mittelalter gegründet wurde. Entscheide dich für A oder B und untersuche:

- ***Wie funktionierte die Hanse und was waren ihre Ziele?***

Europäischer Fernhandel

Was heute Tokio, London, New York oder Shanghai für die Geschäftswelt bedeutet, das stellte um 1400 Brügge dar: Die Messestadt in Flandern war der Brennpunkt des europäischen See- und Landhandels. Hier wie auch in anderen Städten versorgten Fernhändler die Bevölkerung mit Waren und Luxusgütern, die sie auf festen Handelsrouten aus aller Welt nach Europa brachten. Das Leben der Fernhändler bestand aus Reisen. Das war im Mittelalter mühsam, teuer und oft gefährlich, denn Transporte wurden oft überfallen. Die Wege waren nicht befestigt, sodass die Wagen oft umkippten oder bei schlechtem Wetter steckenblieben. Deshalb reisten die Fernhändler, wenn es möglich war, auf Flüssen. Aber auch hier, wie auf den Landstraßen, mussten sie für die Benutzung Zoll bezahlen. Wie die Handwerker schlossen sich auch die Kaufleute zusammen: In Gilden vertraten sie ihre Interessen. Die Mitglieder einer Gilde unterstützten sich gegenseitig in Notsituationen.

Gründung der Hanse

Mit der Ausweitung des Handels in Europa seit dem 12. Jahrhundert gewannen für viele Fernhändler die Gilden immer mehr an Bedeutung. Sie wurden zu Fahrtgenossenschaften, in denen die Kaufleute neben ihrer Sicherheit auf Reisen auch ihre Handels- und Gewinnmöglichkeiten verbessern konnten. Aus einer solchen Fahrtgenossenschaft norddeutscher und nordwestdeutscher Kaufleute bildete sich 1358 die Deutsche Hanse*. Dort schlossen sich nicht mehr die Kaufleute selbst zusammen, sondern die Städte, aus denen sie stammten. Zeitweise gehörten 160 Städte zu diesem Städtebund, der von der Hansestadt Lübeck aus geleitet wurde. Die Hanse wurde so mächtig, dass sie schon bald nach ihrer Gründung nicht nur eine wirtschaftliche, sondern auch eine politische Macht in Nord- und Mitteleuropa darstellte und auch mit militärischen Mitteln ihre Vorherrschaft im Ostseeraum durchsetzte.

A

M1

1469 schrieb die Hanse an den englischen Kronrat:

Die Hansa Theutonica [deutsche Hanse] ist ... ein festes Bündnis von vielen Städten, Orten und Gemeinschaften zu dem Zwecke, dass die Handelsunternehmungen zu Wasser und zu Land den erwünschten und günstigen Erfolg haben und dass ein wirksamer Schutz gegen Seeräuber und Wegelagerer geleistet werde, damit nicht durch deren Nachstellungen die Kaufleute ihrer Güter und ihrer Werte beraubt würden.

*Zit. nach Philippe Dollinger, Die Hanse, 5. Aufl., Stuttgart (Kröner) 1998, S. 549**

M2

Das Lübecker Stadtsiegel von 1256. Vorn im Schiff steht der binnenländische Kaufmann, der für Fertigwaren aus dem Westen und aus den Niederlanden sorgte, hinten befindet sich der seefahrende Kaufmann, der Rohstoffe aus dem Norden lieferte und die skandinavischen Absatzmärkte erschloss. Die Umschrift lautet: Sigillum burgensium de Lubeke. Durchmesser: 9,5 Zentimeter.

1 Beschreibe die Probleme der Fernhändler (Darstellungstext).

2 Erarbeite, warum die Hanse gegründet wurde und welche Ziele sie hatte (M1).

3 Erkläre: Welchen Zusammenhang haben die Umschrift und das Bild des Siegels mit dem Begriff der Hanse (M2)?

B

M 3 *Handelswege und Waren in Europa um 1400*

1 Beschreibe mithilfe des Darstellungstextes die Probleme der Fernhändler.

2 Vergleiche den Handel mittels Fuhrwerk und Hansekogge (M4).

3 Ein Händler möchte Wolle von Toledo nach Königsberg transportieren. Entwickle einen Vorschlag für eine günstige und schnelle Handelsroute. Berechne, wie lange er jeweils auf dem Land- und Seeweg brauchen würde (M3, M4)?

Hanse

Die Deutsche Hanse (ursprünglich Hanse = Schar, d. h. Zusammenschluss zu Fahrtgemeinschaften) war ein Städtebund. Sie vertrat die Interessen der städtischen Fernhandelskaufleute. An zentralen Handelsplätzen Nordeuropas wurden Hansekontore (Stadtviertel mit Lagerräumen und Hafenanlagen) errichtet. Die Hansevertreter verhandelten über Fahrttermine und Ladegüter der großen Handelsschiffe („Koggen") oder sie sprachen mit ausländischen Herrschern über Zollvergünstigungen. 1669 wurde die Hanse aufgelöst.

Aufgabe für alle:

Diskutiert, warum eine mittelalterliche Stadt Interesse daran haben konnte, Mitglied der Hanse zu werden.

M 4 *Die Kogge, das Handels- und Kriegsschiff der Hanse im 14./15. Jahrhundert, Modellnachbau, 20. Jh. Frachtraum: 200 t, Geschwindigkeit: ca. 9 km/h, 20 Seeleute. Zum Vergleich: Ein Fuhrwerk trug ca. 2 t Last, hatte eine Geschwindigkeit von ca. 2 km/h und benötigte einen Fuhrmann und Bewachung.*

cornelsen.de/webcodes
+ *Code: naqaja*
Die Hanse

Eine Exkursion durchführen: Die Silberstadt Freiberg

Geschichte wird anschaulich und lebendig, wenn man sie „vor Ort" erlebt. Aber eine Exkursion muss gut vorbereitet werden. Und wer nicht ungefähr weiß, was es am Ort zu sehen gibt, der läuft Gefahr, an wichtigen und interessanten Gegenständen oder Gebäuden achtlos vorüberzugehen.

Silberstadt Freiberg

Weit über das heutige Sachsen hinaus waren die silberhaltigen Erzlagerstätten von Freiberg schon im Mittelalter berühmt und machten die um 1170 von dem sächsischen Markgrafen Otto dem Reichen gegründete Stadt zu einem Zentrum des mittelalterlichen Bergbaus und Handels. Durch Stadtbrände und Rückgang der Silberproduktion in seiner Entwicklung im 14. und 15. Jahrhundert behindert, nahm die Stadt seit dem 16. Jahrhundert als zeitweilige Residenzstadt der Wettiner wieder einen Aufschwung, der sich im Renaissancebaustil zahlreicher Bürgerhäuser und im Schloss Freudenstein widerspiegelt.

Auf die Spuren der bergbaulichen Vergangenheit stößt man auf Schritt und Tritt bei einem Rundgang durch die Bergakademie- und Universitätsstadt und vor allem bei einem Besuch des Stadt- und Bergbaumuseums im Herrenhof neben dem Dom und einer der weltweit größten Gesteinssammlung „terra mineralia" im Schloss Freudenstein..

M 1

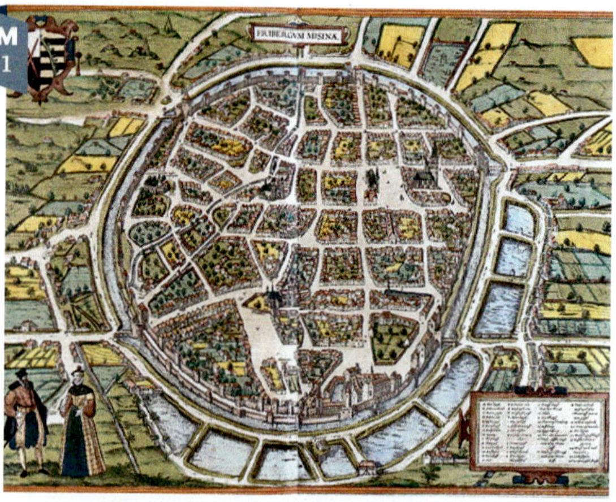

Plan der Stadt Freiberg aus dem „Atlas der Städte der Welt" von Georg Braun und Franz Hogenberg, veröffentlicht in Freiberg 1572

M 2

Bergleute bei der Arbeit, Miniatur aus dem Schwazer Bergbuch von 1556

M 3

Historische Altstadt von Freiberg mit Dom und Bergbaumuseum im Zentrum, Foto, 2009

Arbeitsschritte „Eine Exkursion durchführen"

Informationen beschaffen	Lösungshinweise zu M2
1. Besorgt euch zunächst Informationsmaterial von der Stadtverwaltung, den Museen u. ä.	• *Homepage Stadt Freiberg (www.freiberg.de)* • *Stadt- und Bergbaumuseum (https://www.sachsens-museen-entdecken.de/museum/96-stadt-und-bergbau-museum-freiberg/)* • ...
Organisieren	
2. Klärt, welcher Termin infrage kommt. Ermittelt Fahrzeiten und Fahrpreise der günstigsten Verkehrsmittel. Stellt vor der endgültigen Entscheidung fest, was die Fahrt wohl insgesamt kosten wird.	• ...
Themen in der Schule vorbereiten	
3. Sichtet das Informationsmaterial, entscheidet über die Arbeitsschwerpunkte.	• *z. B. Stadtführung Altstadt – Stadt- und Bergwerkmuseum: welche Abteilung besuchen ...*
4. Teilt euch in Gruppen ein. Jede Gruppe bereitet ein Teilthema vor und bearbeitet es im Museum.	
5. Formuliert Einzelfragen zu euren Themen. Bleibt aber auch offen für Unbekanntes.	• *Wann wurden bestimmte Fachwerkhäuser errichtet und wozu dienten sie?* • *Wann wurde Schloss Freudenstein gebaut?* • ...
Im Museum orientieren und Entdeckungen machen	
6. Verschafft euch gemeinsam einen ersten Überblick (Rundgang mit Führung).	• ...
7. Fertigt Notizen, Skizzen und Fotos (Video?) an, evtl. ist auch ein Interview mit einem Museumsmitarbeiter möglich.	• ...
Befunde auswerten und dokumentieren	
8. Wertet eure Arbeitsergebnisse in der Schule aus. Jede Gruppe berichtet.	• ...
9. Entscheidet, wie ihr eure Ergebnisse dokumentieren wollt: z. B. Exkursionsbuch, Wandzeitung, Reportage für die Schülerzeitung, Film.	• ...

1 **Partnerarbeit:** Entwickelt mithilfe der Abbildungen M1–M3 Einzelfragen, die ihr bei einer Exkursion nach Freiberg erforschen könntet (siehe Arbeitsschritt 5).

2 Findet mithilfe der Karte „Exkursionsziele" im hinteren Umschlag ein Exkursionsziel und bereitet es mithilfe der Arbeitsschritte vor.

Kampf um die Stadtherrschaft: Ein Rollenspiel

Im Hochmittelalter kam es zu Kämpfen um die Stadtherrschaft zwischen Bürgern und ihren adligen oder geistlichen Stadtherren. In Köln beispielsweise vertrieben die Bürger 1074 Erzbischof Anno aus der Stadt. Auch in vielen anderen Städten, z. B. in Leipzig, nahmen die Auseinandersetzungen um die Stadtherrschaft zu. Viele Zünfte wollten an der Stadtregierung beteiligt werden. Das führte zu Auseinandersetzungen zwischen Handwerkern und Patriziern. Diesen historischen Konflikt könnt ihr in einem Rollenspiel nachvollziehen.

Ausgangslage und Zielsetzung klären

Stellt euch vor, ihr lebt im 14. Jahrhundert in der Stadt Zwickau. Als freie Reichsstadt untersteht diese Stadt 1290–1407 allein dem Kaiser. Regiert wird Zwickau von einem Stadtrat, der jährlich den Bürgermeister wählt. Die Mitglieder des Rats sind ausschließlich Patrizier.
Vor allem durch die Textilherstellung und den Handel ist die Stadt reich geworden. Die Mehrheit der Bürger sind Handwerker, die in Zünften organisiert sind. Auch die Kaufleute haben sich in einer Zunft zusammengeschlossen. Eine der größten Handwerkszünfte ist die Weberzunft. Die Handwerker sind von Wahl und Mitbestimmung ausgeschlossen, obwohl sie maßgeblich zum Aufblühen der Stadt beigetragen haben. Um die Beteiligung an der Zwickauer Stadtregierung wird erbittert gestritten, es gibt Tote und Verletzte.
In dieser kritischen Situation kommt es zu einer Zusammenkunft von Patriziern, Zunftmeistern, Kaufleuten und Chronisten. Gesucht wird ein Kompromiss, um die Ruhe und Ordnung in der Stadt Ulm wieder herzustellen.

M 1

Die Chronisten

Einige Schülerinnen und Schüler beobachten als Chronisten die Durchführung des gesamten Rollenspiels. Am Ende bewerten sie das Spiel und begründen ihre Meinung. Dabei achten sie besonders auf die folgenden Punkte:
- Wurden die Rollen „echt“ gespielt?
- Was war gut, was könnte verbessert werden?

Die Patrizier

Die Patrizier wissen, dass sie die Zünfte nicht mehr gänzlich von der Macht ausschließen können. Trotzdem wollen sie deren Einfluss so gering wie möglich halten. Der Posten des Bürgermeisters ist ihnen besonders wichtig.

Die Zunftmeister der Handwerker

Sie werden angeführt vom Zunftmeister der Weber. Die Zunftmeister wissen nicht genau, wie viel Macht sie den Patriziern abringen können, und überlegen sich drei mögliche Ziele, unter anderem die Einrichtung eines „erweiterten Rates“.

Die Vertreter der Kaufleute

Angeführt von einem Fernhandelskaufmann streben die Kaufleute ebenfalls nach Mitsprache. Sie fürchten um die Selbstständigkeit gegenüber dem Kaiser und damit auch um die wirtschaftliche Unabhängigkeit der Stadt.

1 **Rollenspiel:** Gestaltet ein Rollenspiel mithilfe der Anleitung auf S. 179. Nehmt die Rollenkarten M1 zu Hilfe.

2 Diskutiert nach dem Rollenspiel die folgenden Fragen:
- Passen die Argumente und die Lösung des Problems in die Situation der damaligen Zeit?
- Ist der gefundene Kompromiss geeignet, um Ruhe und Ordnung in der Stadt Zwickau wieder herzustellen?

800 | 900 | 1000 | 1100 | 1200 | 1300 | 1400

8.–10. Jh. Räderpflug löst den Hakenpflug ab

11./12. Jh. Städtegründungen in Europa

seit 11. Jh. Dreifelderwirtschaft in Europa

1098 Gründung des Zisterzienserordens

seit 1100 Handwerker schließen sich zu Zünften zusammen

13./14. Jh. Hanse entwickelt sich vom Handels- zum Städtebund

Wie lebten die Menschen im Mittelalter?

Lehnswesen und Grundherrschaft

Nach der Auffassung mittelalterlicher Gelehrter bestand die Gesellschaft aus drei Ständen*: dem Klerus, dem Adel und den Bauern (Dreiständelehre). Der Adel war durch das Lehnswesen, das eine personenbezogene Herrschaft darstellte, gegliedert: Durch einen Eid band der Lehnsherr, z.B. der König, den Lehnsmann (Vasall) an seine Person. Als Gegenleistung für das lebenslang geliehene Land hatte der Vasall dem Herrn Dienste zu leisten.

Die größte Bevölkerungsgruppe im Mittelalter waren die Bauern. Als Unfreie und Hörige eines adligen Grundherrn, von dem sie Land und Schutz erhielten, waren sie diesem zu Abgaben und Diensten verpflichtet. Auf dem Herrenhof arbeiteten Leibeigene.

Das Dorf und die Bauern

Im Mittelalter lebten fast alle Menschen von der Landwirtschaft. In den Dörfern lebten die bäuerlichen Familien als Hausgemeinschaften, zu denen auch Verwandte sowie Knechte und Mägde gehörten. Der Bauer besaß als „Herr des Hauses" die Rechtsgewalt über die anderen Hausbewohner.

Technische Neuerungen, z.B. der Räderpflug oder die Wassermühle, setzten sich durch. Auch neue Formen der landwirtschaftlichen Nutzung, z B. der Übergang von der Zweifelder- zur Dreifelderwirtschaft, führten dazu, dass sich die Lebensbedingungen der Menschen langsam verbesserten.

Die Ostsiedlung

Durch den Bevölkerungsanstieg gerieten viele Bauernfamilien in Not. Durch Siedlungsunternehmer, sogenannte Lokatoren, angeworben, wanderten sie in die noch unbesiedelten Gebiete im Osten Deutschlands und in Polen aus. Seit dem 12. Jahrhundert riefen auch slawische Herrscher immer mehr Deutsche zum Landesausbau und zur Gründung neuer Städte in ihr Land.

Die Welt die Ritter

Seit dem 10. Jahrhundert ließen sich immer mehr Adlige Burgen als Herrschersitz bauen. Ursprünglich ein Verteidigungsbau, wurde sie seit dem Hochmittelalter zunehmend Rechts- und Verwaltungssitz, aber auch Zentrum der höfischen Ritterkultur. In Ritterromanen und im Minnesang wurde eine verklärte Wirklichkeit gezeigt: Nicht immer konnten die Ritter im Alltag den hohen Idealen entsprechen.

Durch Veränderungen in der Kriegstechnik, der Wirtschaft und in der Gesellschaft verloren die Ritter im 14. Jahrhundert an Bedeutung und viele Burgen verfielen zu Ruinen.

Das Kloster, die Mönche und Nonnen

Klöster hatten verschiedene Funktionen: Sie waren religiöse Zentren, Wirtschaftsbetriebe und Herrschaftseinrichtungen. Auch als Bildungszentren hatten die Klöster eine wichtige Aufgabe: Sie vermittelten aus der Antike überliefertes Wissen und ergänzten es durch eigene Forschungen.

Die Stadt und ihre Bewohner

Eine neue Lebenswelt im Mittelalter war die Stadt. Seit dem 11. Jahrhundert gründeten Könige, Herzöge und Bischöfe verstärkt neue Städte, vor allem aus wirtschaftlichen Gründen. Wenn eine Siedlung das Stadtrecht* (Markt-, Münz- und Zollrecht) erhielt, konnte sie sich zu einem Produktions- und Handelszentrum entwickeln. Innerhalb der Stadt gab es große soziale und wirtschaftliche Ungleichheiten. Handel und Handwerk bestimmten das wirtschaftliche Leben. Die Herrschaft der Patrizier wurde seit dem 14. Jahrhundert durch die zunehmende Macht der Zünfte (Zunftkämpfe) eingeschränkt.

Das Bündnis der Hansestädte entwickelte sich zu einer bedeutenden wirtschaftlichen und politischen Institution.

In diesem Kapitel konntest du folgende Kompetenzen erwerben:

- die Ständeordnung und ihre religiöse Begründung erklären
- die Lebensbedingungen der Bauern, der Adligen, der Mönche und Nonnen sowie der Stadtbewohner beschreiben
- die Bedeutung der Landwirtschaft und die landwirtschaftlichen Neuerungen für die Menschen des Mittelalters erkennen
- den Landesausbau durch die Ostsiedlung erklären
- die Burg als „Mehrzweckbau" deuten
- die Bedeutung der Klöster darstellen
- die Entwicklungsmöglichkeiten der Bürger und Stadtbewohner bewerten
- Aufgaben der Zünfte erklären
- die Bedeutung der Hanse erklären
- **Methode:** Eine Bildquelle interpretieren
- **Methode:** Eine Exkursion durchführen

Folgende Begriffe hast du kennengelernt:

- Grundherrschaft
- Lehnswesen
- Hörige
- Frondienste
- Leibeigene
- Ostsiedlung
- Minne
- Stadtgründungen
- Stadtrechte
- Zünfte
- Hanse
- „Stadtluft macht frei"

1 **Partnerarbeit:** Wählt jeweils drei Begriffe aus und erklärt sie eurem Partner.

M 1 **Urkunde des Bischofs von Meißen für Siedler (1154):**

Ich habe tüchtige Männer aus Flandern an einem fast menschenleeren Platz angesiedelt, der Kürten heißt. Sie erhalten dieses Dorf mit 18 Hufen, mit bestellten und unbestellten Feldern, mit Fluren und Wäldern, Wiesen und Weiden, Gewässern und Mühle, Jagd und Fischerei zu ewigem und erblichem Besitz ... Von allen Erzeugnissen, außer Bienen und vom Flachs, sollen die Männer jährlich den Zehnten an mich zahlen. Vom Zoll sind sie in unserem Gebiet befreit. Ich befreie sie außerdem von jeder Besteuerung durch den Bischof, den Richter oder andere Leute.

*Zit. nach Rudolf Buchner, Ausgewählte Quellen zur deutschen Geschichte. Darmstadt (Wissenschaftliche Buchgesellschaft) 1967, S. 223f.***

M 2 *„Die Auswirkungen der guten Regierung auf Stadt und Land", Ausschnitt aus einem Wandgemälde von Ambrogio Lorenzetti im Rathaus von Siena in der italienischen Toskana, 14. Jahrhundert*

M 3

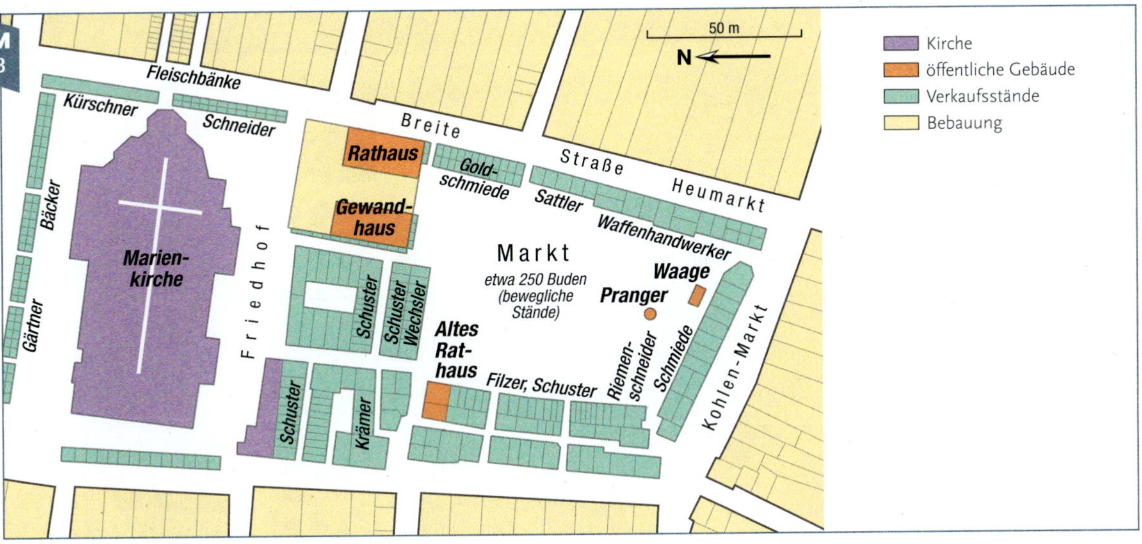

Der Markt von Lübeck, Anfang 14. Jahrhundert

M 4

Die Historikerin Petra Weigel über den wirtschaftlichen Erfolg des Zisterzienserordens (2007):
Das Prinzip der zisterziensischen Eigenwirtschaft ... beruhte auf klostereigenen Arbeitskräften, Laienbrüdern (= Konversen), die sowohl den klosternahen Grund- als auch weit ausgedehnten Streubesitz bewirtschafteten. Sie waren durch ein Gelübde an das Kloster gebunden, somit der Ordensdisziplin unterworfen, konnten jedoch nicht in den Mönchsstand aufsteigen. Die straff organisierte, kosteneffiziente Agrarwirtschaft der Zisterzienser erzeugte enorme Überschüsse ... Schon Ende des 12. Jahrhunderts begannen die Zisterzienser, ihre in den Satzungen niedergelegte Städte- und Handelsfeindlichkeit aufzugeben. So vertrieb Altzella seine Überschussproduktion an Getreide, Wein und Fisch auf den Märkten der aufstrebenden sächsischen Städte, wo das Kloster Stadthöfe als Lager- und Umschlagplätze errichtete. Aufgrund wirtschaftlicher Krisenerscheinungen, wie dem Mangel an Arbeitskräften, wurde die Eigenwirtschaft zunehmend unwirtschaftlich, sodass der Orden seit dem 13. Jahrhundert verstärkt Grundherrschaften erwarb; das Kloster Altzelle erlangte sogar die Herrschaft über zwei kleinere Landstädte.

Petra Weigel, Neue religiöse Gemeinschaften: Zisterzienser und Bettelorden. In: Matthias Meinhardt u. a. (Hg.), Mittelalter, München (Oldenbourg) 2007, S. 217

Methoden- und Interpretationskompetenz

1 Erstelle zu einem in Kapitel 3 behandelten Thema, das dich besonders interessiert, ein Lernplakat.

2 Stelle dir vor, Bäcker und Gärtner forderten, dass die Marktordnung verändert würde, ein rotierendes System eingeführt würde, um die Plätze zu tauschen (M3). Entwirf ein entsprechendes Streitgespräch der Zünfte vor dem Rat. Überlege dir, wie die einzelnen Zunftmeister argumentieren würden.

3 Beschreibe, wie der Künstler in M2 den Unterschied zwischen ländlichem und städtischem Leben im Mittelalter darstellte. Was unterschied die Stadt vom Land?

Geschichte darstellen

4 Stellt dar, welche Rechte der Bischof von Meißen den Siedlern gewährt, und überlegt, warum er das tut (M1).

5 Erläutere, welchen Zusammenhang die Verfasserin von M4 zwischen Kloster, Stadt und Grundherrschaft herstellt.

Geschichte heute

6 **Partnerarbeit: a)** Diskutiert, was für und was gegen die Durchführung von Mittelaltermärkten spricht.
b) Diskutiert, worin sich die Auswanderung von Siedlern im Mittelalter von der heutigen Migration unterscheidet.

cornelsen.de/webcodes
Code: ketiju
Selbsteinschätzungsbogen

4 Religionen und Kulturbegegnungen

Hungrige speisen und Fremde beherbergen – diese Motive wurden um 1200 an die Wand einer christlichen Taufkapelle in Italien gemalt. Diese „guten Taten", die Christen aus der Bibel herleiten, spielten in der mittelalterlichen Gesellschaft eine wichtige Rolle. Nicht nur für die Christen, genauso für die Juden und Muslime waren religiöse Werte wie die Nächstenliebe eine wichtige Orientierung im alltäglichen Leben.

Sieh dir die Personen an und denke an die Gesellschaft des Mittelalters: Welche realen Situationen könnten mit diesen Symbolbildern gemeint gewesen sein?
Sammelt euer Wissen: Spielen die abgebildeten „guten Taten" auch im Islam und im Judentum* eine Rolle?

Wandgemälde im Baptisterium des Doms von Parma, Anfang 13. Jh.

500 | 600 | 700 | 800 | 900 | 1000

Christentum wird Staatsreligion im Römischen Reich

Ausbreitung des Islam
Auszug Mohammeds aus Mekka

711
Eroberung der Iberischen Halbinsel durch muslimische Heere

754
Pippinsche Schenkung, Anfänge des Kirchenstaates

8.–10. Jh.
Gründung jüdischer Gemeinden in Mittel u. Westeuropa

1054
Spaltung in röm.-katholische u. orthodoxe Kirche

Ausbreitung des Christentums in Europa

Religionen und Kulturbegegnungen

Dass Menschen unterschiedlicher Religionen friedlich zusammenleben können, scheint uns heute normal. Aber ebenso alltäglich ist es, dass für viele Menschen Religion und Glaube keine Rolle mehr spielt. Das ist aber nicht überall auf der Welt so und war es auch nicht in der Geschichte.

Im Mittelalter waren die Menschen sehr religiös, unabhängig davon, ob sie Christen, Juden oder Muslime waren. Sie waren davon überzeugt, dass ihr Leben durch eine zentrale Kraft, ihren Gott, gelenkt würde. Sie glaubten, dass sie dessen Wohlwollen gewännen, wenn sie nach den Vorgaben handelten, die von Geistlichen vermittelt wurden. Deshalb war es für die Menschen ein wichtiger Prüfstein, ob ihr Handeln „gottgefällig" war – gleichgültig, ob es sich um etwas Alltägliches oder Lebenswichtiges, um eine Hilfeleistung, eine politische Entscheidung oder sogar die Tötung eines anderen handelte. Diese Vorstellung war allen drei Religionen gemeinsam. Einerseits ermöglichte sie es Christen, Juden und Muslimen, friedlich zusammenzuleben. Andererseits entstanden erbitterte und blutige Auseinandersetzungen zwischen den Religionen.

- Wie lebten Menschen verschiedener Religionen zusammen?
- Wie prägte ihre Einstellung zum Glauben ihren Alltag?
- Warum gab es Konflikte und welche Folgen hatten sie?

M 1

Die Ausbreitung von Judentum, Christentum und Islam von 750 bis 1200

1100 | 1200 | 1300 | 1400 | 1500 | 1600

1100–1300
Judenverfolgungen während d. Kreuzzüge

1348–1352
Judenpogrome während der Pest

1492/1497
Ausweisung der Juden aus Spanien u. Portugal

1517
Reformation

Kreuzzüge

M 2

Synagoge in Prag, erbaut im 13. Jh.

M 4

Moschee von Córdoba, erbaut 8.–10. Jh., heute christliche Kirche

M 3

Dom zu Meißen, erbaut ab 1260

1 Erarbeite die Informationen, die M1 bietet.
2 Finde die Orte M2–M4 auf der Karte M1.

Drei Religionen in Europa

Christentum, Judentum, Islam – diese drei Religionen waren die wichtigsten im mittelalterlichen Europa. Sie unterscheiden sich keineswegs so grundlegend, wie viele ihrer Führer behaupten: Juden, Christen und Muslime führen ihre Ursprünge auf Abraham zurück, sie glauben an einen einzigen Gott (Monotheismus) und legen ihrem Glauben eine heilige Schrift zugrunde.

- ***Auf den folgenden Seiten kannst du untersuchen, wie Glaube und Religion das Leben der Menschen im Mittelalter geprägt haben und welche Unterschiede es zwischen den Religionen gab.***

Wie breiteten sich Christentum, Judentum und Islam in Europa aus ?

Nicht nur im Glauben, sondern auch in der Geschichte der drei Religionen kann man Parallelen feststellen. Alle haben sich von einem Ursprungsland aus verbreitet:

- Juden gab es im Alterum seit dem Ende des 2. Jahrtausend v. Chr. hauptsächlich in Palästina, das im 1. Jahrhundert n. Chr. von den Römern erobert wurde. Nach einem jüdischen Aufstand gegen die Besetzer zerstörten die Römer im Jahr 70 n. Chr. Jerusalem und vertrieben die Bevölkerung. Die Juden siedelten sich über das Römische Reich verstreut an.
- Das Christentum verbreitete sich über die Jünger, die von Jesus von Nazareth (um 4 v. Chr.–31 n. Chr.) beauftragt worden waren, die Lehre in die Welt hinauszutragen. Im Römischen Reich gründeten sich immer mehr christliche Gemeinden, bis 391 n. Chr. das Christentum Staatsreligion wurde. Missionare* verbreiteten es in den folgenden Jahrhunderten unter den Völkern, die sich im Zuge der Völkerwanderung* in Europa und in den Gebieten des untergegangenen Römischen Reichs niederließen (siehe S. 48/49).
- Der Islam wurde von dem Propheten Mohammed (570–632 n. Chr.) gegründet. Seine Auswanderung aus Mekka nach Medina 622 wird als Gründungsdatum der neuen Religion angesehen. Schon zu seinen Lebzeiten verbreitete sich die Religion über die Arabische Halbinsel – und zwar auch mit militärischen Mitteln. Mohammeds Nachfolger setzten das fort und eroberten in weniger als hundert Jahren ein Weltreich, das im Osten bis an die Grenzen Indiens und Chinas reichte und im Westen bis ins heutige Spanien und Portugal.

M 1

Vorschlag für Stationenarbeit

Dieses Kapitel könnt ihr als Stationenarbeit bearbeiten. Fünf Themenbeispiele zeigen, wie Glaube und Religion den Alltag der Menschen im Mittelalter geprägt haben. Ihr könnt die Stationen allein oder mit einem Partner erarbeiten. Ihr bearbeitet die drei Pflichtstationen und eine der beiden Wahlstationen.

Mit dem Laufzettel (auf A4 kopieren!) könnt ihr euch orientieren und eure Ergebnisse notieren.

Laufzettel:

	Ergebnisse (Mit Datum der Bearbeitung versehen)	**Fiel mir leicht, weil ... Fiel mir schwer, weil ...**
Station 1: Der christliche Glaube, S. 132/133		
Station 2: Jüdisches Leben in der Diaspora, S. 134/135		
Station 3 (Wahl): Juden in sächsischen Städten, S. 136/137		
Station 4: Entstehung und Ausbreitung des Islam, S. 138/139		
Station 5 (Wahl): Al-Andalus, S. 140/141		

M 1

Gottesdienst im Berliner Dom, Foto, 2018

M 2

Feierliche Einsetzung zweier Rabbiner im Rahmen eines Gottesdienstes in der Leipziger Synagoge, Foto, 2010

M 3

Gebet in der Eyüp-Sultan-Moschee Istanbul, Foto, 2013

1 Beantworte zu den abgebildeten Gotteshäusern folgende Fragen:
- Wie ist der Innenraum aufgeteilt?
- Wie ist er geschmückt bzw. ausgestattet?
- Was für eine Atmosphäre, Stimmung erzeugt er?

2 Vergleiche die drei Bilder im Hinblick auf den Gottesdienst:
- Woran ist zu erkennen, dass ein Gottesdienst stattfindet?
- Wer nimmt an dem Gottesdienst teil und wer offensichtlich nicht?

Station 1: Der christliche Glaube: Die Menschen sind gottesfürchtig

Anders als heute prägte die Religion das Leben der Menschen im mittelalterlichen Europa. Das Christentum bestimmte sowohl das Weltbild als auch das tägliche Leben der Menschen: Nach dem christlichen Glauben lebte man in einer gottgewollten, unveränderlichen Ordnung, in der das Wohlergehen der Menschen von einem gottgefälligen Leben abhängig sei.

- ***Wodurch war der christliche Glaube bestimmt?***
- ***Wie wirkte sich der Glaube auf das Leben der Menschen aus?***

Der Mensch zwischen Himmel und Hölle

Im Mittelalter waren die Menschen vielfältigen Gefahren wie Naturgewalten, Krankheiten, Seuchen und Hungersnöten und kriegerischen Überfällen ausgeliefert. Früher hatten die Menschen zur Abwehr dieser Nöte und Schicksalsschläge Dämonen und Geister beschworen. Die christlichen Missionare und die christliche Kirche hatten sie dann gelehrt, dass es nur einen Gott gebe. Verstöße gegen seine Gebote bestrafe er mit Krankheiten und Missernten. Ein frommes Leben hingegen belohne er mit häuslichem Frieden.

Im Mittelpunkt der christlichen Glaubensvorstellung stand das himmlische Reich Gottes mit Jesus Christus, Maria als Mutter Gottes, den Engeln und den Aposteln. Diesen himmlischen Mächten und ihren Fürsprechern stand die Hölle mit den Teufeln und den Versuchungen zur Sünde gegenüber. Die Christen im Mittelalter glaubten, dass alle Menschen beim „Jüngsten Gericht“, das unmittelbar bevorstand, auferstehen würden. Jeder Einzelne wird vom Weltenrichter Christus nach seinem Lebenswandel entweder zur ewigen Glückseligkeit im Himmel oder zur ewigen Verdammnis in der Hölle bestimmt werden.

Die Welt als Schöpfung Gottes

Eng mit der christlichen Glaubensvorstellung vom Himmelreich Gottes hing auch die Vorstellung von der Erde nach der Lehre der christlichen Kirche zusammen. Nach den Worten der Bibel ist die Welt als Schöpfung Gottes in drei Teile unterteilt: Zwischen dem Himmelsgewölbe und der unterirdischen Hölle ist die Erde als Platz des Menschen angesiedelt. Sie wurde als eine auf dem unendlichen Ozean schwimmende Scheibe angesehen, in deren Mittelpunkt Jerusalem lag, das Zentrum der Christenheit. Jesus Christus als Sohn Gottes überragt und umfasst die ganze Erde.

M 1

Weltkarte aus einem englischen Gebetsbuch, um 1260

Lebenslauf und Jahreszeiten

Der christliche Glaube prägte nicht nur die Vorstellung vom Ablauf der gesamten Menschheitsgeschichte und die Vorstellung von der Welt. Auch die Lebenszeit des einzelnen Menschen wurde nach den von der christlichen Lehre vorgegebenen Lebensabschnitten unterteilt: Mit der Taufe wird der Mensch in die christliche Kirche aufgenommen, die Firmung wandelt ihn zum erwachsenen Christen, die Eheschließung heiligt die Gründung einer Familie und das Sterbesakrament markiert und erleichtert den Übergang vom irdischen zum ewigen Leben der vom Körper befreiten Seele.

Bei der Einteilung des Jahres orientierten sich die Menschen seit den frühen Hochkulturen am Lauf der Sonne und der aus Sonnenwende und Nachtgleichheit abgeleiteten Unterteilung in vier Jahreszeiten. Die mittelalterliche Kirche begründete den Jahreslauf dagegen nach Abschnitten in der christlichen Glaubenslehre: Das Kirchenjahr beginnt mit der Geburt Christi (Advent und Weihnachten). Seinen Höhepunkt hat es mit der Leidenszeit und der Auferstehung Christi (Fastenzeit, Karwoche, Ostern). Die Osterzeit endet mit dem Gedenken an die Himmelfahrt Christi und an die Sendung des Heiligen Geistes für die Jünger (Pfingsten). Mit diesem Kirchenjahr gab die Kirche zwar dem Jahreslauf einen neuen Sinn, konnte sich aber gegenüber der natürlichen Jahreszeiteneinteilung in Frühjahr, Sommer, Herbst und Winter nicht durchsetzen, die die Arbeiten in der Landwirtschaft bestimmte.

Mittelalterliche Pilgerreisen

Nach mittelalterlichem Glauben bereiteten Buße und gute Werke auf das Leben im Jenseits vor. Da man sich nichts zuschulden kommen lassen und einem Leben in der Hölle vorbeugen wollte, begaben sich viele Menschen auf eine Pilgerreise. Als Pilger (lat. pelegrinus = Fremder, Wanderer) ging man von der Hoffnung aus, dass sich an bestimmten, geheiligten Orten Gott offenbaren könnte. Jerusalem, Rom und das Grab des Apostels Jakobus im spanischen Santiago de Compostela zählten zu den bekanntesten heiligen Stätten, zu denen Christen pilgerten.

M2

Das Jüngste Gericht, Gemälde von Gherardo Starnina, um 1396/1401

1 Erkläre, vor welchen Gefahren sich die Menschen im Mittelalter fürchteten.

2 Im Mittelalter gab es viele tödliche Krankheiten. Eine davon war die Pest („der Schwarze Tod"), der von 1347 bis 1352 etwa 25 Millionen Menschen in Europa zum Opfer fielen. Schildere, wie sich die Menschen aufgrund des christlichen Glaubens diese Seuche erklärten (Darstellungstext).

3 Erarbeite mithilfe des Darstellungstextes und M1, wie sich die Menschen im Mittelalter die Erde vorgestellt haben.

4 **Methode:** Untersuche M2 mithilfe der Arbeitsschritte „Eine Bildquelle interpretieren" auf S. 91. Vergleiche mit dem Darstellungstext.

5 **Recherche:** Auch heute unternehmen viele Menschen eine Pilgerreise. Finde die häufigsten Ziele und Gründe heraus.

Station 2: Jüdisches Leben zwischen Duldung und Verfolgung

Das Judentum ist die älteste große Religion mit dem Glauben an einen einzigen Gott (Monotheismus*). Über eintausend Jahre lebten Juden in der Landschaft Judäa mit dem Zentrum Jerusalem. Nachdem die Römer 70 n. Chr. Jerusalem zerstört und die meisten Juden aus ihrem Land vertrieben hatten, lebten sie seit dem 5. Jahrhundert als Minderheit in den Ländern rund um das Mittelmeer in christlich oder muslimisch geprägten Städten.

- ***Welche Rolle spielten die Juden im Mittelalter in dieser christlich oder muslimisch geprägten Umwelt?***
- ***Welchen Gefahren und Bedrohungen waren sie ausgesetzt?***

M 1

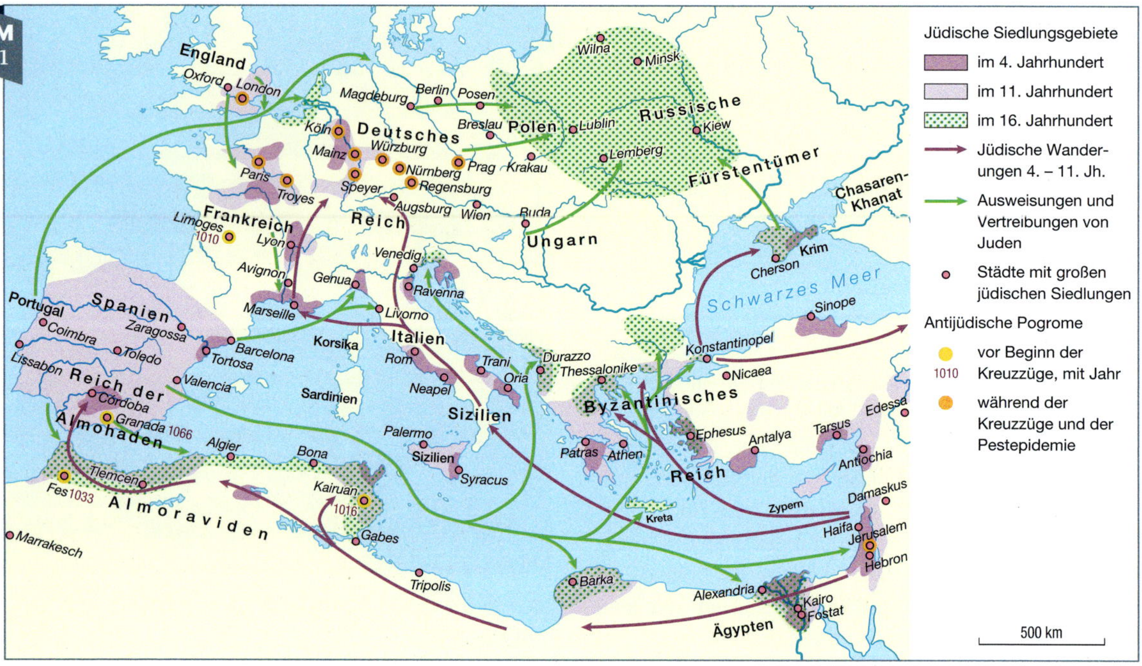

Jüdische Diaspora vom 5. bis 12. Jahrhundert

Leben in der Diaspora

Zwar lebten nach der Vertreibung seit dem 1. Jahrhundert n. Chr. weiterhin Juden in den römisch besetzten Gebieten, aber die meisten waren aus ihrer Heimat geflohen und lebten in der Diaspora* (= Zerstreuung). In vielen Ländern stieg seit dem 7. Jahrhundert die Zahl der nach West- und Mitteleuropa vertriebenen Juden und war so groß, dass sie in vielen Städten eigene Synagogen (= Versammlungsstätten) bauten, in denen sie ihre Gottesdienste feierten. Religiöser Leiter jeder Gemeinde war der Rabbiner, der die Thora* vorlas und erklärte, aber auch Streitigkeiten zwischen den Gemeindemitgliedern entsprechend der Überlieferung, aufgeschrieben im Talmud*, schlichtete. So gelang es den Juden, auch ohne Jerusalem als Mittelpunkt und ohne eigenen Staat, ihre Religion, ihre Lebensweise und Bräuche sowie die Zusammengehörigkeit über Jahrhunderte zu erhalten.

Geduldet, ...

Viele Juden ließen sich an Marktplätzen und in Städten an den wichtigsten europäischen Handelswegen nieder. Wegen ihrer Verbindungen zu den Juden in anderen Orten Europas und des Orients erhielten sie den Fernhandel aufrecht und nahmen wirtschaftlich, aber auch kulturell eine Mittlerrolle zwischen Ost und West, zwischen Muslimen und Christen ein. Seit Karl dem Großen wurden sie vom Kaiser, von Königen und Fürsten unter rechtlichen Schutz gestellt. Bis zum Ende des 11. Jahrhunderts lebten die Juden so weitgehend ungestört in christlicher Umwelt. Sie waren weitgehend gleichberechtigt, konnten ihre Religion und Kultur ausüben und waren keinen wirtschaftlichen Nachteilen ausgesetzt.

... verfolgt ...

Mit Beginn der Kreuzzüge begann sich das Verhalten gegenüber Juden zu wandeln. Von der Kirche wurde ihnen vorgeworfen, den Tod Jesu Christi verschuldet zu haben, christliche Hostien zu entweihen und Ritualmorde zu begehen. Es entstand eine weit verbreitete, religiös begründete Judenfeindschaft, die sich in grausamen Verfolgungen und der Vernichtung vieler jüdischer Gemeinden entlud. Die Ausgrenzung wurde seit dem 13. Jahrhundert beispielsweise in zunehmenden Kontaktverboten zwischen Christen und Juden, Verbot des Landbesitzes und Ausschluss aus Handwerksberufen deutlich. Um ihren Lebensunterhalt zu verdienen, blieb den Juden oft nur, sich in dem Gewerbe zu betätigen, das den Christen verboten war: das Verleihen von Geld gegen Pfand oder Zins.

Zu einer zweiten Welle grausamer Judenverfolgungen kam es in Europa während und nach der großen Pest 1347 bis 1352, dem „Schwarzen Tod". Die Juden wurden für die Entstehung der Seuche durch Brunnenvergiftungen verantwortlich gemacht. Die gewalttätigen Übergriffe auf jüdische Gemeinden ließen erkennen, dass nicht nur christliche Vorurteile und Fanatismus, sondern wirtschaftlicher Neid eine große Rolle bei der spätmittelalterlichen christlichen Judenfeindschaft spielten.

... und vertrieben

Zu Pogromen und Zwangstaufen kamen zunehmend Vertreibungen der Juden. Begonnen hatte damit England, das Juden 1290 auswies. Im 14. Jahrhundert folgten Ausweisungen aus Frankreich und vielen deutschen Landesherrschaften, bis schließlich Spanien und Portugal 1492 bzw. 1497 ihre zahlreichen jüdischen Gemeinden durch Ausweisung der Juden vernichteten. Und dort, wo keine größeren Vertreibungen stattfanden, wie z. B. in Italien, wurde der Aufenthalt der Juden auf bestimmte Städte und in vielen Städten wiederum auf Ghettos* beschränkt.

Die Juden aus West- und Mitteleuropa flohen vor den Verfolgungen vor allem in zwei Richtungen: Die Juden aus Mitteleuropa suchten eine neue Heimat in Osteuropa, die Juden aus Spanien flohen überwiegend in Gebiete des östlichen Mittelmeerraums.

M 2

Aus einem Katalog zur deutsch-jüdischen Geschichte (2002):

Im Vergleich zu anderen Bevölkerungsgruppen verfügten gerade die jüdischen Händler häufig über Kenntnisse, die für den Aufbau des Städtewesens und den Ausbau des Handels wichtig waren. Um das göttliche Gebot des Thorastudiums[1] zu erfüllen, lernten jüdische Kinder schon von alters her Hebräisch lesen, während die meisten Christen noch für Jahrhunderte Analphabeten[2] blieben. Die Lektüre des Talmud[3] mit seinen rechtlichen Regelungen zu Streitschlichtung und Gesetzesbruch, Maßen und Gewichten, Schadenersatz ... zu Astronomie, Geometrie und Medizin ... vermittelte auch wertvolle Kenntnisse für Handel und Gewerbe. Diese Kenntnisse machten sich die Fürsten gern zunutze. Juden waren als Ärzte ebenso geschätzt wie als Fernhändler und Seefahrer, die im 8. und 9. Jahrhundert eine wichtige Stellung im Mittelmeerhandel einnahmen und die königlichen Pfalzen und bischöflichen Paläste mit Gewürzen, Juwelen, Parfümen, Purpurkleidern und anderen Luxusgütern belieferten.

*Ingke Brodersen, Rüdiger Damman u. a. (Hg.), Geschichten einer Ausstellung. Zwei Jahrtausende deutsch-jüdische Geschichte, Berlin (Jüdisches Museum) 2002, S. 36**

[1] *Thora: Erste Teil der Heiligen Schrift des jüdischen Glaubens*
[2] *jemand, der nicht lesen und schreiben kann*
[3] *Lehrbuch zum jüdischen Glauben*

1 Beschreibe mithilfe des Darstellungstextes und M1 die Gebiete, in die Juden nach der Vertreibung aus Palästina flohen.

2 Erläutere das Leben der Juden mithilfe des Darstellungstextes in der Diaspora.

3 Stelle mithilfe von M2 eine Liste der Eigenschaften, Fähigkeiten und Kenntnisse zusammen, die Juden für die Fürsten in Europa schützenswert machten.

4 Nenne mithilfe des Darstellungstextes Begründungen, mit denen Juden in der Zeit der Kreuzzüge und während der Pest verfolgt wurden.

5 Finde durch Internetrecherche die Gründe heraus, die zu den Vertreibungen der Juden im Spätmittelalter führten.

cornelsen.de/webcodes
Code: pabono
Jüdisches Leben im Mittelalter

Wahlstation 3: Juden in sächsischen Städten im Mittelalter

In Spätmittelalter gab es in vielen Städten des Deutschen Reichs jüdische Gemeinden. Auch im heutigen Sachsen hatten die größeren Städte wie Dresden, Leipzig und Meißen, aber auch die kleineren Städte wie Freiberg, Görlitz und Plauen jüdische Gemeinden. Wie auch anderswo wechselten sich Zeiten des friedlichen Miteinanders mit Zeiten grausamer Verfolgung und Vertreibung ab. Auf dieser Seite kannst du untersuchen, welche Rolle die jüdische Bevölkerung in einigen Städten Sachsens spielte und wie sich dort das Verhältnis von Juden und Christen entwickelte.

Die jüdischen Gemeinden

Die Juden lebten – wie andere Fremde oder viele Handwerker einer Zunft – innerhalb der mittelalterlichen Stadt in einer Straße oder einem Viertel zusammen. Die Namen „Judengasse" oder „Judenberg" weisen diese Viertel in mittelalterlichen Stadtplänen aus. Bis ins 16. Jahrhundert gab es in sächsischen Städten noch keine Ghettos*, in denen die Juden leben mussten. Die Juden waren vielmehr weitgehend in die städtischen Gemeinden integriert und beteiligten sich an den gemeinschaftlichen Aufgaben wie Wachdiensten und der Stadtverteidigung.

Die Juden unterlagen besonderen rechtlichen, gesellschaftlichen und wirtschaftlichen Auflagen, die der Landesherr oder die christliche Kirche erlassen hatten. Eheschließungen zwischen Juden und Christen waren untersagt und auch viele berufliche Tätigkeiten, die sie bis zu Beginn des 12. Jahrhundert ausüben durften, wurden ihnen später verboten. So hatten sie z. B. zu den Zünften der Handwerker und Gilden der Händler keinen Zutritt. Innerhalb ihrer Gemeinden übten die Juden verschiedene Berufe aus. Sie arbeiteten als Lehrer, Rabbiner oder Krankenpfleger. Außerhalb ihrer Gemeinden arbeiteten Juden als Kleinhändler, Lumpensammler und Geldverleiher. Zu höheren Schulen und Hochschulen hatten Juden keinen Zutritt.

Ausgrenzung und Verfolgung

Im Laufe der nächsten zwei Jahrhunderte verschlechterten sich die Beziehungen zwischen jüdischen und christlichen Stadtbewohnern auch in Sachsen. Die Judenverfolgungen Mitte des 14. Jahrhunderts stellen dabei einen tiefen Einschnitt in dem Verhältnis von Juden und Christen dar. Ein Auslöser war die große Pestepidemie, die Sachsen 1349 erreichte. In vielen Städten Sachsens kam es zu gewaltsamen Angriffen auf Juden, die zur Vernichtung der jüdischen Gemeinden und Vertreibung ihrer Bewohner führten. Das konkrete Schicksal vieler Judengemeinden in Sachsen hing vom Verhalten des städtischen Rates und der Bürger ab. Oft waren die Gründe für Ausgrenzung und Verfolgung nicht religiöse Motive, sondern der Neid auf wirtschaftlich erfolgreiche Juden und die Geldnot der Landesherren und der Städte, die sich durch Einziehung des jüdischen Besitzes bereichern konnten.

---

1 Beschreibe mithilfe des Darstellungstextes das Leben von Juden in einer mittelalterlichen Stadt. Unterscheide nach Phasen der Förderung, Duldung und Verfolgung.
Tipp: Nimm S. 134/135 zu Hilfe.

2 Erläutere mithilfe des Darstellungstextes den Wandel des Zusammenlebens von Christen und Juden in einer mittelalterlichen Stadt.

3 **Gruppenarbeit:** In M1 wird das Schicksal von Juden in sechs Städten Sachsens geschildert.
a) Bildet Dreiergruppen und wählt eine Stadt aus.
b) Analysiert, wie sich das Leben der Juden in der ausgewählten Stadt verändert hat.
c) Bereitet einen Kurzvortrag vor, in dem ihr eure Ergebnisse vorstellt.

4 Vergleicht die Entwicklungen in den Städten und diskutiert, welche Gründe es für unterschiedliche Entwicklungen gab.

M 1

Zur Situation der Juden in sächsischen Städten im Mittelalter

a) Dresden: Erste Juden siedelten sich in Dresden nachweisbar im 11./12.Jahrhundert an ... Die Pestepidemie in der ersten Hälfte des 14.Jahrhunderts forderte auch in Dresden zahlreiche Opfer unter den Juden, die zur Fastnacht als angebliche Pestverursacher „gebrannt" wurden. Juden siedelten von ihrer Wiederaufnahme (1375) bis zu ihrer Vertreibung in der sog. Großen Judengasse (später Große Frauengasse) und in der Kleinen Judengasse (heutige Galeriestraße). Die Familien lebten vor allem vom Geld- und Pfandleihgeschäft. Der Magistrat übte im Auftrag der Landesherren den Judenschutz aus; verschiedene Steuern lasteten schwer auf den Familien. Die jüdische Besiedlung der Stadt Dresden endete schließlich 1430.

b) Freiberg: Bis ins beginnende 15. Jahrhundert hinein war Freiberg eine der Städte auf sächsisch-wettinischem Territorium mit einer bedeutenden jüdischen Ansiedlung. Die Juden lebten gut von ihren Handelsgeschäften, besonders ist in diesem Zusammenhang der Silberbergbau zu nennen. Das Rohsilber wurde von jüdischen Händlern über die Fernhandelswege auch in weiter entfernte Regionen gebracht ... Ihre weitgehende (rechtliche) Gleichstellung mit den christlichen Bewohnern und ihre nahezu ungehinderte Religionsausübung verdankten die hiesigen Juden der bereits 1265 erlassenen „Judenordnung" Heinrichs des Erlauchten ... Im Jahre 1411 wurden die Juden durch den damaligen Landesherrn aus Freiberg vertrieben. Ob rein wirtschaftliche oder auch religiöse Motive für ihre Vertreibung ausschlaggebend waren, kann nicht eindeutig nachgewiesen werden.

c) Görlitz: Görlitz war ein Haupthandelsplatz der gesamten Oberlausitz im ausgehenden Mittelalter und vermutlich bereits zu Beginn des 13.Jahrhunderts Siedlungsort für jüdische Familien. Unter König Johann von Böhmen erlangten die hier ansässigen Juden 1329 Schutz; seit 1344 ist eine „Judenschule" in Görlitz urkundlich nachweisbar. Wie in vielen deutschen Städten vertrieb man zur „Pest-Zeit" auch die in Görlitz lebenden Juden aus der Stadt; doch Jahre später kehrten sie wieder zurück. 1389 erteilte der regierende Herzog dem Görlitzer Rat das Privileg, die Stadt „judenfrei" zu halten; damit war ihre erneute Vertreibung und wirtschaftliche Ausplünderung verbunden; der jüdische Grundbebesitz – Synagoge und Friedhof – wurde konfisziert und ging ins Eigentum der Stadt über.

d) Leipzig: Eine jüdische Gemeinde hatte es in Leipzig schon seit Mitte des 13.Jahrhunderts gegeben; Urkunden aus dieser Zeit sprechen von einer jüdischen Siedlung mit Synagoge und Schule ... Über Verfolgung von Leipziger Juden während der Pestzeit ist nichts bekannt; aus anderen Städten vertriebene Juden sollen hier vorübergehend Zuflucht gefunden haben – allerdings gegen Zahlungen für ihren Schutz. Ab den 1360er-Jahren sollen sich einige wenige Familien hier niedergelassen haben, die mit Geldhandel und Pfandleihe ihr Leben bestritten. Profiteur der jüdischen Geldgeber war vor allem der Landesherr, der mit den ihm zur Verfügung gestellten Darlehen u.a. seine Kriege finanzierte. Seit Ende des 15. Jahrhunderts an lebten in Leipzig ... keine Juden mehr; sie hatten die Stadt verlassen müssen, weil der sächsische Kurfürst sie verfolgen ließ.

e) Meißen: Im Gebiet der späteren Mark Meißen hielten sich jüdische Kaufleute und Händler vermutlich bereits seit dem frühen Mittelalter auf; urkundlich nachweisbar sind sie seit dem 10. Jahrhundert; so sollen jüdische Fernhändler „heidnische Sklaven" aus slawischen Ländern bis nach Mittel- und Westeuropa gebracht haben. Im 13.Jahrhundert lebten jüdische Familien unter dem Schutz des Markgrafen Heinrich des Erlauchten in der Stadt Meißen; dieser gestand ihnen 1265 in einem Privileg die rechtliche Gleichstellung mit den Christen zu ... Anfang des Jahres 1349 fielen fast alle Juden Meißens dem Pestpogrom zum Opfer, was auf ausdrücklichen Befehl des Markgrafen Friedrich geschah. Als Dank für die Ermordung der Juden schenkte der Markgraf der Stadt Meißen den Judenberg.

f) Plauen: Nach 1340 existierte hier eine jüdische Gemeinde ... Über Verfolgungen in Plauen zur Zeit der Pestpogrome 1348/1349 liegen keine Angaben vor. Im Jahre 1361 erhielten die Plauener Juden einen kollektiven Schutzbrief von Kaiser Karl IV., König von Böhmen, der durch eine gemeinsame Steuer erkauft werden musste ... Der „Judenzins" wurde im Laufe der Jahre immer mehr erhöht. Dies war vermutlich auch der Grund, dass die meisten jüdischen Familien das Amt Plauen verließen.

*Klaus Dieter Alicke, Lexikon der jüdischen Gemeinden im deutschen Sprachraum. Gütersloh (Gütersloher Verlagshaus) 2008***

Station 4: Entstehung und Ausbreitung des Islam

Auf der Arabischen Halbinsel entstand mit dem durch den Propheten Mohammed begründeten Islam im 7. Jahrhundert nicht nur eine neue Religion, sondern auch das islamisch-arabische Reich, das sich innerhalb eines Jahrhunderts bis an den Himalaya im Osten und zu den Pyrenäen im Westen ausbreitete.

- ***Wo und wie entstand der Islam?***
- ***Warum und wie konnte er sich so schnell ausbreiten?***

M 1

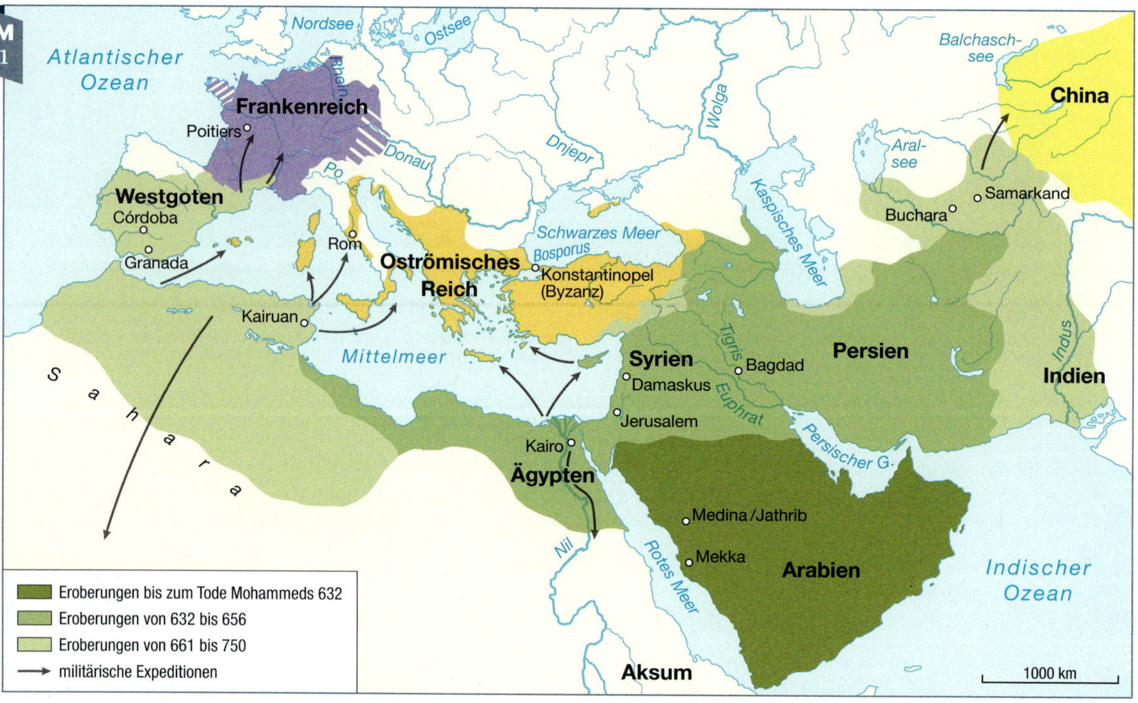

Die Ausbreitung des Islam im 7. und 8. Jahrhundert

Mohammed – Prophet des Islam

Der Islam geht auf Mohammed zurück, der 570 in Mekka (im heutigen Saudi-Arabien) geboren wurde. Er wurde 610 nach eigenen Berichten vom Erzengel Gabriel zum Verkünder (Propheten*) der neuen Religion berufen. Vorher war er als Kaufmann und Karawanenführer tätig und kam auf seinen Reisen mit Christen und Juden in Kontakt. Diskussionen mit den Anhängern dieser monotheistischen Religionen haben ihn stark beeinflusst.

Mohammed lehrte, dass es nur einen Gott gäbe. Er geißelte auch den Egoismus der reichen Kaufleute in Mekka und stieß deshalb auf ihre Ablehnung. Mohammed floh deshalb im Jahre 622 in die Stadt Medina. Innerhalb eines Jahrzehnts gelang es ihm, die erste muslimische Gemeinde („Umma") in Medina zur führenden Macht auf der Arabischen Halbinsel zu machen. Dabei kam es zu gewaltsamen Auseinandersetzungen mit seinen Gegnern, insbesondere mit den Bewohnern seiner Heimatstadt Mekka. Schließlich konnte Mohammed 630 als Sieger in Mekka einziehen. Dort ließ er alle Götterstatuen zerstören und machte die Kaaba zum zentralen muslimischen Heiligtum. Die Eroberung von Mekka wurde als „Anstrengung für den Glauben" (arabisch Dschihad*) bezeichnet. Mohammed sah sich als letzten Propheten in einer Reihe, die von Adam über Noah, Abraham, Moses und Jesus reichte. Die unter seinen Nachfolgern aufgeschriebenen Lehren des Koran*, des heiligen Buchs der Muslime, und die überlieferten Aussprüche Mohammeds (Hadithe*) bestimmen seither den Alltag der Muslime in aller Welt.

Die Verbreitung des Islam nach Mohammeds Tod

Nach Mohammeds Tod übernahm sein Freund und Schwiegervater Abu Bakr (573–634) als Kalif* die Herrschaft über die Gemeinschaft der Muslime. Die Anhänger Mohammeds waren in der Frage der rechtmäßigen Nachfolge uneinig. Dieser Streit verstärkte sich in den folgenden Jahrzehnten und führte zu einer Spaltung des Islam in zwei Lager – das der Sunniten und der Schiiten.

Den nachfolgenden Kalifen gelang es, die Stammeskriege der arabischen Familien zu beenden und sich gemeinsam für die Ausbreitung des Islam einzusetzen. Dies geschah mithilfe von Kriegen gegen das Oströmische Reich und gegen das Perserreich. Unter dem Ansturm arabischer Heere brach zuerst das Reich der Perser zusammen. Das christliche Nordafrika, das ehemals zum Oströmischen Reich gehört hatte, wurde islamisiert. Im Jahre 711 überquerten zum Islam übergetretene Berber* die Meerenge von Gibraltar und eroberten Teile der Iberischen Halbinsel. In Zentralasien endete die islamische Eroberung 751 nach einer unentschiedenen Schlacht gegen ein chinesisches Heer.

Der islamisch-arabische Vielvölkerstaat

Obwohl die islamischen Heere ihre Kriege zur Verbreitung ihrer Religion führten, zwangen die siegreichen Muslime die Unterworfenen nicht, zum Islam überzutreten. Juden und Christen durften ihre Religionen weiter ausüben, wenn sie eine Sondersteuer zahlten (siehe S. 140) und Benachteiligungen in Kauf nahmen. Auch wechselten nicht wenige Menschen in den eroberten Gebieten zum Islam.

In dem riesigen Reich, das die Araber errichteten, lebte eine Vielzahl von Völkern mit verschiedenen Sprachen, Religionen und Lebensgewohnheiten. Im 8. Jahrhundert wurde die Einheit dieses arabischen Vielvölkerstaates durch den Herrscher, den Kalifen in Damaskus und später in Bagdad, sichergestellt. Aber auch als die politische Einheit zerfiel, blieben noch viele Gemeinsamkeiten bestehen: Als einigendes Band existierten einerseits der gemeinsame Glaube an die Einheit und Einzigartigkeit Gottes als allmächtiger Schöpfer und andererseits die gemeinsame arabische Sprache als Sprache des Koran.

Die Religion Islam ist nicht mit dem „Islamismus" zu verwechseln. Islamisten benutzen den Islam und den Koran, um eine politische Ordnung nach ihren Vorstellungen zu errichten. In ihrem Fanatismus* versuchen sie, diese Ziele mit Terror und Gewalt zu erreichen.

M 2

Aus einem muslimischen Friedensvertrag (639):

Ihr erhaltet Schutz und wir verpflichten uns, euch zu verteidigen unter der Bedingung, dass ihr jedes Jahr für jeden erwachsenen Mann die dschizya[1] gemäß eurer Möglichkeiten entrichtet. Wenn wir irgendeinen von euch um Hilfe ersuchen, so gilt diese Hilfe anstelle der Bezahlung der dschizya. Die Bewohner erhalten Sicherheit für sich, ihren Besitz, ihre Religionen und ihre Gesetze. Alles wird beibehalten wie bisher, solange sie ihre Abgaben leisten, den Reisenden führen, guten Willen zeigen, den Muslimen Quartier geben und weder Spionage betreiben noch Verrat üben. Jeder, der bei ihnen wohnt, untersteht denselben Bestimmungen und jeder, der fortgeht, erhält freies Geleit, bis er in Sicherheit ist, jedoch nur unter der Bedingung, dass jeder, der einen Muslim beleidigt, streng bestraft wird und jeder, der einen Muslim erschlägt, vogelfrei ist.

*Bernhard Lewis, Der Islam von den Anfängen bis zur Eroberung von Konstantinopel, Bd. 1, übers. von Hartmut Fähndrich, Zürich/München (Artemis) 1982, S. 329**

[1] *Islamische Schutzsteuer, die jedem Nichtmuslimische unter islamischer Herrschaft auferlegt wurde*

1 Erläutere mithilfe des Darstellungstextes die wichtigsten Kennzeichen des Islam.

2 Erkläre mithilfe des Darstellungstextes, warum sich die reichen Kaufleute Mekkas gegen Mohammed wandten und warum Mohammed viele Anhänger aus der Unterschicht hatte.

Zusatzaufgabe: siehe S. 172

3 **Methode:** Untersuche M1 mithilfe der Arbeitsschritte „Eine Geschichtskarte auswerten" auf S. 33.

4 Beschreibe, welche Rechte und Pflichten in M2 den beiden Vertragspartnern auferlegt werden.

5 **Partnerarbeit:** Diskutiert das Verhältnis vom Islam zu Christentum und Judentum, wie es in den Materialien dieser Doppelseite zum Ausdruck kommt.

Wahlstation 5: Al-Andalus: Friedliches Zusammenleben der Religionen und Kulturen?

Die südspanische Provinz Andalusien ist heute ein beliebtes Reiseziel. Ihr Name leitet sich von Al-Andalus ab. Das ist das arabische Wort für die Iberische Halbinsel, auf der heute die Länder Spanien und Portugal liegen. Hier gab es im Mittelalter acht Jahrhunderte lang islamische Reiche. An diese Zeit erinnert eine Vielzahl von Bauwerken und Kunstschätzen.

- ***Wie erlangten und festigten die islamischen Herrscher ihre Macht auf der Iberischen Halbinsel?***
- ***Warum konnten dort Muslime, Christen und Juden friedlich zusammenleben und sich so die verschiedenen Kulturen austauschen?***

M 1

Blick ins Innere der Moschee von Córdoba. Sie wurde 786/87 erbaut und in der Folgezeit mehrfach erweitert. Nach der christlichen Eroberung 1236 wurden 63 Säulen aus dem Betsaal herausgebrochen, um eine große Kirche innerhalb der Moschee zu errichten.

Die Entstehung des Kalifats von Córdoba

Im Jahr 711 landeten islamische Truppen aus Nordafrika auf der Iberischen Halbinsel. Hier lebte das christlich geprägte Volk der Westgoten*. Unter ihnen lebten auch aus Palästina vertriebene Juden. Das Reich der Westgoten brach unter dem Ansturm der islamischen Heere zusammen. Die Bevölkerung der eroberten Gebiete akzeptierte schnell die neuen Herren, da diese keinen Wechsel zum Islam forderten und mehr Wohlstand erwarten ließen.

Unter dem Kalifen Abd-al-Rahman III. (919–961) und seinen Nachfolgern erlebte das Kalifat Córdoba als Zentrum der arabischen Herrschaft in Andalusien eine Blütezeit, wovon heute noch zahlreiche Bauwerke vor allem in den Städten Córdoba, Sevilla und Granada Zeugnis ablegen. Córdoba entwickelte sich mit über 100 000 Einwohnern nicht nur zur größten Stadt Westeuropas, sondern auch zu einer der prachtvollsten Städte der Welt – nur Konstantinopel, Bagdad und Xi'an in China konnten sich mit ihr messen. Den Einwohnern Córdobas standen 50 Krankenhäuser, 300 Bäder, 20 öffentliche Bibliotheken und 80 öffentliche Schulen zur Verfügung. Die Straßen waren gepflastert, wurden nachts mit Fackeln erleuchtet und ständig vom Abfall gereinigt.

Religiöse Vielfalt und Kulturaustausch

Muslime, Juden und Christen lebten zwar weitgehend getrennt, aber überwiegend friedlich miteinander. Wie der Islam waren auch das Christen- und Judentum monotheistisch. Außerdem gab es auch in diesen beiden Religionen eine heilige Schrift – bei den Christen die Bibel und bei den Juden Thora und Tanach. Die Angehörigen beider Religionen besaßen unter der islamischen Herrschaft einen Schutzstatus und wurden Dhimmis (Schutzbefohlene) genannt. Für diesen Schutz zahlten sie eine besondere Kopfsteuer. Um diese Steuer zu sparen, traten viele Christen zum Islam über. Einige Christen waren auch vom arabischen Wohlstand und vom Wissen fasziniert. Für die etwa 200 000 Juden bot die islamische Herrschaft in Spanien persönliche Freiheit und die Möglichkeit wirtschaftlicher Entfaltung. Sie arbeiteten als Kaufleute, Architekten, Kunsthandwerker und Berater am Hof der Kalifen. Besonders jüdische Ärzte und Wissenschaftler genossen ein hohes Ansehen.

In Al-Andalus kam es auch zu engen kulturellen Kontakten. Hier übersetzte man Werke der antiken griechischen Philosophen aus dem Arabischen ins Lateinische. Unbestritten war auch der Vorsprung der Araber in den Naturwissenschaften und der Medizin.

M 2

Die Alhambra (arab. al-hamra = die Rote), Burg, Palaststadt und Regierungssitz islamischer Herrscher in Granada. Erbaut und erweitert in der Zeit vom 9. bis zum 14. Jh. Sie gilt als Beispiel für die islamische Baukunst in Europa und gehört heute zum UNESCO-Weltkulturerbe.

M 3

Der Rechtsgelehrte Abu Yusuf (731–798) schrieb zur Stellung der Dhimmis:

Lass das Land, welches Gott dir als Beute gewährt hat, in den Händen seiner Bewohner, und auferlege ihnen ... die Kopfsteuer ... und verteile sie unter die Muslime. Sie[1] sollen das Land bebauen, denn sie verstehen mehr davon und sind uns darin überlegen. Keiner, weder du noch die Muslime bei dir, darf sie als Beute betrachten und sie verteilen, weil zwischen dir und ihnen Friede geschlossen wurde und du von ihnen, nach Maßgabe ihrer Möglichkeit, Kopfsteuer erhebst ... Wenn du ihnen also die Kopfsteuer auferlegst, so hast du keine Ansprüche gegen sie und keine Rechte über sie. Hast du dir überlegt, was den Muslimen nach uns bliebe, wenn wir sie [als Sklaven] nähmen und sie verteilten? Bei Gott, die Muslime fänden niemanden, mit dem sie reden oder aus dessen Hände Arbeit sie Nutzen ziehen könnten. Die Muslime werden (von der Arbeit) jene(r) Menschen zehren, ... denn sie sind die Diener der Muslime, solange der Islam siegreich ist.

*Zit. nach Bernard Lewis (Hg.), Der Islam von den Anfängen bis zur Eroberung von Konstantinopel, Bd. 2, übers. von Hartmut Fähndrich, Zürich/München (Artemis) 1982. Bearb. d. Verf.***

[1] *gemeint sind die Nicht-Muslime*

M 4

Über den Einfluss des Kulturaustausches in der Landwirtschaft (1999):

In Recemunds[1] Kalender finden wir die früheste Erwähnung einer Reihe von Feldfrüchten, die von den Arabern in Spanien eingeführt wurden: Dazu gehören Reis, Zuckerrohr, Auberginen, Wassermelonen und Bananen. Einige davon waren von Bewässerung abhängig. Der Reis zum Beispiel war eine Spezialität der Gegend um Valencia, wo es bereits hoch entwickelte Bewässerungssysteme gab ... Auch zahlreiche andere neue Feldfrüchte, die Recemund nicht nennt, die aber in anderen Quellen des 10. und 11. Jahrhunderts erwähnt sind, wurden angebaut, so beispielsweise Hartweizen, Baumwolle, Spinat, Artischocken, Orangen, Zitronen und Limonen ... Insbesondere die Bewässerung verlängerte die Vegetationszeit[2] des Jahres – auf gut bewässertem Land kann man ... vier Gemüseernten im Jahr erzielen – und mildert die Abhängigkeit von unvorhersehbaren Faktoren wie dem Wetter.

*Zit. nach Richard Fletcher, El Cid, übers. von Martin Pfeiffer, Weinheim u. a. (Beltz Quadriga) 1999, S. 32f. Bearb. d. Verf.***

[1] *christlicher Bischof, der die islamische Kultur annahm*
[2] *Zeit, in der die Pflanzen wachsen*

1 Beschreibe die Eroberung der Iberischen Halbinsel durch die islamischen Herrscher (Darstellungstext).

2 Stelle mithilfe des Darstellungstextes, M1, M2 und M4 dar, wie Muslime, Christen und Juden in Al-Andalus voneinander profitierten.

3 Charakterisiere die Stellung von Christen und Juden in Al-Andalus, indem du ihre Pflichten und Rechte in einer Tabelle gegenüberstellst (Darstellungstext, M3).

Zusatzaufgabe: siehe S. 172

4 **Partnerarbeit:** Diskutiert die Aussage: „Christen und Juden wurden von den Muslimen toleriert, aber nicht als gleichberechtigt akzeptiert.“
Tipp: Haltet Argumente, die dafür und dagegen sprechen, schriftlich in einer Tabelle fest.

cornelsen.de/webcodes
Code: quvuye
Die arabische Kultur in Spanien

Die Kreuzzüge: Krieg zwischen Christen und Muslimen

Am Beispiel Al-Andalus wurde deutlich, dass Christen und Muslime friedlich mit- und nebeneinander leben konnten. Trotzdem kam es Ende des 11. Jahrhunderts zu einem Krieg zwischen Christen und Muslimen, dem ersten Kreuzzug. Weitere Kreuzzüge sollten bis ins 13. Jahrhundert folgen.

- ***Warum kam es zum ersten Kreuzzug (1095–1099) und wie verlief er?***

Krieg aus christlichen Motiven?

Im Herbst 1095 wandte sich Papst Urban II. im französischen Clermont in einer Predigt an eine große christliche Menschenmenge (siehe S. 144 M2). Er beklagte, dass Christen im Byzantinischen Reich und in der Heiligen Stadt Jerusalem von Muslimen bedrängt und angegriffen worden seien. Jerusalem war für die Christen von großer Bedeutung. Dort wurde Jesus gekreuzigt und ist wieder auferstanden. Von der Hilfe für den byzantinischen Kaiser versprach sich der Papst, dass seine Bemühungen, die katholische und die orthodoxe Kirche wieder zu vereinen, unterstützt würden. Die Lage im Heiligen Land hätte kein Eingreifen erfordert. Die Pilger konnten zumeist ungehindert nach Jerusalem ziehen. Die arabischen Herrscher duldeten auch die christlichen Kulte an den Pilgerstätten. Dass der Kreuzzugaufruf eine Welle der religiösen Begeisterung auslöste, ist auch darauf zurückzuführen, dass der Papst den Kreuzfahrern den Nachlass von zeitlichen Sündenstrafen zusicherte.

Aus christlicher Sicht waren Kriege gerechtfertigt, wenn die Angegriffenen damit zur „rechten Lehre" zurückgeführt wurden. Am ersten Kreuzzug beteiligten sich viele Menschen. Die Gründe waren religiöse Sehnsüchte und Hoffnungen, zum Beispiel auf den Erlass aller Sünden. Andere Teilnehmer flohen vor sozialen und wirtschaftlichen Problemen in ihrer Heimat. Die Menschen, die im Kampf für den Glauben starben, bezeichnete die Kirche als Märtyrer*.

Wie verlief der erste Kreuzzug?

Der erste Kreuzzug bestand aus zwei Strömen, dem des einfachen Volkes und dem der Ritter*. Am „Volkskreuzzug" nahmen u. a. Handwerker, Arme, Frauen sowie Kinder teil. Sie zogen unzureichend ausgestattet hauptsächlich zu Fuß entlang der Flussläufe von Rhein und Donau nach Konstantinopel, wo sie über den Bosporus nach Asien übersetzten.

Der Zug der armen Leute glich jedoch eher einer Räuberbande. Auf ihrem Weg ins Heilige Land plünderten sie die Judenviertel einiger Städte, brannten sie nieder und brachten deren Bewohner um. Sie rechtfertigten dies damit, dass die Juden Jesus hingerichtet hätten. Auf dem asiatischen Kontinent wurde der „Volkkreuzzug" durch muslimische Reiterheere im Herbst 1096 vernichtend niedergeschlagen.

Im Vergleich dazu verlief der Kreuzzug der Ritter geordnet. Unter der Leitung von mehreren, vor allem französischen Fürsten gelangten sie auf unterschiedlichen Wegen nach Konstantinopel und von dort über den Bosporus auf den asiatischen Kontinent. Hier vereinigten sie sich im Frühjahr 1097 und begannen mit der Eroberung von Gebieten. Dabei hatten sie den Vorteil, dass es den islamischen Machthabern aufgrund von Streitigkeiten nicht gelang, eine gemeinsame Armee zu bilden.

Die Eroberung Jerusalems 1099

Von den Rittern erreichte ein Drittel nach über zwei Jahren Jerusalem. Sie eroberten die Stadt und richteten ein Blutbad unter den Muslimen an. Auch die anschließende Gründung von Kreuzfahrerstaaten* im Nahen Osten forderte viele Opfer unter der muslimischen, aber auch jüdischen Bevölkerung. Die Zeit der Kreuzritter* währte allerdings nicht lange: Zwischen 1265 und 1291 wurden sie wieder aus den eroberten Gebieten vertrieben.

Feindbilder und Erfahrungen

Während der Kreuzzüge dienten Feindbilder dazu, Hass und Kampfbereitschaft zu schüren. Feindbilder gab es auf christlicher und auch auf muslimischer Seite.

Es ist dennoch belegt, dass es in den Kreuzfahrerstaaten zwischen Christen und Muslimen häufig zu Verträgen und friedlichen Kontakten, sogar zu engen Freundschaften kam. Aber in den Quellen ist auch von religiösen und kulturellen Gegensätzen die Rede. Während der Kreuzzugsbewegung setzte sich in der Kirchenlehre die Auffassung durch, dass Muslime nicht allein wegen ihres Glaubens angegriffen werden dürften. Vielmehr ginge es um den Schutz der heiligen Stätten und den Einsatz für die Kirche.

Kreuzzüge

Im weiteren Sinne ist unter einem Kreuzzug ein von der Kirche im Mittelalter geförderter Kriegszug gegen Heiden (Ungläubige) und Ketzer (vom rechten Glauben Abgewichene) zu verstehen. Ziel war die Ausbreitung oder Wiederherstellung des katholischen Glaubens. Vom Ende des 11. bis zum Ende des 13. Jahrhunderts waren die Kreuzzüge kriegerische Unternehmungen, um das Heilige Land zu erobern. In der Kreuzzugsidee verband sich der Gedanke der Pilgerfahrt und des Kampfes gegen die Heiden mit dem Ziel, das Heilige Grab in Jerusalem zu befreien. Militärische Gewalt und der Opfertod wurden dabei als Akt der Buße gerechtfertigt.

M 1 *Die Kreuzritter stürmen 1099 Jerusalem, Buchmalerei, 1460*

M 2

In den Jahrbüchern von Würzburg notierte ein unbekannter Verfasser (1146):

Es erhoben sich nämlich einige falsche Propheten, die mit nichtigen Worten die Christen verführten und mit hohlen Predigten das ganze Menschengeschlecht antrieben, wegen der Befreiung Jerusalems gegen die Sarazenen[1] zu ziehen. Ihre Predigt hatte so große Wirkung, dass sich Bewohner aller Regionen ... freiwillig zum gemeinsamen Opfergang anboten ... Aber ihre Absichten waren verschieden. Einige Neugierige zogen los, weil sie neue Gegenden besuchen wollten. Andere zwang die Armut; weil es bei ihnen zu Hause knapp zuging, kämpften sie, um der Armut abzuhelfen ... Andere wurden von Schulden bedrückt oder wollten die ihren Herren geschuldeten Dienste verlassen oder hatten wegen Verfehlungen Strafen zu erwarten.

*Würzburger Annalen zum Jahr 1147, MGH SS 16, S. 3. Übers. d. Verf.**

[1] *Bezeichnung der Christen für die Muslime*

M 3

Aus der Autobiografie des Emirs Usam ibn Munquid (1095–1188), um 1185:

Bei den Franken [den Kreuzfahrern] – Gott schicke sie ins Verderben – gibt es keine treffliche Eigenschaft der Menschen, die sie schätzen, außer Tapferkeit im Kampf; keiner hat bei ihnen eine bevorzugte Stellung oder hohen Rang, außer den Rittern: Sie sind die einzigen, die etwas bei ihnen gelten ... Bei den Franken findet man keinerlei Ehrgefühl oder Eifersucht. Wenn einer von ihnen mit seiner Frau auf der Straße geht und einen anderen trifft, nimmt der die Frau bei der Hand und zieht sie beiseite, um mit ihr zu sprechen, während ihr Mann dabeisteht und wartet, bis sie ihre Unterhaltung beendet hat.

*Zit. nach Francesco Gabrieli (Hg.), Die Kreuzzüge aus arabischer Sicht, Zürich/München (Artemis) 1973, S. 115f., 119**

1 Arbeite aus dem Darstellungstext die Ursachen für den ersten Kreuzzug heraus.

2 Nenne anhand des Darstellungstextes und M2 Motive zur Teilnahme am ersten Kreuzzug.

3 Überprüfe mithilfe eines Atlanten den Weg des „Volkskreuzzuges“ von Köln (am Rhein) bis zum Bosporus (die Meerenge bei Istanbul).
Tipp: Berechne die zurückgelegten Kilometer.

4 **Wähle eine Aufgabe aus:**
a) Beschreibe das Verhalten der Kreuzritter bei der Eroberung Jerusalems (M1).
b) Fasse das Verhalten der Kreuzritter bei der Eroberung Jerusalems zusammen (Darstellungstext).

5 Analysiere, was dem Emir an den Europäern auffällt (M3). Erörtere, welche Rückschlüsse sich daraus auf Sitten und Gebräuche bei den Arabern ziehen lassen.

cornelsen.de/webcodes
Code: pofecu
Die Kreuzzüge

Ein historisches Urteil bilden

Im Geschichtsunterricht wird von dir oft verlangt, dass du etwas beurteilst oder bewertest – du sollst ein Urteil fällen.

- ***Bilde dir mithilfe der Arbeitsschritte ein eigenes Urteil zu der Frage: Papst Urban II. ruft zum Kreuzzug auf – ein gerechtfertigter Aufruf zu einem Krieg?***

M 1

Aufruf Papst Urbans II. zum Kreuzzug, Holzschnitt, 1480. Auf dem Spruchband steht: „Deus vult" (lat. „Gott will es").

Wie fällt man ein Urteil?

Urteilen bedeutet zunächst, eine Frage oder ein Problem zu diskutieren, um dann begründet Stellung zu nehmen. Dafür ist es wichtig, aus Quellen oder Darstellungen unterschiedliche Sichtweisen, Meinungen, Einschätzungen, Aussagen, Argumente und Positionen herauszuarbeiten. So wird ein „historisches Sachurteil" gebildet. Dies wird von dir verlangt, wenn in einer Aufgabe der Begriff „beurteile" steht. Danach ist es dir möglich, dich selbst zu der Frage oder dem Problem zu positionieren, dir eine eigene Meinung zu bilden und diese zu begründen – du fällst ein historisches Werturteil. Das wird von dir erwartet, wenn in der Aufgabe der Begriff „bewerte" steht.

M 2

Der Aufruf zum Kreuzzug

Papst Urban II. (Amtszeit: 1088–1099) hielt 1095 in der französischen Stadt Clermont-Ferrand eine Rede. Ihr Inhalt wurde von dem Mönch Robert von Reims (1055–1122) zwölf Jahre später aufgeschrieben:

Ihr Volk der Franken, ihr Volk nördlich der Alpen, ihr seid ... Gottes geliebtes und auserwähltes Volk ... Aus dem Land Jerusalem und der Stadt Konstantinopel kam schlimme Nachricht und drang schon oft an unser Ohr: Das Volk im Perserreich, ein fremdes Volk, ein ganz gottfernes Volk, eine Brut von ziellosem Gemüt und ohne Vertrauen auf Gott, ... hat die Länder der dortigen Christen besetzt, durch Mord, Raub und Brand entvölkert und die Gefangenen teils in sein Land abgeführt, teils elend umgebracht ... Wem anders obliegt nun die Aufgabe, diese Schmach zu rächen, dieses Land zu befreien, als euch? Euch verlieh Gott mehr als den übrigen Völkern ausgezeichneten Waffenruhm, hohen Mut ... Wenn euch zärtliche Liebe zu Kindern, Verwandten und Gattinnen festhält, dann bedenkt, was der Herr im Evangelium[1] sagt: ... Jeder, der sein Haus, Vater, Mutter, Gemahlin, Kinder und Äcker um meines Namens willen verlässt, wird Hundertfältiges erhalten und ewiges Leben haben ... Kein Besitz, keine Haussorge soll euch fesseln. Denn dieses Land, in dem ihr wohnt, ist ... von Meeren und Gebirgszügen umschlossen und von euch beängstigend dicht bevölkert. Es ... liefert seinen Bauern kaum die bloße Nahrung. Daher kommt es, dass ihr euch gegenseitig beißt und bekämpft ... Aufhören soll unter euch der Hass ... Tretet den Weg zum Heiligen Grab[2] an, nehmt das Land dort dem gottlosen Volk, macht es euch untertan! ... Jerusalem ist der Mittelpunkt der Erde, das fruchtbarste aller Länder ... Der Erlöser der Menschheit hat es durch seine Ankunft verherrlicht, ... durch sein Grab ausgezeichnet. Diese Königsstadt ... erbittet und ersehnt Befreiung.

*Zit. nach Arno Borst, Lebensformen im Mittelalter, Frankfurt a. M./Berlin (Ullstein) 1979, S. 318 ff. Bearb. d. Verf.**

[1] *Teil der Bibel*
[2] *gemeint ist das Grab von Jesus*

Arbeitsschritte „Ein historisches Urteil bilden“

Eine Leitfrage formulieren	**Lösungshinweise zu M2**
1. Welche Frage(n) soll(en) beantwortet werden?	• *Papst Urban II. ruft zum Kreuzzug auf – ein gerechtfertigter Aufruf zu einem Krieg?*
Informationen zur Quelle und deren Inhalt erfassen	
2. Wer war der Autor/die Autorin der Quelle/der Darstellung?	• *der Mönch Robert von Reims (1055–1122)*
3. Wann und wo wurde die Quelle/die Darstellung geschrieben?	• *zwölf Jahre nach der Rede Papst Urbans II. und acht Jahre nach der Eroberung Jerusalems 1099: im Jahr 1107*
4. An wen war der Text gerichtet?	• *Vermutung: Robert von Reims wollte die Rede Papst Urbans II. von 1095 der Nachwelt übermitteln.*
5. Was ist die Hauptaussage des Textes? (Arbeite die Positionen, Argumente und Meinungen zur Leitfrage aus der Quelle/der Darstellung heraus.)	• *Der Papst verweist darauf, dass die Heilige Stadt Jerusalem durch Muslime ... Weiterhin sagt er, dass die Christen dort ...*
Ein historisches Sachurteil bilden	
6. Welches Interesse verfolgt der Autor und wie ist der Inhalt der Quelle/der Darstellung zu beurteilen (z. B.: was wollte der Redner erreichen)?	• *Robert von Reims, der uns diese Rede überliefert hat, ...* • *Der Redner (Papst Urban II.) möchte, ...*
7. Wie würden die Zeitgenossen aus ihrer Zeit heraus die Leitfrage beantworten und wie begründen sie dies?	• *Der Aufruf von Papst Urban II. zum Kreuzzug und Krieg ist gerechtfertigt, da ...*
8. Wie könnte die Leitfrage aus einer anderen Perspektive anhand von weiteren Quellen und/oder Darstellungen beantwortet werden (z. B. unterschiedliche Sichtweisen von Beteiligten)?	• *Ein Muslim der Zeit könnte darauf verweisen, dass Christen und Muslime z. B. in Al-Andalus ...*
Ein historisches Werturteil bilden	
9. Wie würdest du aus heutiger Sicht die Leitfrage beantworten?	• *Ich bin der Meinung, dass ...*

1 Beurteile und bewerte mithilfe von M2 und der Arbeitsschritte, inwiefern der Aufruf des Papstes zum Krieg gerechtfertigt war. Ergänze die Lösungshinweise an den entsprechenden Stellen (...).

2 a) Beschreibe M1.
b) Erkläre, warum die Zuhörer vermutlich so begeistert von den Worten des Papstes waren und „Gott will es!“ riefen.
Tipp: Der Papst ist nach dem christlichen Glauben der Stellvertreter Gottes auf Erden.

3 Begründe, warum das Dargestellte in M1 vermutlich so nicht stattgefunden hat.
Tipp: Beachte die Entstehungszeit der Rede M2 und des Holzschnitts M1.

Vielfalt ist auch anstrengend

Seit vielen Jahren gibt es Diskussionen über das Zusammenleben von Christen und Muslimen in Deutschland. Die Auseinandersetzung hat sich in den letzten Jahren im Zusammenhang mit islamfeindlichen Demonstrationen immer mehr zugespitzt. Bundespräsident Frank-Walter Steinmeier forderte in zahlreichen Reden zum friedlichen Dialog von Christen und Muslime auf.

M 1

Rede von Bundespräsident Frank-Walter Steinmeier zum Festakt von „40 Jahre Christlich-Islamische Begegnungs- und Dokumentationsstelle“ am 19. Oktober 2019:

„Ich bin Deutsche und Muslima“, „Ich bin Deutscher und Muslim“ – diese beiden Sätze sind für Millionen von Menschen in unserem Land Teil ihres Selbstverständnisses und, mehr noch als das, täglich gelebte Wirklichkeit. Diese Menschen leben mit ihren Familien hier, arbeiten hier, zahlen Steuern, ziehen ihre Kinder groß, engagieren sich in Vereinen und politischen Parteien, kurz und in meinen Worten: Sie gehören dazu! Sie alle sind Teil einer Vielfalt, wie wir sie leben im Deutschland des 21. Jahrhunderts. Und wir haben miteinander lernen müssen: Vielfalt ist nicht tägliches Straßenfest, Vielfalt ist auch anstrengend. Das Zusammenleben von Menschen unterschiedlicher Herkunft und religiöser Prägung ist, wie könnte es auch anders sein, nicht konfliktfrei und wird nicht von jedem als bereichernd empfunden ... Probleme müssen auf den Tisch, wir müssen gemeinsam nach Lösungen suchen, müssen Regeln unseres Zusammenlebens definieren und, wo nötig, auch klare Grenzen ziehen. Klare Grenzen gegenüber all denjenigen, die im Namen ihrer Religion Verfassung und Rechtsstaat in Frage stellen. Und klare Grenzen gegenüber all denjenigen, die Menschen allein aufgrund ihres religiösen Glaubens verdächtigen, ausgrenzen oder diskriminieren. Jeder Mensch kann seinen Glauben im Rahmen der verfassungsmäßigen Ordnung leben. Religion ist Teil der Ordnung der Freiheit, für die das Grundgesetz steht. Dennoch können wir nicht die Augen vor der Tatsache verschließen, dass gerade Menschen muslimischen Glaubens vielerorts mit Vorbehalten, ja Ablehnung und offenem Hass begegnet wird. Einer Haltung, die viel mit Unwissen und Vorurteilen zu tun hat, aber auch mit der mangelnden Bereitschaft aller Seiten, ernsthaft ins Gespräch zu kommen ...
Von jeder Religionsgemeinschaft müssen wir in unserer Gesellschaft mindestens zwei Dinge erwarten: Erstens, dass sie sich selbst befragt – auch darüber, wie die Erwartungen und Verpflichtungen ihrer Glaubenssätze mit dem Zusammenleben in dieser freiheitlichen Gesellschaft mit anderen zusammengehen. Und zweitens, dass sie eine kritische Befragung durch den Anderen, den Andersgläubigen oder den Nichtgläubigen, zulässt und sich als gesprächsfähig erweist.

*Zit. nach http://www.bundespraesident.de/SharedDocs/Reden/DE/Frank-Walter-Steinmeier/Reden/2018/10/181019-40Jahre-CIBEDO.html (Stand: 16. 12. 2018)**

M 2

Mohammed diskutiert mit christlichen Mönchen, persische Buchmalerei, um 1594

1 Erläutere, wodurch nach Bundespräsident Steinmeier (M1) das Leben von Muslimen in Deutschland heute gekennzeichnet ist.
2 Beschreibe, welche Regeln nach M1 Christen und Muslime einhalten müssen, um ein friedliches Zusammenleben zu gewährleisten.
3 **Partnerarbeit:** Diskutiert M1 angesichts von islamfeindlichen Demonstrationen in Deutschland. Berücksichtigt dabei M2 und was ihr über das Zusammenleben von Christen und Muslimen im Mittelalter erfahren habt.

500	600	700	800	900	1000	1100	1200	1300	1400

6./7. Jh. Europa wird christianisiert

7./8. Jh. Ausbreitung des Islam

711 Eroberung der Iberischen Halbinsel durch muslimische Heere

12.–14. Jh. Blütezeit der jüdischen Gemeinden in Deutschland, Pogrome, v. a. während der Kreuzzüge und der Pestepidemie 1348–1452

8.–11. Jh. Friedliches Zusammenleben von Muslimen, Juden und Christen in Al-Andalus

seit 5. Jh. Einwanderung vertriebener Juden aus Palästina in West- u. Mitteleuropa

Kreuzzüge

622 Flucht Mohammeds aus Mekka

1095 Kreuzzugspredigt Papst Urbans II.

Religionen und Kulturbegegnungen

Für die Menschen im Mittelalter war der Glaube ein wichtiger Bestandteil ihres Alltags, und die Frage, ob sie ein gottgefälliges Leben führten, war sehr wichtig. Christentum, Judentum und Islam – diese drei wichtigsten Religionen im mittelalterlichen Europa unterschieden sich keineswegs grundlegend, wie ihre Führer behaupten: Christen, Juden und Muslime führen ihre Ursprünge auf den Stammvater Abraham zurück, sie glauben an einen einzigen Gott (Monotheismus) und legen ihrem Glauben eine heilige Schrift zugrunde. Und doch gab es im mittelalterlichen Europa Ausgrenzungen, Verfolgungen und kriegerische Auseinandersetzungen zwischen den Menschen der unterschiedlichen Religionen. Die Frage, welcher Glaube der „rechte" sei, war schon zwischen Juden und Christen umstritten. Sie gewann noch an Bedeutung mit der Ausbreitung des Islam im 7. und 8. Jahrhundert. Eine Antwort darauf zu finden, erweist sich bis in die Gegenwart hinein als schwierig und führt immer wieder zu Auseinandersetzungen, ja Kriegen zwischen Religionsgemeinschaften. Dabei ging und geht es allerdings in der Regel nicht nur um Meinungs- oder Auslegungsunterschiede, sondern vor allem um politische Machtansprüche und wirtschaftliche Rivalitäten.

Das Beispiel Al-Andalus zeigt, dass das friedliche Miteinander, das Verschmelzen verschiedener Traditionen und Kulturen gewinnbringend sein kann – für die Zeitgenossen und die Nachwelt. Das Beispiel Naher Osten dagegen, der bereits im Mittelalter durch „heilige" Kriege erschüttert wurde, lässt heute erkennen, wie schwierig es ist, Traditionen von Diskriminierung und Ausgrenzung positiv zu durchbrechen.

1 Wie geht die Geschichte in M1 wohl weiter? Denke dir einen Schluss aus.

M 1

Der reiche Mann und sein Ring

Viele mittelalterliche Erzählungen handeln von der Frage, welche Religion die „wahre" sei. Der italienische Dichter Giovanni Boccaccio (1313–1375) erfand dazu folgende Geschichte:

Saladin, der muslimische Herrscher von Babylon, brauchte dringend Geld. Er wandte sich an den Geldverleiher Melchisedech, einen Juden. Saladin wollte nicht ohne Grund Gewalt anwenden, aber war sicher, dass der ihm nicht helfen würde. Deshalb griff er zu einer List. Er bat Melchisedech, ihm zu sagen, welche der drei Religionen er für die wahre halte. Melchisedech erkannte sofort, dass es sich um eine Fangfrage handelte, die ihn entweder in Konflikt mit seinem Glauben bringen oder das Leben kosten würde. Da erzählte er Saladin Folgendes: Vor langer Zeit lebte ein reicher Mann, dessen wertvollster Besitz ein Ring war. Damit dieser seiner Familie erhalten bliebe, bestimmte er, dass in jeder Generation der Ring auf den Sohn vererbt werden sollte, der dem Vater dazu geeignet erschien. Die anderen Söhne sollten ihn als den vornehmsten ehren. So geschah es lange Zeit. Doch dann musste ein Mann zwischen seinen drei Söhnen, die ihm alle gleich lieb waren und die alle den Ring wollten, wählen. Er versprach jedem den Ring und ließ diesen heimlich nachmachen. Die Kopien waren so gut, dass er selbst das Original kaum erkannte. Als er starb, gab er heimlich jedem der Söhne einen Ring, nach seinem Tod beanspruchten alle das Erbe und das Vorrecht des Rings ...

Nacherzählt v. Verfasser

In diesem Kapitel konntest du folgende Kompetenzen erwerben:

- die Bedeutung des Glaubens bzw. der Religion für die mittelalterlichen Menschen beurteilen
- Gemeinsamkeiten und Unterschiede der drei Weltreligionen nennen
- Anhand der Kreuzzüge die Konfrontation von Religionen untersuchen und den eigenen Standpunkt begründen.
- **Methode:** Ein historisches Urteil bilden

Folgende Begriffe hast du kennengelernt:

- Jüngstes Gericht
- Monotheismus
- Diaspora
- Pogrom
- Ghetto
- Schwarzer Tod
- Prophet
- Kalif
- Koran
- Kreuzzüge
- Dschihad
- Fanatismus

1 Wähle eine Aufgabe aus:

a) Suche dir drei Begriffe aus und erkläre sie mit eigenen Worten.

b) Ordne die Begriffe den drei Religionen Christentum, Judentum und Islam zu.

Tipp: Zuordnung zu mehreren Religionen ist möglich.

M 2

Kaiser Akbar diskutiert mit muslimischen Gelehrten und christlichen Mönchen, Buchillustration aus dem indischen Mogulreich, 16. Jahrhundert

M 1

Der Priester Albert von Aachen über die Vorkommnisse in Mainz (1101):

Die Juden dieser Stadt aber ... flohen in der Hoffnung auf Rettung zum Bischof Ruthard. ... Der Bischof nahm eine ganz unerhörte Menge Geldes aus den Händen der Juden entgegen und legte es in sorgsame Verwahrung ... Die Juden selbst versammelte er zum Schutze ... im geräumigsten Saale seines Hauses und dort blieben sie auch in sicherer und wohlbefestigter Unterkunft heil und unverletzt. Aber [die Kreuzritter] griffen sie mit Pfeilen und Lanzen ... im bischöflichen Saale an, ... überfielen die Juden ..., die vergebens dem Ansturm von so vielen Tausenden Widerstand zu leisten suchten, trieben sie heraus und machten sie alle nieder. ... Die Juden aber, da sie nun sahen, wie die Christen sich gegen sie und ihre Kinder erhoben und kein Alter verschonten, ergriffen nun gegen sich selbst und ihre Glaubensbrüder die Waffen, gegen die eigenen Kinder und Weiber, Mütter und Schwestern ... Denn sie wollten alle lieber von eigenen Händen als durch die Waffen der Unbeschnittenen[1] fallen.

*Zit. nach Peter Milger, Die Kreuzzüge. Kriege im Namen Gottes, Bielefeld (Bertelsmann) 1988, S. 119. Bearb. d. Verf.***

[1] *Nichtjuden*

M 3

Ein Muslim, ein Jude und ein Kreuzritter treffen mit dem christlichen Dichter Wolfram von Eschenbach (Mitte) zusammen, Buchillustration, um 1270

M 4

Der libanesisch-französische Autor Amin Maalouf kam, nachdem er die Kreuzzüge aus arabischer Sicht im Jahr 2006 untersucht hatte, zu folgendem Urteil:

Die arabische Welt – gleichzeitig fasziniert wie entsetzt über diese Franken, die sie als Barbaren erlebt und besiegt hatte, die es aber dann fertiggebracht hatten, die Welt zu dominieren – bringt es nicht über sich, die Kreuzzüge als reine Episode der Vergangenheit zu betrachten. Das Ausmaß, in dem die Haltung der Araber (und der Muslime allgemein) dem Westen gegenüber noch immer von Ereignissen, die als vor etwa 700 Jahren abgeschlossen gelten, geprägt ist, ist häufig überraschend ... Es kann keinen Zweifel geben, dass die Spaltung dieser beiden Welten sich von den Kreuzzügen herleitet.

Amin Maalouf, The Crusades through Arab Eyes, Paris (Saqi), 2006, S. 265f. Übers. aus d. Engl. von Sylvia Semmet

Methoden- und Interpretationskompetenz

1 Wähle eine Aufgabe aus:

a) Formuliere mit einem Partner/einer Partnerin mindestens vier Fragen zu der Karte S. 128. Schreibt auch die richtigen Antworten auf. Anschließend könnt ihr euch gegenseitig befragen.

b) Bildet Vierergruppen. Bringt M3 zum Sprechen, indem ihr Personen über das Zusammenleben der Religionen reden lasst.

Geschichte darstellen

2 Erläutere die in M1 beschriebenen Ereignisse. Ziehe auch die Informationen auf S. 134–137 heran.

3 Nimm Stellung zum Verhalten der Juden in M1.

4 Formuliere schriftlich die Bildaussage von M2. Nutze die Arbeitsschritte „Eine Bildquelle interpretieren“ auf S. 91.

Geschichte heute

5 Erkläre, wie das Wort „Kulturbegegnungen“ in der Kapitelüberschrift zu verstehen ist. Beurteile, ob es Parallelen in der Gegenwart gibt.

6 Erläutere, zu welchem Urteil der Verfasser von M4 kommt.

Vorschlag für die Auswertung des Stationenlernens S. 130–141:

- Fasse die für dich wichtigsten Erkenntnisse aus den einzelnen Stationen jeweils auf einer Karteikarte in Einzelbegriffen oder Halbsätzen zusammen. Eine Karteikarte sollte nicht mehr als fünf Begriffe oder Spiegelstriche enthalten.
- Stellt euch in Gruppen zu drei oder vier Personen eure Karten bzw. Begriffe vor. Markiert die Begriffe, die mehrfach vorhanden sind. Besprecht auch die unterschiedlichen Ergebnisse.

cornelsen.de/webcodes
Code: hanodi
Selbsteinschätzungsbogen

Erziehung heute, im Alten Ägypten und im antiken Griechenland

Ein Ziel von Erziehung und Bildung ist heute bei uns die mündige, gleichberechtigte Teilhabe aller Bürgerinnen und Bürger an Politik, Wirtschaft und Gesellschaft. Um jedem Kind und Jugendlichen dafür die seinen Anlagen entsprechenden optimalen Bedingungen zu ermöglichen, gibt es ein gegliedertes staatliches Schulsystem von der Vorschule über die allgemeinbildende Schule und Berufsschule bis zur Universität. „Gleiche Bildungschancen für alle" – über diese auch bei uns noch nicht immer eingelöste Forderung hätten die Menschen in der Antike und im Mittelalter verständnislos den Kopf geschüttelt. Bildung war bis ins 19. Jahrhundert ein Vorrecht bevorzugter und begüterter Gesellschaftsschichten. In diesem Längsschnitt kannst du erarbeiten,

- *welche Maßstäbe an die Erziehung und Bildung von Kindern und Jugendlichen in der Antike und im Mittelalter gelegt wurden,*
- *wie Bildung und Erziehung in der Antike und im Mittelalter organisiert wurden.*

Erziehung im Alten Ägypten

Im Alten Ägypten war die Familie eine Kleinfamilie wie heute, die aus den Eltern und ihren Kindern bestand. Innerhalb dieser Familie waren die Rollen der Eltern bei der Erziehung klar verteilt: Die Mutter kümmerte sich um die Betreuung und Erziehung der Kleinkinder und später um die Ausbildung der Mädchen. Der Vater war für die Erziehung der Söhne zuständig. Richtiges Verhalten in der Gesellschaft sollte der Sohn lernen und dem Vater bei der Arbeit helfen. Der Vater lehrte seinen Sohn die Tätigkeiten, die er selbst von seinem Vater erlernt hatte.

Nur die Kinder von wohlhabenden Familien erhielten ab dem siebten Lebensjahr eine Schulausbildung. Der Unterricht fand in Palast- und Tempelschulen statt, in denen die Lehrer nicht nur Schreiben und Lesen, sondern auch Mathematik, Geometrie und Astronomie unterrichteten. Am wichtigsten war jedoch Schreiben und Lesen, denn nur wer diese Fähigkeiten beherrschte, konnte einen angesehenen Beruf erlernen. Kinder einfacher Familien mussten dagegen ab dem siebten Lebensjahr auf dem Feld arbeiten oder ihr zukünftiges Handwerk erlernen. Der Anteil der ägyptischen Bevölkerung, der Lesen und Schreiben konnte, betrug insgesamt nicht mehr als fünf Prozent der Gesamtbevölkerung.

Erziehung und Bildung in der griechischen Polis

In Athen und ganz besonders in Sparta wurden Kinder sehr viel strenger erzogen als im Alten Ägypten. Der Hausherr hatte z. B. in der Polis Athen nahezu unbeschränkte Gewalt über sie. Er bestimmte, ob ein Kind

M 2 Eine Historikerin schreibt über den Schulunterricht in Ägypten:

Ab 2000 v. Chr. wurden mehrere Schüler gemeinsam von einem Lehrer erzogen. Dieser, ein in seinem Beruf ausgebildeter Mann, ein Maler, ein Beamter, ein Priester, war niemals Berufslehrer … Die Stätte des Unterrichts war meist ein schattiger Platz unter freiem Himmel. Dort saßen die Schüler mit untergeschlagenen Beinen im „Schreibersitz". Auf den Knien hatten sie die Schreib- oder Lesetafel, eine handgroße Scherbe aus Kreide, neben sich den Griffelkasten.

*Emma Brunner-Traut, Die alten Ägypter. Verborgenes Leben unter den Pharaonen, Stuttgart (Kohlhammer) 1976, S. 74ff.**

M 3 Der Bildungshistoriker Franz-Michael Konrad schreibt über die griechische Schule:

Die Schule ist erst bei den Griechen aus dem Schatten der bloßen Berufsvorbereitung herausgetreten, denn in Griechenland galt die planvolle Unterweisung möglichst aller frei geborenen Heranwachsenden männlichen Geschlechts als Teil der politischen Kultur und als Voraussetzung zum Erfolg der demokratischen Regierungsform.

*Franz-Michael Konrad, Geschichte der Schule, Von der Antike bis zur Gegenwart, München (C. H. Beck) 2012, S. 11f.**

M 1 *Unterrichtsszene, athenische Schale, um 400 v. Chr. Am Bildrand rechts sitzt ein Erzieher, der den Schüler zum Unterricht begleitet hat.*

nach der Geburt angenommen wurde oder man es aussetzen sollte. Er entschied über die Erziehung, die Berufswahl und die Eheschließung.

Wie in Ägypten lag die Erziehung der Kinder bis zum siebten Lebensjahr in den Händen der Mutter oder – in reichen Familien – einer Amme. Nach der Vollendung des siebten Lebensjahres blieben die Mädchen meist in der Obhut der Mutter und wurden von ihr in die häuslichen Tätigkeiten eingeführt und so auf die Ehe vorbereitet. Manche Töchter erhielten von einem Privatlehrer Unterricht in Lesen, Schreiben, Tanzen und Musizieren.

Der Schulbesuch war in Athen ein Vorrecht von Jungen, die aus Familien mit Bürgerrecht stammten. Der Schulbesuch war nicht kostenlos, das Schulgeld war jedoch so niedrig, dass auch ärmere Bürger ihre Jungen zur Schule schicken konnten. Die Jungen besuchten ab dem siebten Lebensjahr für drei bis vier Jahre die Elementarschule, in der sie Lesen, Schreiben, die Grundrechenarten und Musik lernten. Die Erzählungen griechischer Dichter mussten sie auswendig lernen.

Die wohlhabenderen Familien Athens sorgten dafür, dass ihre Söhne danach eine Ausbildung im Gymnásion erhielten, wie ursprünglich die Sporthalle und später allgemein die weiterführende Schule genannt wurde. Neben Gymnastik standen hier Arithmetik, Geometrie, Astronomie, Philosophie und Gesprächsführung (Dialektik) auf dem Stundenplan. Schließlich gab es für die reichen Jugendlichen auch noch den sehr teuren Unterricht in Rhetorik, um auf Volksversammlungen überzeugend reden zu können. Die Schulbildung im Gymnasium dauerte bis zum 18. Lebensjahr. Danach galt der junge Mann als erwachsen und musste zwei Jahre lang Militärdienst für die Polis leisten. In der Blütezeit der Polis Athen um 400 v. Chr. konnten etwa 15 bis 20 Prozent der Bevölkerung lesen und schreiben.

In der Polis Sparta wurden die Jungen im siebten Lebensjahr der Familie weggenommen. Sie mussten in eine militärische Gemeinschaft, in eine Horde, eintreten. Die musisch-literarische Bildung trat in Sparta ganz zurück hinter Körperkultur und militärischen Drill. Gehorsam gegenüber Befehlen, Unterordnung und bedingungsloser Kampfeinsatz für den Staat waren die Ziele der spartanischen Erziehung. Körperliche Züchtigung mit der Peitsche erfolgte selbst bei geringfügigen Vergehen.

1 Im Alten Ägypten wurden die Schüler von Lehrern unterrichtet, die zusätzlich einen anderen Beruf ausübten (M2). Nenne mögliche Vor- und Nachteile dieser Regelung.

2 Betrachte M1 und beschreibe, welchen Unterricht die Schüler bekommen. Erläutere, welches Verständnis von Bildung deutlich wird.

3 Stelle mithilfe des Darstellungstextes, M2 und M3 die wichtigsten Merkmale der Erziehung im Alten Ägypten und in Griechenland in Stichworten gegenüber und vergleiche die Erziehung.

4 Beschreibe mithilfe des Darstellungstextes die Erziehung von Jungen in Sparta. Überlege, warum sie sich so grundlegend von den Erziehungszielen in Athen unterschied.

Erziehung und Bildung im Römischen Reich

Heute gibt es die Schulpflicht und der Staat ist für das Bildungswesen zuständig. Ganz anders als in der Antike: Wie im antiken Griechenland war auch im Römischen Reich die Erziehung und Ausbildung der Kinder Privatsache und vom Vermögen der Familie abhängig. Doch anders als in der Polis Athen gab es in Rom ein gemeinsames Verständnis der römischen Oberschicht darüber, woran sich Erziehung und Bildung der Kinder orientieren sollten: am vorbildhaften Leben der Vorfahren, am Pflichtgefühl und am Einsatz für den römischen Staat.

- ***Wie sollten diese Ziele erreicht werden?***

Frühkindliche Erziehung und Elementarschulen

Noch mehr als im antiken Griechenland hatte im Römischen Reich der Vater, der pater familias, ein nahezu unbeschränktes Bestimmungsrecht über alle Mitglieder der Familie. Er bestimmte, ob ein Kind in die Familie aufgenommen oder ausgesetzt wurde (siehe S. 16). In den ersten Lebensjahren fand die Erziehung in der Familie statt. Verantwortlich für die Erziehung war bei den ärmeren Familien die Mutter, bei wohlhabenden Familien sorgten Ammen oder Sklavinnen für die Kinder. War die Sklavin eine Griechin, so wuchsen die Kinder zweisprachig auf.

Die Ausbildung der Mädchen war ganz darauf ausgerichtet, sie auf die Ehe und die Führung eines großen Haushaltes vorzubereiten. Allerdings gingen nicht nur Jungen, sondern auch Mädchen vom siebten bis elften Lebensjahr in die Elementarschule, wo sie gegen ein Schulgeld Lesen, Schreiben und Rechnen lernten. Die Lehrer der Elementarschulen waren meist nicht sehr gebildet und betrieben die Schule – oft in ärmlichen Läden oder in der Ecke einer Markthalle – als Privatunternehmer, die ihre Bezahlung von den Vätern ihrer Schülerinnen und Schüler erhielten. Lehrer waren häufig freigelassene Sklaven, denen die Schüler mit Verachtung begegneten. Um sich durchzusetzen, griffen die Lehrer deshalb häufig zur Prügelstrafe. Nach dem Besuch der vierjährigen Elementarschule, die etwa die Hälfte der Jungen und Mädchen in Rom besuchte, war für die meisten Jugendlichen die Schulzeit zu Ende.

Grammatik- und Rhetorikschulen

Ganz anders als in den Elementarschulen ging es in den teuren weiterführenden Privatschulen zu, die von Jungen ab dem zwölften Lebensjahr besucht wurden. In diesen Grammatik- und Rhetorikschulen wurde die griechische Sprache, griechische und römische Literatur und römische Geschichte unterrichtet. Vor allem ging es darum, Sitten und Gebräuche der Vorfahren und Ahnen zu lernen und in der eigenen Lebensführung umzusetzen. Besondere Bedeutung hatte der Unterricht in der Kunst der freien Rede. Hierdurch wurden die jugendlichen Römer auf eine Karriere als Beamter, Politiker oder Offizier vorbereitet.

Kinder reicherer Familien gingen oft nicht in die öffentlichen Schulen, sondern hatten zu Hause einen Hauslehrer. Häufig waren dies gebildete Sklaven aus Griechenland. Um die Ausbildung seiner Söhne kümmerte sich auch der Vater selbst. Die Söhne begleiteten ihn zu Versammlungen, nahmen an seinem Tagesablauf teil und lernten durch sein Beispiel. Die Söhne wurden mit 16 Jahren volljährig und damit römische Bürger. Bevor sie einen Beruf ergriffen, mussten die meisten jungen Männer einen Militärdienst ableisten.

M 1

Römisches Kind schreibt auf einer Wachstafel, Relief, 3. Jh. n. Chr.

M 2

Privatlehrer mit römischen Schülern, Relief aus Neumagen an der Mosel, 2./3. Jh. n. Chr.

M 3

Der französische Historiker Jérome Carcopino schrieb über den Unterricht in den römischen Elementarschulen:

Der Unterricht begann früh am Morgen, ging pausenlos bis zum Mittag durch, wurde unter dem Vordach eines Ladens abgehalten, ständig umbrandet vom Straßenlärm, von dem ihn lediglich eine Zeltplane trennte. Die gesamte Ausstattung bestand aus einem Stuhl für den Lehrer, Bänken oder Schemeln für die Schüler, einer schwarzen Tafel, Schreibtäfelchen und einigen Rechenbrettern. Der Unterricht ging das ganze Jahr hindurch und wurde nur an Markttagen und während der Sommerferien ausgesetzt.

*Jérome Carcopino, Rom – Leben und Kultur in der Kaiserzeit, übers. v. Wilhelm Niemeyer, Stuttgart (Reclam) 1977, S. 155**

M 4

In einer Untersuchung über Bildung und Erziehung im alten Rom heißt es über die Erziehung der Jungen:

Die Verinnerlichung der mores maiorum[1] sowie die Vermittlung praktisch anwendbaren Wissens standen im Vordergrund der Jungenerziehung ... Der Vater lehrte, was der entsprechende Beruf erforderte, ebenso, was die Gesellschaft von einem Mann erwartete. Für den Beruf konnten handwerkliche Tätigkeiten Lerninhalt sein, aber auch Schreiben, Lesen, Rechnen und Buchführung. Der intellektuelle Anteil der Erziehung war jedoch insgesamt sehr gering. Selbst in gehobenen Kreisen fanden Wissenschaft und Künste noch keinerlei Anerkennung.

Zur gesellschaftlichen Ausbildung zählte auch die Unterweisung im Sport. Dabei galt Sport jedoch nicht als Zeitvertreib, vielmehr wurden Disziplinen gefördert, die militärischen Charakter hatten und später für den Militärdienst nützlich sein würden.

Mit ungefähr 16 Jahren sollte die elterliche Erziehung des jungen Mannes abgeschlossen sein. Die Vorbereitung für sein Leben als pater familias mit der Verantwortung, politische und militärische Aufgaben als Staatsbürger wahrzunehmen, war beendet.

*Sina Timm, Bildung und Erziehung im alten Rom, zit. nach https://www.grin.com/document/314057 (Stand: 17.12.2018)**

[1] *lat., wörtliche Übersetzung: „Sitten der Vorfahren", römische Tugenden wie Standhaftigkeit, Tüchtigkeit, Verlässlichkeit, Tugendhaftigkeit*

1 Beschreibe mithilfe des Darstellungstextes das Aufwachsen eines römischen Kindes von der Geburt bis zum 11. Lebensjahr.

2 Erläutere mithilfe des Darstellungstextes und M1 bis M4 den Unterschied zwischen den Elementarschulen und den Grammatik- und Rhetorikschulen.

3 Wähle eine Aufgabe aus:

a) Vergleiche den Unterricht in einer römischen Elementarschule (M3) mit der heutigen Grundschule.

b) Nimm zu den Erziehungszielen Stellung, die in M4 beschrieben werden.

Erziehung und Bildung im Mittelalter

Anders als heute war das Leben der Menschen im europäischen Mittelalter vom christlichen Glauben geprägt. Es ist deshalb nicht erstaunlich, dass Erziehung und Bildung nach den Geboten des christlichen Lehre und der Bibel erfolgte und Bildung in den Händen der christlichen Kirche lag.

- ***Wie wirkte sich dies auf die Erziehung aus?***

M 1

Aushängeschild eines Schulmeisters, Gemälde von Hans Holbein, 1516

Klosterschulen als Bildungseinrichtungen für Adlige

Das Kloster war im Mittelalter ein Ort der Bildung. Mönche und Nonnen waren oft die einzigen, die Lesen und Schreiben konnten. In den Klöstern schrieben sie antike Schriften ab, viele Klöster hatten große Bibliotheken mit wertvollen Büchern zur Glaubenslehre, Geschichte, Medizin und Rechtskunde. Oft verfassten Mönche und Nonnen auch selbst Schriften. Klöster waren im Früh- und Hochmittelalter deshalb die einzigen Orte, in denen Lesen, Schreiben, die lateinische Sprache und ein gottgefälliges Leben vermittelt werden konnten. Aus der Notwendigkeit, die ins Kloster eintretenden Mädchen und Jungen (Novizen) zu lese- und schreibfähigen Nonnen und Mönchen auszubilden, entstanden Klosterschulen, in denen bald auch auswärtige Schüler unterrichtet wurden (siehe S. 106). Adlige brachten ihre Kinder für eine gewisse Zeit in einem Kloster unter, wo sie Singen und Beten, Lesen und Schreiben sowie Rechnen und Latein lernten und auf ein Leben als adliger Grundherr, Ritter oder sogar Landesfürst vorbereitet wurden. In den Klosterschulen erhielten auch viele berühmte Gelehrte des Mittelalters ihre „Grundausbildung".

Stadtschulen für Handwerker- und Bürgerkinder

Eine geregelte Schulausbildung gab es bis ins Spätmittelalter in Deutschland nicht. Erst ab dem 13. Jahrhundert verbesserte sich in den Städten das Schulwesen. Es entstanden erste sogenannte Stadtschulen hauptsächlich für die Kinder von Handwerkern und Händlern. Obwohl es keine Schulpflicht gab, schickten immer mehr Eltern ihre Kinder auf diese Schulen, bevor sie eine Lehre begannen. Mit der zunehmenden Bedeutung der Geldwirtschaft, dem aufblühenden Fernhandel, in den Handwerkszünften und in den neuen Stadtverwaltungen wuchs die Bedeutung der Schrift und der Grundrechenarten, um Aufträge, Rechnungen und Verträge schreiben und Geschäftsbücher führen zu können. Die Stadtschulen vermittelten eine Elementarbildung in Lesen, Schreiben und Rechnen. Ganz wichtig war das Lesen in der Bibel. Einzelne Bibelverse sowie Kirchenlieder und Gebete mussten auswendig gelernt werden. Die Unterrichtsräume waren oft in Kellern untergebracht und von außen nur durch ein Schild wie an Wirtshäusern gekennzeichnet. In der Klasse wurden Kinder aller Altersstufen gleichzeitig unterrichtet. Der Rat der Stadt bestimmte über die Einstellung der Lehrer und trug einen Teil der Kosten. Den Lehrer mussten aber die Eltern bezahlen.

Häufig erhielt der Lehrer statt Geld Lebensmittel als Lohn. Waren die Eltern sehr arm, konnte ihnen das Schulgeld erlassen werden.

Kindheit und Jugend auf dem Dorf

Die Kindheit auf dem Dorf war damals viel härter als heute. Ab dem Alter von sechs Jahren mussten die Bauernkinder ihren Eltern helfen: die Mädchen beim Spinnen der Wolle und im Haushalt, die Jungen bei der Feldarbeit, beim Viehhüten und beim Versorgen der Tiere im Stall. Spätestens im Alter von zwölf bis vierzehn Jahren, oft auch schon früher, wurden die Kinder als Knechte und Mägde aus dem Haus gegeben, um die Zahl der Esser in der eigenen Familie zu verringern.

Da es auf den Dörfern keine Schulen gab, wuchsen Bauernkinder auf dem Dorf in der Regel ohne Schulbildung auf. Sie lernten daher während ihres ganzen Lebens weder Lesen und Schreiben noch Rechnen. Da die Bauern mit etwa 90 Prozent den ganz überwiegenden Teil der Bevölkerung stellten, konnten im Früh- und Hochmittelalter nur etwa ein Prozent der Bevölkerung Lesen und Schreiben. Selbst Könige und Fürsten waren oft Analphabeten. Viel wichtiger als eine Schulbildung war für die Bauernjungen, die „Burschen", dass sie mit etwa 14 Jahren in die Burschenschaft des Dorfes aufgenommen wurden, deren Mitglied sie bis zur Heirat blieben. Hier wurden sie in die Übernahme wichtiger Aufgaben für die Dorfgemeinschaft eingeführt: Organisation des Schutzes des Dorfes, Vorbereitung von Festen und Überwachung der Dorfsitten. Die meisten Mädchen wurden im Alter von 12 bis 14 Jahren verheiratet.

M2

Der Kirchengelehrte Dionys der Karthäuser (um 1402–1471) schrieb in seiner Erziehungslehre:

Die Eltern sind verpflichtet, ihre Kinder nach Möglichkeit von dem Bösen und der Sünde abzuhalten, sie in den guten Sitten zu unterweisen und ihre Ausschreitungen zu ahnden und gebührend zu bestrafen. Solange sie noch klein sind, sollen sie mit der Rute und mit Schlägen gezüchtigt werden, was später, wenn sie älter geworden, nicht mehr wohl geschehen kann. Desgleichen sind sie mit scharfen Worten und strengen Strafen zurechtzuweisen ... Die Eltern mögen wohl beherzigen, was die Heilige Schrift sagt: „Wer seinen Sohn lieb hat, der wird stets für denselben die Rute haben, damit dieser Freude habe an seinem Ende" ... Endlich sollen sich die Eltern hüten, ihre Söhne und Töchter ungewöhnlich und prunkvoll zu kleiden.

*Michael Kaufmann (Hg.), Bibliothek der katholischen Pädagogik, Bd. 15, Freiburg 1904, S. 326ff.***

M3

Adlige Eltern übergeben ihren Sohn einem Kloster, Buchmalerei, um 1300

1. Beschreibe mithilfe des Darstellungstextes die Ausbildung in einer Klosterschule, in einer Stadtschule und auf dem Dorf.
2. Erläutere mithilfe des Darstellungstextes und M2 und M3, welche Rolle der christliche Glauben bei der Erziehung im Mittelalter spielte.
3. Bereite einen Kurzvortrag über die Erziehung im Römischen Reich (S. 152/153) und im Mittelalter vor.
   Tipp: Ziehe die Hinweise „Einen Kurzvortrag halten" auf S. 178 heran.

600 | 700 | 800 | 900 | 1000

im 6. u. 7. Jh. Einwanderung von slawischen Stämmen in Gebiete des heutigen Sachsen

9. u. 10. Jh. Westslawische Dorfgründungen mit Wallanlagen

seit 10. Jh. Eroberung slawischer Gebiete zwischen Elbe und Oder durch deutsche Könige

982/83 Aufstand der Westslawen

Wahlbereich: Regionalgeschichte – Sachsen im Mittelalter

Das Gebiet des heutigen Sachsens hat in den tausend Jahren des Mittelalters eine wechselvolle Geschichte erlebt: Erst wanderten slawische Stämme in das Land zwischen Elbe, Saale und Oder ein und siedelten in wallburgartigen Dörfern. Dann eroberten deutsche Heere im Namen der Ausbreitung des Christentums das Gebiet; von adligen Herrschern wurden erste Burgen angelegt. Es folgten ihnen Bauern, Handwerker und Händler aus dem Westen des Deutschen Reiches, die – von Landesherren gerufen und unterstützt – Wälder rodeten, Felder anlegten und Dörfer und Städte gründeten. Oft griffen sie dabei auf Traditionen der Slawen – besonders des westslawischen Stammes der Sorben – zurück, die sich aus der Nieder- und Oberlausitz nicht hatten vertreiben lassen.

Wie überall im Deutschen Reich begannen im Hochmittelalter auch in Sachsen Landesherren, ihre Herrschaft auszubauen. Aus der Vielzahl der adligen Territorialherren in diesem Gebiet war das Adelsgeschlecht der Wettiner am erfolgreichsten: Manchmal mit Unterstützung des deutschen Königs und der Kirche, manchmal auch auf ihre Kosten schafften es die Wettiner vom 11. bis 15. Jahrhundert, vom Markgrafen von Meißen zum Kurfürsten aufzusteigen und sich als eines der mächtigsten Fürstengeschlechter zu etablieren.

- Warum eroberten deutsche Heere die slawischen Gebiete der Sorben?
- Wie erfolgte der Landesausbau?
- Wie ist der Aufstieg von der Markgrafschaft zum Kurfürstentum zu erklären?

M 1

Sachsen von der Gründung der Mark Meißen 1089 bis zu der Landesteilung 1485

1100 | 1200 | 1300 | 1400 | 1500

1089 Gründung der Mark Meißen

12./13.Jh. Großer Landesausbau und Städtegründungen

um 1050–1124 Graf Wiprecht von Groitzsch

1168 Entdeckung von Silbererzen bei Freiberg

1218–1288 Markgraf Heinrich III. (der Erlauchte)

1423 Hzm. Sachsen wird Kurfürstentum

1485 Sächsische Landesteilung

M2

Der Fürstenzug, Porzellanwandbild am Residenzschloss in Dresden, Foto, 1990

M3

Heinrich I. gründet im Jahr 929 die Burg Meißen, Fresko von Anton Dietrich (1833–1904), gemalt 1878

M4

Zweisprachiger Wegweiser an der Bundesstraße 6, Foto, 2000

1 Formuliere mithilfe von M1 und der Zeitleiste Fragen, die du an die Entwicklung Sachsens von 1089 bis 1485 stellen möchtest.

2 Beschreibe die Bilder M2, M3 und M4 und stelle die Informationen zusammen, die du über die Geschichte Sachsens erfährst.

Die slawische Besiedlung Sachsens

Heute leben nur noch etwa 40 000 Sorben* als Minderheit in Sachsen, deren Sprache, Kultur und Traditionen von der sächsischen Verfassung garantiert werden. Vor mehr als tausend Jahren hingegen bildeten die Sorben und die mit ihnen verwandten slawischen Stämme im Gebiet des heutigen Sachsen praktisch die gesamte Bevölkerung. „Die Sorben waren hier, bevor die Deutschen kamen", hat ein Historiker festgestellt.

- ***Wer waren die slawischen Stämme und wie haben sie gelebt?***

M 1

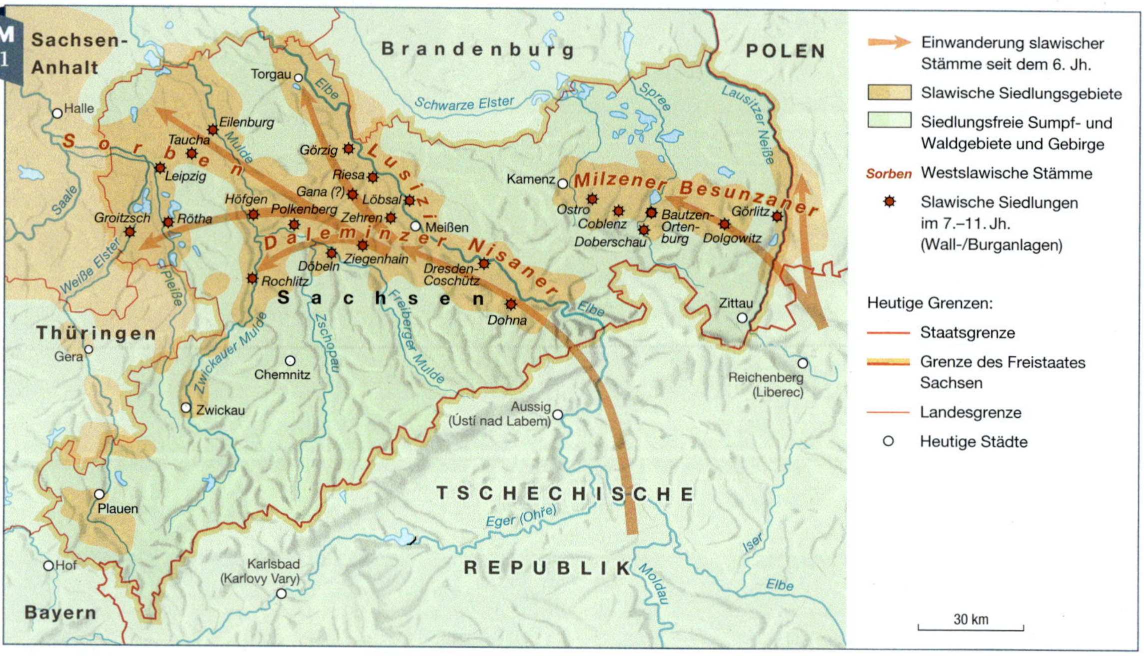

Einwanderung und Besiedlung Sachsens durch slawische Stämme

Slawische Besiedlung

In der Völkerwanderungszeit verließen viele der in Sachsen ansässigen Germanen das Land, vermutlich Richtung Rhein und Donau (siehe Karte S. 47). An ihre Stelle wanderten seit Ende des 6. Jahrhunderts Westslawen in das Gebiet zwischen Elbe, Saale und Oder ein, darunter die Sorben und die mit ihnen verwandten Milzener. Die neuen Siedler zogen die Flüsse entlang. Dort, wo ihnen die Lage günstig erschien und der Boden fruchtbar war, gründeten sie Dörfer und errichteten Burganlagen. Eine Vielzahl von slawischen Ortsnamen – sie enden auf -zig, nig, itz, itzsch – ist aus der slawischen Besiedlungszeit bis heute überliefert.

Die Westslawen lebten in Großfamilien und Sippen zusammen. Mehrere Großfamilien bildeten einen Stamm. Die einzelnen Stammesverbände lebten meistens getrennt voneinander und bildeten keinen gemeinsamen Herrschaftsverband, sodass ein gemeinsames slawisches Reich nicht entstehen konnte. Im Gegensatz zu ihren Nachbarn im Westen, den deutschen Stämmen, waren die Slawen keine Christen. Jeder Stamm verehrte eigene Gottheiten, wobei die Namen der sorbischen Gottheiten uns nicht bekannt sind. Das Wenige, was wir über religiöse Kulte und Lebensgewohnheiten wissen, geht auf Angaben von christlichen Autoren zurück, die den Slawen gegenüber feindlich eingestellt waren und deshalb kaum objektiv berichteten.

Slawische „Volksburgen" ...

Über die Lebensumstände wissen wir nur wenig, da bisher nur einige größere Siedlungen in Sachsen ausgegraben wurden. Die Wirtschaftsbasis bildeten Jagd, Fischfang und der gemeinschaftlich betriebene Ackerbau. Über das Zusammenleben der Slawen informiert uns der Bericht eines Mönches aus dem 9. Jahrhundert, der sogenannte „Bayerische Geograph". Die Stammesgebiete der Sorben und Milzener waren nach diesem Bericht in Bezirke unterteilt, die von einer oft wallartig angelegten Burg aus verteidigt und verwaltet wurden. Dazu kam es, weil sich Bewohner aus mehreren Dörfern des Stammesverbandes zusammenschlossen. Sie erbauten die Schutzburgen an möglichst unzugänglichen Stellen, z. B. die Sorben auf einer Bergkuppe oder Milzener in einer Flussschleife. Nur an Stellen ohne natürlichen Schutz wurden Wall und Graben errichtet. Der Bau eines Walles war eine handwerklich bedeutende Leistung. Die Sorben bauten Trockenmauern aus Steinplatten. Sie wurden von Holzbalken und Lehmplatten gehalten. Ein Teil der Stammesangehörigen wohnte ständig in der Burg, um sie zu bewachen und instand zu halten. Wenn ein Krieg drohte, flüchteten die nicht in der Burg wohnenden Bauern in die Schutzburg. Auch die Viehherden und die Vorräte konnten hier sicher untergebracht werden. Heute noch finden wir Spuren dieser Burganlagen, z. B. bei Coblenz im Kreis Bautzen und Zehren bei Meißen.

… und adlige Herrenburgen

Bei den westslawischen Stämmen sonderte sich im 9. und 10. Jahrhundert immer deutlicher die Stammesoberschicht von den Handwerkern und Bauern ab. Die Versammlung der freien Bauernkrieger spielte zwar noch eine Rolle, die Entscheidung der Adligen galt jedoch immer mehr, die sozialen Unterschiede in den Stammesverbänden nahmen zu. Diese Entwicklung lässt sich in den Veränderungen im Burgenbau ablesen. Einige Adlige ließen sich innerhalb der Schutzburg einen Teil durch die Errichtung eines Walles abgrenzen. Die so entstandenen Vorburgen bekamen wirtschaftliche Aufgaben. Sie wurden Anziehungspunkte für Handel und Handwerk und die Schutzburgen wurden immer mehr zu Wohnstätten des Adels. Andere Fürsten ließen sich neben der alten Schutzburg eine kleine Herrenburg anlegen. In Friedenszeiten herrschten von diesen Burgen Fürsten über die Bevölkerung, die wahrscheinlich zu bestimmten Abgaben verpflichtet war. Es wird vermutet, dass in diesen Burganlagen auch den Göttern geopfert wurde. Der Fürst übernahm dann die Aufgabe eines Priesters. Kultplätze fanden sich auch an anderen Orten, z. B. an Bächen und Quellen.

Durch die deutsche Eroberung und den Landesausbau (siehe S. 160–163) sind die Spuren slawischen Lebens in Sachsen kaum noch sichtbar. Nur die Sorben konnten Sprache, Volkstum und Lebensgewohnheiten in einem kleinen Teil ihres einstigen Siedlungsgebietes bewahren.

M 2

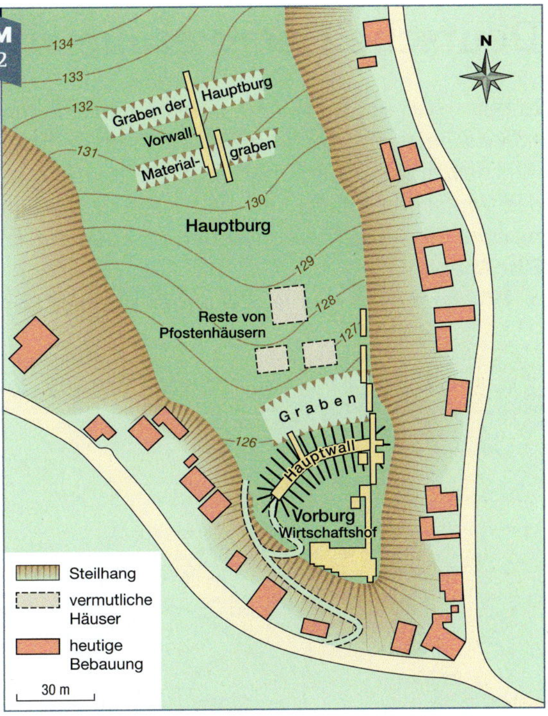

Die auf einem Berg angelegte Burg von Zehren mit Vorburg und Hauptburg, Rekonstruktionszeichnung, 2019

1 Beschreibe mithilfe von M1 die Einwanderung und Besiedlung der Slawen.

2 Fasse mithilfe des Darstellungstextes das Leben der Slawen in Stichworten zusammen.

3 Erläutere mithilfe des Darstellungstextes und M2 den Aufbau und die Funktion der einzelnen Elemente der Burganlage von Zehren.

4 **Wähle eine Aufgabe aus:**

a) Recherche: Versuche herauszufinden, welche Spuren die Slawen in eurer Region hinterlassen haben.

b) Recherche: Erkundige dich über Sprache, Religion und Brauchtum der Sorben im heutigen Sachsen.

Deutsche Heere erobern slawische Gebiete

In der ersten Hälfte des 10. Jahrhunderts beginnt mit den Eroberungen der deutschen Könige Heinrich I. und Otto I. ein neues Kapitel der sächsischen Geschichte. Aus dem slawischen Sorbenland wurde die Mark Meißen, ein Grenzland im Osten des Deutschen Reichs und die Keimzelle des späteren Sachsen, und aus den heidnischen Slawengebieten wurden im Zuge der kriegerischen Mission christliche Bistümer.

- ***Wie kam es zu den Eroberungen und der Christianisierung?***

M 1

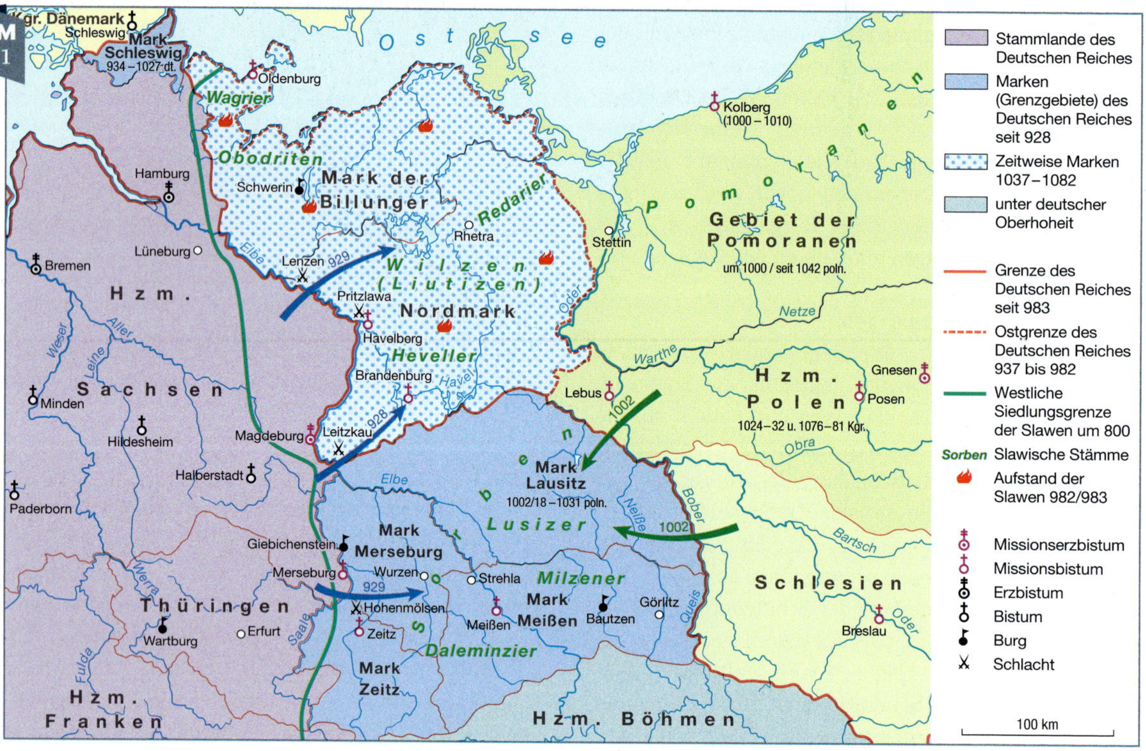

Deutsche und Slawen im 10. und 11. Jahrhundert

Die Unterwerfung ...

Als der Sachsenherzog Heinrich I. 919 zum deutschen König gewählt wurde, begann er zielstrebig, ein gepanzertes Reiterheer zur Festigung seiner Herrschaft im Reich und zur Abwehr gegen die ständigen Einfälle der Ungarn aufzubauen (siehe S. 68/69). Der erste Einsatz der Reiterei galt jedoch nicht den Ungarn, sondern den Slawen östlich von Elbe und Saale.

Im Frühjahr 929 wurde Gana, die Stammburg der Daleminzer, zerstört. Heinrich I. zog mit seinem Heer weiter und errichtete auf einer Anhöhe über der Elbe die Burg Meißen (siehe S. 157). Die Burg, deren Gebäude zunächst nur schlicht aus Holz bestanden, war der erste befestigte Stützpunkt der Deutschen im Siedlungsgebiet der Sorben und diente als militärischer Stützpunkt zur Unterwerfung der Slawen. Die Ritterheere Heinrichs I. und seines Nachfolgers Otto I. besiegten in den folgenden 50 Jahren einen slawischen Stamm nach dem anderen, weil die slawischen Stämme untereinander zerstritten waren und einzeln gegen die militärisch überlegenen Reiterheere kämpften. Erst im Jahr 982 schlossen sich slawische Stämme im heutigen Mecklenburg-Vorpommern und Brandenburg zusammen und vertrieben erfolgreich die Eroberer. Die Sorben hatten sich nicht an dem Aufstand beteiligt. Ihr Gebiet blieb daher ein Teil des deutschen Königreichs.

… und Christianisierung der Slawen

Der kriegerischen Eroberung des Gebiets des heutigen Sachsens folgte unter Otto I. der Versuch, die unterworfenen Slawen zum Christentum zu bekehren. Ein Mittel war, ausgehend von dem 968 gegründeten Erzbistum Magdeburg, die Gründung der Bistümer Merseburg, Zeitz und Meißen. Das Land wurde mit einem Netz von Kirchen als Stützpunkte der Mission überzogen, christliche Mönche konnten die slawische Sprache und hatten Beichtformeln und Lehrtexte ins Sorbische übersetzt. Doch die Christianisierung verlief häufig nicht friedlich, sondern geschah meist mit List oder Gewalt. Die Slawen wurden nach der Plünderung ihrer Dörfer gezwungen, ihren lokalen Göttern abzuschwören und sich taufen zu lassen. Nicht zuletzt aufgrund dieses gewaltsamen Vorgehens hatte die Christianisierung bei den Sorben bis ins 11. und 12. Jahrhundert kaum Erfolg.

Verwaltung der eroberten Gebiete

Zur Sicherung seiner Herrschaft reichte Kaiser Otto I. die Gründung der Bistümer Merseburg, Zeitz und Meißen sowie die ihm direkt unterstehende Markgrafschaft Meißen nicht aus. Überall im eroberten Land wurden deshalb neue Burgen errichtet und neue Verwaltungsbezirke, Burgwarde genannt, eingerichtet. Vielfach orientierte man sich bei der Errichtung dieser Burgwarde an den alten slawischen Burgbezirken. Die Burgwarde bildeten das Zentrum eines fest umrissenen Territoriums mit darin befindlichen slawischen Dörfern, deren Bewohner Abgaben sowie Burgenbau- und Fuhrdienste zu leisten hatten. Stammesgebiete und landwirtschaftliche Grenzen blieben weitgehend erhalten.
Entsprechend dem mittelalterlichen Lehnswesen (siehe S. 88/89) vergaben die deutschen Könige die Burgwarde als Lehen an weltliche Adlige und Bistümer. Hier liegt ein Grund, warum das sächsische Gebiet seit dem 11. Jahrhundert so zersplittert war: Die Vasallen – Markgrafen, Herzöge, Bischöfe, aber auch Ritter und Äbte – konnten die Erblichkeit ihrer Lehen und Ämter durchsetzen oder erhielten sie als Belohnung zu Eigentum und bauten so eigene Herrschaften auf. Als adlige Grundherren lebten sie mit ihren Angehörigen und Bediensteten größtenteils isoliert von der abgabenpflichtigen slawischen Bevölkerung. Eine zahlenmäßig bedeutende deutsche Bevölkerung gab es zu jener Zeit in der Mark Meißen noch nicht.

M 2

Über die Unterwerfung der slawischen Stämme heißt es im Branchenbuch der Lausitz:

Bis zu seinem Tode im Jahre 936 gelang es Heinrich I., alle benachbarten slawischen Stämme zu unterwerfen und zur Zahlung von Abgaben zu verpflichten. Diese Politik wurde von seinem Nachfolger Otto I. (936–973) fortgeführte. Er setzte in den deutsch-slawischen Grenzgebieten Markgrafen ein, die seine Interessen rücksichtslos vertraten. Der grausamste unter ihnen war Markgraf Gero, der seinen Sitz in Meißen hatte. Um die unzufriedenen slawischen Stämme in die Knie zu zwingen, ließ er 939 30 slawische Fürsten umbringen. Diese Untat stärke jedoch den Widerstand der slawischen Stämme. An der großen Erhebung von 982/983 beteiligten sich von den sorbischen Stämmen nur noch die Milzener. Der Widerstand der anderen sorbischen Stämme war bereits gebrochen.

*„Die Lausitz im 10. Jahrhundert bis 1789", zit. nach https://www.lausitz-branchen.de/medienarchiv/land-und-leute/geschichte-der-lausitz/1000-bis-1789.html (Stand: 18. 02. 2019)**

1 Erkläre mithilfe des Darstellungstextes und M1 die Gründe und den Verlauf der Unterwerfung der Slawen.

2 Beschreibe mithilfe des Darstellungstextes und M2, mit welchen Maßnahmen die Eroberung der slawischen Gebiete vorgenommen wurde.

3 **Partnerarbeit:** Diskutiert die Christianisierung der heidnischen Slawen.

Zusatzaufgabe: siehe S. 173

cornelsen.de/webcodes
Code: fuqepe
Christianisierung der Slawen

Der Große Landesausbau in Sachsen

Grob geschätzt lebten im Gebiet des heutigen Sachsens vor Beginn der Ostsiedlung um 1100 etwa 30 000 Menschen, überwiegend Sorben. Zweihundert Jahre später hat sich die Bevölkerungszahl auf über 300 000 verzehnfacht. Neue Dörfer und Städte waren entstanden, in denen Deutsche und Slawen zusammenlebten. Unzugängliche Sumpf- und Waldgebiete waren weitgehend fruchtbarem Ackerland und Siedlungsgebieten mit Handwerk und Gewerbe gewichen.

- ***Wie ist dieser Wandel zu erklären?***

M 1

Eine Dorfgründung, Buchmalerei, um 1315. Im linken Bild verleiht der Grundherr dem Werber (Lokator) die Siedlungsurkunde. Im rechten Bild ist ein Dorfgericht dargestellt, bei dem die Dorfbewohner vor dem Schulze (Bürgermeister) einen neuen Siedler (links) anklagen.*

Der Große Landesausbau: Siedler kommen

Die Ostkolonisation oder – wie von sächsischen Historikern dieser Abschnitt der Geschichte genannt wird – der „Große Landesausbau“ war kein sächsisches Phänomen, sondern betraf weite Teile Europas (siehe S. 98/99). In Westeuropa hatte seit dem 10. Jahrhundert die Bevölkerung stark zugenommen. Das Ackerland wurde immer knapper, Rodungen waren kaum noch möglich. Im Osten des Deutschen Reichs gab es dagegen weite Gegenden, die von Wäldern und Sümpfen bedeckt und unbesiedelt waren. In dieser Situation begann etwa 200 Jahre nach der Eroberung des Sorbenlandes die Besiedlung der sächsischen Gebiete.

In Sachsen gab es im 12. Jahrhundert zahlreiche Fürsten und Bischöfe, die den Landesausbau förderten, weil er eine Vergrößerung ihrer Macht bedeutete, denn sie wurden zu Grundherren des herrenlosen Landes. Der Markgraf von Meißen, der Pfalzgraf von Sachsen, der Landgraf von Thüringen, die Bischöfe von Meißen und viele andere sächsische Herrscher ließen Bauern und Handwerker vor allem in Flandern, Franken, Thüringen und Norddeutschland für das Siedeln in den Gebieten zwischen Elbe und Oder anwerben. Die Fürsten versprachen dafür den neuen Siedlern persönliche Freiheit und geringere Abgaben. Welche Vorteile die Neusiedler hatten, macht einer der wenigen für ein Dorf in Sachsen überlieferten Siedlungsverträge deutlich, den der Bischof von Meißen 1154 mit Siedlern aus Flandern abschloss (siehe M2). Die Neusiedler rodeten Wälder und legten Sümpfe trocken, um Felder und Viehweiden anzulegen sowie Dörfer und erste Städte zu gründen. Aber auch verlassene Dörfer und Äcker nutzten sie wieder oder siedelten sich in slawischen Dörfern an. Auch das unwegsame Erzgebirge wurde seit Mitte des 12. Jahrhunderts bis in die Höhenlagen besiedelt. Der Landesausbau wirkte sich auch nachhaltig auf die Stadtentwicklung aus, Zwickau und Chemnitz erhielten jetzt das Stadtrecht.

Sorben und Siedler arbeiten zusammen

Das Verhältnis der Slawen zu den Deutschen, die sie nur als Herrscher kannten, war durch die Eroberungs- und Missionspolitik bis ins 11. Jahrhundert durch Feindschaft geprägt. Die Besiedlung unberührter Landschaften durch deutsche Bauern führte zu engeren Kontakten zwischen Sorben und Deutschen. Die Neusiedler stießen auf wenig Widerstand der Sorben, denn ihre alten Rechte schienen nicht eingeschränkt zu werden. Außerdem brachten die Zuwanderer technische Neuerungen mit wie z. B. den Gebrauch von Wasser- und Windmühlen zum Mahlen von Getreide. Allmählich glichen sich die Lebensbedingungen an. Es ist wenig über das Zusammenleben von Sorben und Deutschen in den Dörfern bekannt. Vermutet wird, dass sie oft zusammen eine „Gemeinde" bildeten und feste Rechte und Pflichten bestanden, an die sich jeder Einwohner – unabhängig von seiner Herkunft – zu halten hatte. So sollten z. B. Grenzpfähle oder -steine nur gemeinsam mit dem Nachbarn gesetzt werden, um Streit zu verhindern.

Auch die Sorben beteiligten sich am Landesausbau. Besonders groß war ihr Anteil an der Besiedlung der Oberlausitz. Hier wie auch in anderen Gegenden errichteten sie zusammen mit den Deutschen entweder Straßendörfer, bei denen die Bauernhöfe zu beiden Seiten einer breiten Straße lagen oder Angerdörfer. Bei ihnen standen die Bauernhäuser in einem großen Bogen um den Dorfplatz.

Für die neu besiedelten Hügel- und Berglandschaften wurden Waldhufendörfer typisch. In ihnen reihten sich die Gehöfte mit relativ weiten Abständen entlang der Täler auf. Von jedem Gehöft führte ein Streifen Land, die Hufe, den Hang hinauf bis an den Rand des Waldes, der von allen Dorfbewohnern gemeinsam genutzt wurde. Sorben und Deutsche lebten in diesen Dörfern friedlich miteinander, die Sorben waren aber lange noch unfrei und mussten höhere Abgaben und Dienste leisten.

M 2 **Aus dem Siedlungsvertrag des Bischofs von Meißen und Siedlern aus Flandern zur Gründung des Dorfes Kühren bei Wurzen (1154):**

Zum dauernden Gedenken an mich habe ich tüchtige Männer aus Flandern an einem unbestellten und fast menschenleeren Platz angesiedelt und ihnen und ihren Nachkommen eben dies Dorf, das Kühren heißt, mit nachfolgenden Rechten zu festem, ewigem und erblichem Besitz übergeben. Ich habe ... dieses Dorf mit 18 Hufen, mit bestellten und unbestellten Feldern, Fluren und Wäldern, Wiesen, Weiden, Gewässern und Mühle, Jagd und Fischerei zu ewigem und erblichem Besitz übergeben. Von diesen Hufen erhält die Kirche und zwei der Gemeindevorsteher, den sie Schulzen nennen ... Von allen Erzeugnissen, außer Bienen und vom Flachs, geben die Männer jährlich den Zehnten an mich ... Vom Zoll sind sie in unserem Gebiet befreit, außer vom Marktzoll, wenn sie Handelsgeschäfte betreiben ... Im Übrigen befreien wir sie von jeder Besteuerung durch den Bischof, den Richter oder andere Leute.

*Rudolf Buchner (Hg.), Ausgewählte Quellen zur deutschen Geschichte des Mittelalters, Freiherr vom Stein. Gedächtnisausgabe Band XIII, Darmstadt (Wissenschaftliche Buchgesellschaft) 1957, S. 223 f. Bearb. d. Verf.***

1 Beschreibe M1 und ordne die beiden Bilder Phasen des Landesausbaus zu. Ziehe dazu den Darstellungstext heran.

2 Fasse mithilfe des Darstellungstextes und M2 die Rechte zusammen, die die Neusiedler bekamen. Überlege, warum sie diese Rechte erhielten.

3 Schreibe auf der Grundlage des Darstellungstextes einen Bericht über das Verhältnis von Deutschen und Sorben während des Landesausbaus.

4 **Partnerarbeit:**

a) Spielt mithilfe der Materialien dieser Doppelseite eine Begegnung zwischen einem Werber und einem fränkischen Familienvater nach. Welche Argumente könnten den Franken für eine Auswanderung nach Sachsen überzeugen?

b) Auf Dörfer slawischen Ursprungs weisen häufig die Endungen -itz, -witz, -ow, -zig und -nik hin, auf Dörfer deutschen Ursprungs die Endungen -walde, -hain, -rode, -reuth und -grün. Stellt fest, ob es in eurem Heimatkreis Dörfer mit diesen Endungen gibt, und informiert euch über ihre Geschichte.

Von der Markgrafschaft zum Kurfürstentum

Heute weiß jeder, der von den Sachsen redet, dass damit die Menschen im Freistaat Sachsen gemeint sind. Im Mittelalter war das ganz anders: Die Sachsen waren das germanische Volk in Niedersachsen, das von Karl dem Großen besiegt, ins Deutsche Reich eingegliedert und ihre Herrscher später zu Herzögen von Sachsen und deutschen Königen aufstiegen. Erst im 15. Jahrhundert wurde der Name Sachsen auf die wettinischen Lande der Mark Meißen und Landgrafschaft Thüringen übertragen. Das Adelsgeschlecht der Wettiner erhielt den sächsischen Herzogstitel und stieg in den Kreis der sieben Fürsten auf, die den König wählten.

- ***Wie kam es zum Aufstieg der Burgherren von Meißen zu Kurfürsten von Sachsen?***

Die Landesherrschaft der Wettiner

Die Geschichte des Adelsgeschlechts der Wettiner, die ihre Stammburg an der Saale nördlich von Halle hatten, ist durch die Merkmale gekennzeichnet, die typisch für die Entwicklung der Landesherrschaft im mittelalterlichen Deutschen Reich sind: Abhängigkeit von der Reichsgewalt des deutschen Königs und Parteinahme im Konkurrenzkampf um die Königsherrschaft, Einverleibung bis hin zur kriegerischen Inbesitznahme von Territorien des Reichs und anderer Landesherrn, wechselnde Heiratsverbindungen zur Ausweitung der Herrschaftsgebiete sowie Erbstreitigkeiten bis hin zu Bruderkriegen und Enterbungen innerhalb der Adelsfamilie. Trotz zeitweiser Rückschläge gelang es den Wettinern im Laufe von etwa 400 Jahren, die Markgrafschaft Meißen so zu erweitern, dass sich schließlich ein Landesterritorium von der Werra bis zur Schwarzen Elster und von der Havel bis zum Main erstreckte. Die Entwicklung lässt sich in drei zeitliche Phasen unterteilen:

- Aufstieg vom Ende des 11. Jahrhunderts bis zum Ende des 13. Jahrhunderts
- Krise der Landesherrschaft um 1300
- Wiederaufstieg im 14. Jahrhundert bis zur Teilung 1485.

Beginn des Aufstiegs

König Heinrich IV. erhob den ihn unterstützenden Heinrich I. von Eilenburg im Jahr 1089 als ersten Wettiner zum Markgrafen von Meißen, um den Landesausbau in den sorbischen Siedlungsgebieten militärisch zu sichern und wirtschaftlich voranzutreiben. Der eigentliche Aufbau der Landesherrschaft der Wettiner setzte aber erst mit Markgraf Konrad ein, der 1123 an die Macht gelangte. Mit Unterstützung durch die deutschen Könige stiegen er und seine Nachfolger zu mächtigen Fürsten des Reichs auf. Zu Hilfe kamen ihnen dabei die Silberfunde im Erzgebirge, in deren Folge die Mark Meißen einen rasanten wirtschaftlichen Aufschwung nahm und Markgraf Otto den Beinamen „der Reiche" erhielt. Im 13. Jahrhundert erreichte dann die wettinische Landesherrschaft unter Heinrich III. mit dem Beinamen „der Erlauchte" in seiner fast 60-jährigen Regentschaft einen ersten Höhepunkt (siehe S. 167).

Krise und Wiederaufstieg

Der Stärkung der Landesherrschaft unter Heinrich dem Erlauchten folgte eine schwere Krise. Durch Nachfolgekämpfe im wettinischen Fürstenhaus geschwächt, versuchten die deutschen Könige, die Reichsherrschaft über Thüringen, Pleißen und Meißen zurückzugewinnen. Es kam zu mehreren kriegerischen Auseinandersetzungen, die schließlich die Wettiner durch einen Sieg über das königliche Heer bei Lucka 1307 gewannen. Damit war die Gefahr des Untergangs der wettinischen Herrschaft gebannt und ein neuer Aufstieg begann. Trotz gegensätzlicher Ausdehnungsbestrebungen einigten sich die Wettiner z. B. mit Kaiser Karl IV., unterstützen sich gegenseitig bei der Entmachtung adliger Herrschaften und erkannten im Vertrag von Pirna 1372 die Besitzungen und Grenzen an.

Die Kurwürde und die Leipziger Teilung

Der Ausgleich mit dem Kaiser machte sich 1423 bezahlt: Als 1422 der letzte Askanier in Sachsen starb, fiel das Reichsfürstentum an den Kaiser zurück. Dieser übertrug das Herzogtum Sachsen-Wittgenstein und den sächsischen Herzogtitel dem Wettiner Friedrich „dem Streitbaren", der damit in den Kreis der Kurfürsten aufrückte. Bei den Wettinern hatte es häufiger erbbedingte Teilungen der Landesherrschaft gegeben, wobei der Besitz mehrfach auch wieder vereinigt wurde. Zur großen und fortdauernden Teilung kam es aber erst 1485. Die Tei-

M 1

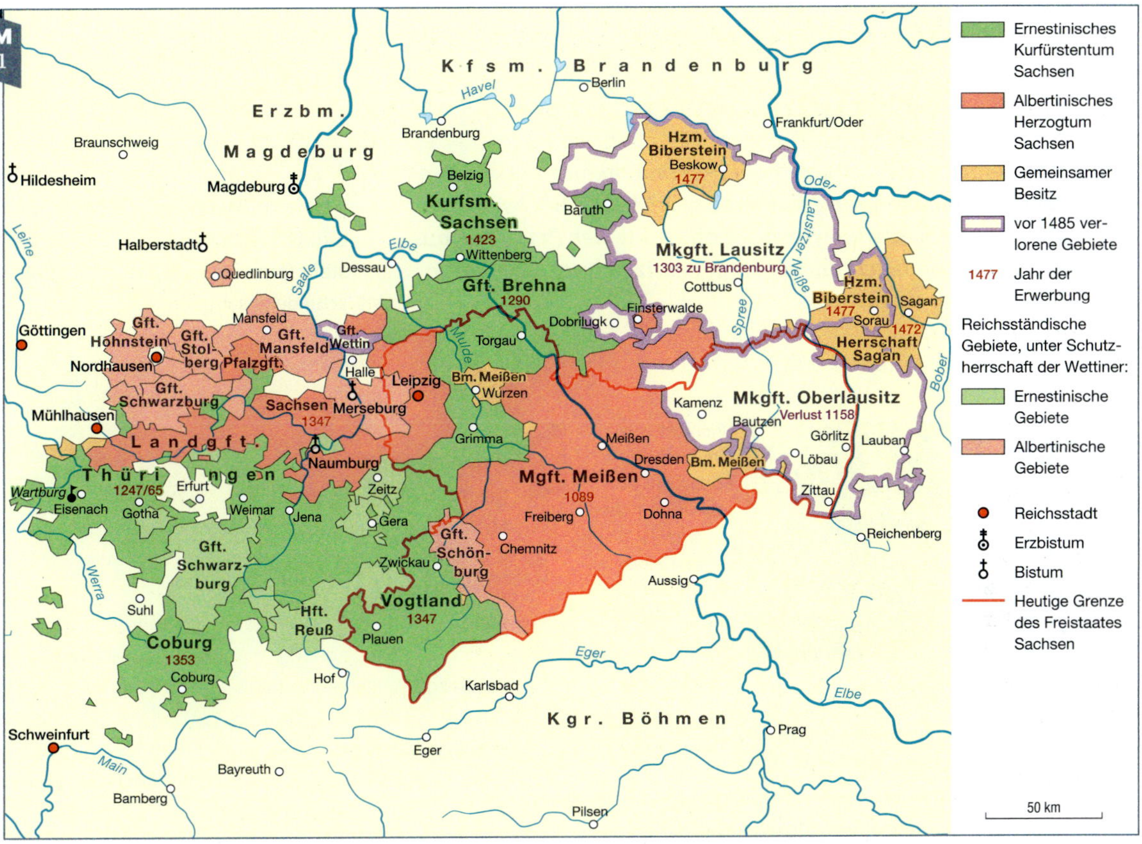

Die sächsische Landesteilung 1485

lung vollzogen die Brüder Ernst und Albrecht in Leipzig. Nach dem Tod ihres Vaters regierten sie 20 Jahre lang das Land zunächst gemeinsam. Als es zwischen ihnen zu Auseinandersetzungen kam, teilten sie das Land. In der Folge war Sachsen in eine ernestinische (thüringische) und eine albertinische (meißnerische) Linie geteilt. Die Kurwürde ging zunächst an Ernst über, wurde jedoch 1547 von Kaiser Karl V. an Moritz von Meißen übertragen, sodass die albertinische Linie im 16. Jahrhundert zum Kurfürstentum Sachsen wurde.

Aufbau einer landesherrschaftlichen Verwaltung

Erste Ansätze des Aufbaus einer einheitlichen Verwaltung hatte Heinrich der Erlauchte schon unternommen, indem er eine markgräfliche Kanzlei mit einem Hofmeister und ein Hofgericht eingeführt hatte. Seit dem 14. Jahrhundert begannen die Wettiner – wie alle Territorialherren im Deutschen Reich – Verwaltung und Recht in ihrem Herrschaftsgebiet zu zentralisieren und zu vereinheitlichen. Die Kanzlei entwickelte sich zur entscheidenden Verwaltungsinstanz, ein Oberhofgericht als oberste juristische Instanz wurde eingerichtet. Die Herrschaftsgebiete wurden in Vogteien, später in Amtsbezirke eingeteilt und der landesfürstliche Rat begann sich zu einer zentralen Regierungsbehörde zu entwickeln. Und für die Hofhaltung des Landesfürsten wurde in der neuen sächsischen Hauptstadt Dresden die um 1200 errichtete Burg zu einem Residenzschloss umgebaut.

1 Erkläre mithilfe des Darstellungstextes und der Karte M1 auf S. 156, welche Bedeutung die Mark Meißen für die deutschen Könige im Zusammenhang mit der Ostsiedlung besaß.

2 Beschreibe mithilfe von M1 die territoriale Entwicklung in Sachsen vom 11. bis 15. Jahrhundert.

3 Stelle mithilfe des Darstellungstextes das Verhältnis von den wettinischen Landesherren zur Reichsgewalt der deutschen Könige dar.

4 Erkläre die Leipziger Landesteilung von 1485 und ihre Konsequenzen.

Zusatzaufgabe: siehe S. 173

Bedeutende sächsische Persönlichkeiten im Mittelalter

Auf dieser Doppelseite werden zwei Persönlichkeiten vorgestellt, die im Zusammenhang mit der Entwicklung Sachsens im Mittelalter von Bedeutung waren. Wähle eine der Personen aus und untersuche, wodurch ihr Leben gekennzeichnet war und welche Bedeutung sie hatte.

Aufgabe für alle:
Vergleicht Wiprecht von Groitzsch und Heinrich den Erlauchten und stellt Gemeinsamkeiten und Unterschiede zusammen.

A

M 1

Wiprecht von Groitzschs Kampf mit dem Löwen vor Kaiser Heinrich IV. Kolorierter Holzschnitt von Emil Eugen Sachsse, um 1860.

M 2

Wiprecht von Groitzsch

um 1050	geboren, Geburtsort unbekannt
ab 1060	nach Tod des Vaters Aufwachsen beim Pflegevater Graf Udo von Stade
1070	Pflegevater stattet ihn mit der Burggrafschaft von Groitzsch aus
1076–1084	Parteinahme für Kaiser Heinrich IV. im Investiturstreit
um 1079	Berater des böhmischen Herzogs und späteren Königs Vratislav II. von Böhmen
1081	Romzug gegen Papst Gregor VII.
1084	Heirat mit Judith von Böhmen, Tochter von Vratislav II., als Mitgift erhält Wiprecht die Oberlausitz
1089	Rachezug gegen alteingesessene Adliger, Brandstiftung an der Kirche in Zeitz
1092/93	Zur Buße angebliche Wallfahrt nach Rom und Santiago de Compostela
um 1091/96	Stiftung von Kloster Pegau
seit 1104	Anwerben von Siedlern aus Franken
um 1108	Beteiligung an Feldzügen Heinrichs V.
1113–1116	Bruch mit Kaiser Heinrich V., Haft auf der Reichsburg Trifels
1117	Aussöhnung mit Kaiser Heinrich V.
1123	Kaiserliche Belehung mit Markgrafschaften Meißen u. Lausitz
1124	Tod im Kloster Pegau

M 3

Im Katalog zur Dauerausstellung des Staatlichen Museums für Archäologie Chemnitz, die Wiprecht von Groitzsch einen eigenen Ausstellungsraum widmet, heißt es:

Er war ein moderner Herrschaftstäger und eine herausragende Persönlichkeit von reichspolitischer Bedeutung. Durch Fehden, Burgenbau, Klostergründung sowie diplomatisches Geschick erweiterte und sicherte er seine Macht. In Groitzsch und Pegau gab er entscheidende Impulse zur Stadtentwicklung. Als Vorreiter des großen Landesausbaus zwischen Saale und Neiße war er der erste Adlige, der Bauern aus Franken zur Besiedlung des Waldlandes holte ... Er war kurzfristig einer der einflussreichsten Herrschaftsträger in Mitteldeutschland. Im Gegensatz zu den Wettinern, den Markgrafen von Meißen, gelang ihm und seinen Nachfahren jedoch der Schritt zur Territorialherrschaft nicht.

*Peter Degenkolb, Wiprecht von Groitzsch, in: In die Tiefe der Zeit, hg. v. Staatlichen Museum für Archäologie Chemnitz, Das Buch zur Dauerausstellung Dresden (smac) 2014, S. 188**

1 Fasse die Materialien M1 bis M3 zu einer Lebensbeschreibung zusammen.

2 Nimm Stellung dazu, dass Wiprecht von Groitzsch als bedeutende sächsische Persönlichkeit im Mittelalter angesehen wird.

B

M 4

Heinrich der Erlauchte bei der Jagd, Buchillustration, um 1330

M 5

Markgraf Heinrich III. von Meißen, genannt der Erlauchte

1218	geboren, vermutlich in Meißen
bis 1227	Unter Vormundschaft von Landgraf Ludwig von Thüringen
1230	Übernahme der Regierungsgeschäfte in der Markgrafschaft Meißen
1234	Heirat mit Constanze von Österreich, Tochter von Herzog Leopold VI.
1240	Geburt des Sohnes Albrecht II., späterer Beiname „der Entartete"
1240er-Jahre	Beginn einer Verwaltungsreform
1242	Geburt des Sohnes Dietrich
ab 1243	Unterstützung Kaiser Friedrichs II. gegen Adelsopposition und Papst
1244	Heirat mit Agnes von Böhmen, Tochter von König Wenzel I.
1247	Nach Erbfolgekrieg Übernahme der Landgrafschaft Thüringen
1254	Herrschaft über das ihm von Kaiser Friedrich II. verpfändete Reichsland Pleißen
1255	Bestätigung der Stadt- und Bergbaurechte an Freiberg
1265	Aufteilung des Landes unter seinen Söhnen, nur Mark Meißen und Lausitz bleiben weiter unter seiner Herrschaft
1288	gestorben in Dresden, beigesetzt im Kloster Altzella

M 6

Eines der sechs Minnelieder, die von Heinrich des Erlauchten überliefert sind:

Was hat die Welt zu geben je,
Davon ein bittres Leid vergeh,
Denn Weibes Minn' alleine?
Ein Weib, das schalkhaft lachen kann,
Gen einen wohlgemuten Mann,
Des Freude ist nicht kleine,
Wenn sie ihm steht zu Angesicht
Und mit den Augen zu ihm spricht,
Dass sie ihn herzlich meine.
Wer diesen zweien fährlich ist,
Und sie verrät in falscher List,
Der wird zu einem Steine.

Paul Arras, Quellenbuch zur Sächsischen Geschichte, Paderborn (Salzwasser Verlag) 1912, S. 13

M 7

In den Biografien zur sächsischen Geschichte heißt es über Heinrich den Erlauchten:

Unter der Regierung Heinrichs wurde nicht nur das wettinische Herrschaftsgebiet erweitert, sondern auch die Verwaltung ausgebaut ... Die Finanzkraft seiner Regierung stärkte Heinrich durch eine Neuordnung der Besitzverhältnisse im erzgebirgischen Silberbergbau ... Heinrich gilt als der herausragende Vertreter des wettinischen Hauses im späteren Mittelalter. Er konnte eine bislang nicht gekannte Machtfülle ansammeln. Aber auch seine ritterliche Lebensführung, seine Bildung ... und seine Pflege der höfischen Kultur machen ihn für einen Fürsten des 13. Jahrhunderts zu einer außergewöhnlichen Gestalt.

*Marc Zitzmann, Heinrich (der Erlauchte), in: Sächsische Biographien, hg. v. Institut für sächsische Geschichte und Volkskunde e. V., zit. nach: http://saebi.isgv.de/biografie/Heinrich_(der_Erlauchte),_Markgraf_von_Mei%C3%9Fen_(1218-1288) (Stand: 17.12.2018), Bearb. d. Verf.***

1 Fasse die Materialien M4–M7 zu einer Lebensbeschreibung zusammen.

2 Nimm Stellung dazu, dass Heinrich als bedeutender Herrscher der Wettiner im Mittelalter angesehen wird.

Zusatzaufgaben

Kapitel 1: Die römische Zivilisation prägt Europa

zu S. 14/15:

M 1

Kann ein Krieg „gerecht" sein?
Der römische Politiker Cicero äußerte sich im 1. Jh. n. Chr. zu ungerechten und gerechten Kriegen:
Das sind ungerechte Kriege, die ohne Grund unternommen worden sind. Denn nur dann kann ein Krieg als gerecht gelten, wenn es sich darum handelt, Rache an den Feinden zu nehmen oder diese abzuwehren ... Ein Krieg gilt nur dann als gerecht, wenn er vorher angekündigt und erklärt wurde und wenn er zur Wiedergutmachung geführt wird ...
*Cicero, Über den Staat, 3. Buch, Kap. 23. Übers. v. Verf.***

M 2

Aus einem Jugendlexikon (1996):
Krieg ist die mit Waffengewalt ausgetragene Auseinandersetzung zwischen Staaten und Völkern ... Die Frage nach der ... Berechtigung des Krieges beschäftigt die Menschen seit Jahrtausenden. Nach der Satzung der Vereinten Nationen (UNO)[1] ist ein Krieg nur noch erlaubt als Mittel der Selbstverteidigung oder als Maßnahme der UNO, den Frieden aufrechtzuerhalten oder wiederherzustellen.
*Der Jugend-Brockhaus, Bd. 2, Leipzig/Mannheim (Brockhaus) 1996, S. 175 f.***

[1] *Die UNO ist eine Vereinigung zur Sicherung des Friedens auf der Welt. Sie wurde 1945 gegründet und umfasst 193 Staaten (Stand: 2018)*

1 Erläutere, wie Cicero gerechte und ungerechte Kriege unterscheidet (M1).
2 Stelle mithilfe von M2 fest, wie Krieg in unserer Zeit beschrieben wird.
3 Überprüfe, ob die Kriege gegen Karthago von den Vereinten Nationen gutgeheißen werden würden (M2).

zu S. 30/31:

M 1

Strabo (63 v. Chr.–20 n. Chr.), ein Grieche, der zur Zeit des Kaisers Augustus in Rom lebte, schrieb:
In Rom gibt es gepflasterte Straßen, Wasserleitungen und unterirdische Gräben, durch welche der Unrat aus der Stadt in den Tiber geleitet wird ... Rom besitzt ferner zahlreiche herrliche Bauwerke. Viele davon stehen auf dem Marsfeld. Dieser Platz ist so groß, dass Wagenrennen und Pferdesport betrieben werden können, während sich gleichzeitig eine gewaltige Menge an Menschen im Ball- und Reifenspiel und im Ringen üben kann. Ferner gibt es viele Theater, breite Straßen, prächtige Tempel, herrliche Wohngebäude und Paläste. Kommt man auf den alten Markt und sieht die prächtigen Bauten, die Tempel, Säulengänge und Wohngebäude, dann kann man leicht alles vergessen, was es sonst so gibt. So schön ist Rom.
*Strabon, 5, 3, S. 8ff. Zit. nach Walter Arend, Geschichte in Quellen, Bd. 1, 2. Aufl., München (bsv) 1975, S. 594f. Übers. v. Albert Forbiger, bearb. v. Verf.***

1 Erläutere mithilfe von M1, wie der Grieche Strabo die Stadt Rom zur Zeit des Kaisers Augustus beschrieb.

zu S. 34/35:

M 1 *Wohnhaus (villa) einer Adelsfamilie in Pompeji, Zeichnung, 1999*

1 Arbeite aus M1 Informationen über die Lebensverhältnisse der reichen Menschen im antiken Rom heraus.

2 Vergleiche das Leben in einer römischen Villa mit den Wohnverhältnissen in einem Mietshaus (insula) auf S. 34/35.

zu S. 48/49:

1 Recherchiere im Internet zu einer der christlichen Kirchen in Armenien, Äthiopien oder Ägypten („Kopten"). Stelle deine Ergebnisse in der Klasse vor

Kapitel 2: Wer herrschte im Mittelalter?

zu S. 62/63:

1 Nenne Gründe, warum es für einen mittelalterlichen König wichtig war, von Gott eingesetzt zu sein und die Unterstützung des Papstes zu haben.

zu S. 70/71:

1 Erstelle ein Schaubild für die Königsherrschaft im Mittelalter. Verwende darin folgende Begriffe: Bischöfe, Gott, Herzöge, König und Volk.
Tipp: Beachte die Stellung des Königs, die Aufgaben der einzelnen Gruppen usw.

zu S. 72/73:

M 1

Otto I. und seine Gemahlin Editha, Sandsteingruppe aus dem Magdeburger Dom, um 1250. Die runde Scheibe in der Hand Ottos zeigt den Erdkreis.

1 a) Beschreibe M1.
b) Stelle fest, welcher Machtanspruch bei Otto I. deutlich wird.

zu S. 74/75:

M 1

Die Investitur eines katholischen Bischofs heute: Ein neuer Bischof muss gewählt werden, wenn der bisherige Amtsinhaber stirbt, der Papst dessen Rücktritt mit Erreichen der Altersgrenze von 75 Jahren annimmt oder diesen in ein anderes Bistum versetzt. Die Neubesetzung verläuft dann z. B. in den Bistümern Freiburg und Rottenburg-Stuttgart folgendermaßen ab: Das sogenannte Domkapitel – bestehend aus den wichtigsten geistlichen Würdenträgern des Bistums – erstellt eine Liste geeigneter Kandidaten. Das Domkapitel schickt diese Liste direkt nach Rom in den Vatikan, in dem die Kandidaten unter Aufsicht des Papstes überprüft werden. Nach der Prüfung der vorgeschlagenen Kandidaten sendet der Vatikan eine Liste mit drei geeigneten Kandidaten zurück an das Bistum. Aus diesem Dreiervorschlag wählt das Domkapitel den neuen Bischof für das Bistum. Der Vatikan fragt bei der amtierenden Landesregierung in Stuttgart nach, ob Bedenken gegen den Gewählten vorliegen. Gibt die Landesregierung grünes Licht, ernennt der Papst den Gewählten, der den Eid auf die Landesverfassung von Baden-Württemberg leistet. Dann wird die Bischofsweihe im Freiburger Münster oder im Rottenburger Dom gefeiert.

*In Anlehnung an http://www.katholisch.de/aktuelles/aktuelle-artikel/schwierige-wahl (Stand: 12. 12. 2018)**

1 Vergleiche mithilfe von M1 die Investitur eines katholischen Bischofs heute mit den Regelungen im Wormser Konkordat.

Kapitel 3: Wie lebten die Menschen im Mittelalter?

zu S. 86/87:

1 Bildet eine Vierergruppe und gestaltet ein Streitgespräch zwischen den drei Verfassern S. 87, M3 bis M5 und einem Gesprächsleiter. Tragt es der Klasse vor.

zu S. 94/95:

M 1

Der Historiker Horst Fuhrmann über die Ernährung im Mittelalter (1989):

In der Anfangsepoche des Mittelalters, wo bei dünner Bevölkerung noch weite Flächen für die Viehwirtschaft zur Verfügung stehen, nimmt das Fleisch einen wichtigen Platz in der bäuerlichen Alltags- und Festtagskost ein. Mit der wachsenden Bevölkerung musste dann aber die Weidewirtschaft dem flächenintensiven Getreidebau immer mehr weichen, sodass eine neue Stufe der Ernährung begann, bei der die Nahrungsmittel aus der Getreidewirtschaft vorherrschten. Jahrhundertelang bildete der Brei, der vor allem aus Hirse und Hafer zubereitet wurde, das Hauptnahrungsmittel der Landbevölkerung ... Im Unterschied zum später aufgekommenen Brot, das im Mittelalter noch lange Zeit vorwiegend von der geistlichen und adligen Oberschicht gegessen wurde, war der Getreidebrei eine Volksnahrung, die aus zerriebenen Getreidekörnern hergestellt, mit Wasser oder Milch unter Beigabe von Salz zubereitet und in einem Topf gekocht wurde ... Berichte von großartigen bäuerlichen Festgelagen beziehen sich im Allgemeinen auf eine bäuerliche Oberschicht ... Die Mehrzahl der Bauernfamilien verfügte aber über so geringe Einkünfte, dass ihnen nur wenig zur Vorratsbildung für schlechtere Jahre zur Verfügung stand. Gab es Missernten oder traten Viehseuchen auf, waren verheerende Hungersnöte ... die Folge.

*Zit. nach Werner Rösener, Bauern im Mittelalter, München (C. H. Beck) 1985, S. 107ff.**

M 2

Bauernhochzeit, Holzschnitt von Erhard Schoen, 1527

1 **a)** Lies M1 und fasse den Inhalt kurz zusammen.
b) Überprüfe die Aussage von M1 mithilfe des Bildes M2.

zu S. 110/111:

M 1

Die Historikerin Edith Ennen schrieb 1994 über Mädchenbildung in den mittelalterlichen Städten:
In den ... betrachteten Städten war in den bürgerlichen Kreisen kein großer Unterschied der Knaben- und Mädchenbildung festzustellen. Viele Frauen, vor allem Kauffrauen, konnten lesen, schreiben, rechnen und ihre eigenen oder des Ehegatten Geschäftsbücher führen. Aber seit etwa 1350 bahnte sich in den Städten eine Entwicklung an, von der die Mädchen ausgeschlossen blieben. Die Bürgersöhne besuchten in zunehmendem Ausmaß Universitäten in der weiten Fremde, in Italien und Frankreich, aber auch die Neugründungen ... in Prag, Heidelberg, Köln, Erfurt, Wien, Leipzig usw. Die Universitäten überrundeten die klösterliche Gelehrsamkeit und Bildung. Sie durchbrachen die überlieferte ständische Ordnung, an ihnen konnten Bürger- und sogar Bauernsöhne studieren ... Knaben- und Mädchenbildung gingen jetzt getrennte Wege ... Die Frau verfügte hinfort nicht nur über keine politischen Rechte, sie besaß vielfach auch gar nicht mehr die Voraussetzung für eine politische Laufbahn (weil ihr die Voraussetzung eines Studiums fehlte). In der Geschichtsforschung wurde festgestellt, dass Ärztinnen nach 1500 weitgehend aus den Urkunden verschwinden.

*Edith Ennen, Frauen im Mittelalter, 5. Aufl., München (C. H. Beck) 1994, S. 194**

1 **a)** Untersuche anhand von M1 die Bildungschancen der Frauen im Mittelalter.
b) **Methode:** Notiere, welche historischen Urteile die Autorin fällt. Nimm die Arbeitsschritte auf S. 145 zu Hilfe.

zu S. 114/115:

1 **Recherche:** Im Jahr 1215 gab es in Leipzig einen Aufstand gegen den Stadtherrn. Informiere dich über Anlass, Verlauf und Ergebnis dieses Aufstandes und berichte der Klasse.

Kapitel 4: Religionen und Kulturbegegnungen

zu S. 138/139:

1 **Recherche:** Im heutigen Jordanien sind Wüstenschlösser der ersten Kalifen erhalten. Informiere dich im Internet und stelle in der Klasse vor.

zu S. 140/141:

1 **a)** Begründe, warum die Moschee in Córdoba heute eine katholische Kathedrale ist. Nutze das Internet.
b) Vergleiche die Entwicklung der Moschee von Córdoba und der Hagia Sophia in Istanbul.

Kapitel 6: Wahlbereich: Regionalgeschichte – Sachsen im Mittelalter

zu S. 160/161:

1 Die Burg Meißen spielt in der Geschichte Sachsens eine besondere Rolle. Informiere dich über die Gründe, warum König Heinrich I. die Burg errichten ließ und welche Bedeutung sie für die Eroberung der slawischen Gebiete hatte.

zu S. 164/165:

1 Erstelle eine Zeitleiste zur Entwicklung Sachsens von der Gründung der Mark Meißen 1089 bis zur Leipziger Teilung 1485.

M 1

Beinamen der Wettiner Fürsten

Da Könige, Fürsten und Herzöge aus einem Adelsgeschlecht oft dieselben Vornamen hatten, hat man zur Unterscheidung offiziell zum Namen römische Zahlen ergänzt (Heinrich I., II. usw.). Es gab aber auch inoffizielle Beifügungen zu den Vornamen. Aus dem Adelsgeschlecht der Wettiner sind folgende überliefert:

Dedo III. der Fette
Konrad der Fromme
Otto der Reiche
Albrecht I. der Stolze
Dietrich der Bedrängte
Heinrich III. der Erlauchte
Albrecht II. der Entartete
Friedrich I. der Gebissene
Friedrich Tuba der Stammler
Hermann der Lange
Ludwig III. der Milde
Friedrich II. der Ernsthafte
Friedrich I. der Strenge
Albrecht III. der Beherzte
Wilhelm I. der Einäugige

2 Erkläre, warum man den einzelnen Landesherren diese Beinamen gegeben hat. Versuche bei Beinamen, die du dir nicht erklären kannst, herauszubekommen, worauf sie zurückzuführen sind.

Lösungshilfen zu den Seiten „Wissen und Kompetenzen prüfen“

Kapitel 1: Die römische Zivilisation prägt Europa (S. 54/55)

– Zum Kasten auf S. 54: Gründungsmythos; Römische Republik; römische Expansion; Caesar; Augustus; Kaiserzeit; Varusschlacht; Limes; Christenverfolgungen; Staatsreligion

1 Arbeitsschritte „Eine schriftliche Quelle analysieren“, S. 71:
1. Wie war das Verhältnis zwischen Römern und Germanen?
3. der römische Geschichtsschreiber Cassius Dio
4. zwischen 164–229 n. Chr., vermutlich in Rom
5. Ausschnitt aus dem historischen Werk „Römische Geschichte“
6. vermutlich an die Nachwelt
7. Sitten
8. Einzug der Römer, Übernahme ihrer Lebensweise, Römer wollen Germanen Vorschriften machen, Widerstand der Germanen
9. Warum übernahmen die Germanen die römische Lebensweise?
10. Die Germanen übernahmen unbewusst langsam die römische Lebensweise. Wenn die Römer keinen Druck auf sie ausübten, lebten sie friedlich zusammen. Als die Römer aber begannen, ihnen Vorschriften zu machen und Steuern einzutreiben, gab es Widerstand.
11. Cassius Dio möchte der Nachwelt über das Verhältnis zwischen Römern und Germanen berichten.
12. Cassius Dio schreibt fast 200 Jahre nach den Geschehnissen (um 9 n. Chr.). Er war daher nicht persönlich dabei. Seine Quellen sind unklar.

2 Mögliche Lösung: Obwohl Römer und Germanen oft in Konflikt gerieten, übernahmen die Germanen immer mehr die römische Lebensweise. Des Weiteren trieben sie trotz der kriegerischen Auseinandersetzungen einen regen Handel untereinander, von dem beide Seiten profitierten.

3 Arbeitsschritte „Ein Schaubild auswerten“ auf S. 21:
Zu 1: z. B. senatorische Provinzen, kaiserliche Provinzen, Konsuln.
Zu 2–3: Das Schaubild ist von oben nach unten zu lesen, weil Augustus und der Senat im Zentrum der Macht stehen. Von ihnen geht die Herrschaft aus. Es gab den Senat und die Volksversammlung; zu den Ämtern zählten die Konsuln und sonstige Staatsbeamte, Verwaltungsbeamte und Senatoren.
Zu 4–6: Senatoren wurden von Augustus ernannt, im Gegenzug berieten sie ihn. Sie verwalteten die senatorischen Provinzen. Dort waren keine Truppen stationiert. Die Volksversammlung wählte die Konsuln und sonstige Staatsbeamte (ohne Macht) auf Vorschlag von Augustus. Er ernannte die Senatoren, kontrollierte die Verwaltung, befehligte das Heer und überwachte die Finanzen. Er verwaltete die kaiserlichen Provinzen, in denen das Heer stationiert war. Augustus steht im Schaubild oben, weil er die Stützen der Macht innehatte: Dies waren die Verwaltung, das Heer und die Finanzen. Auch befehligte nur er alleine das Heer. Die Senatoren verwalteten zwar die senatorischen Provinzen, sie hatten faktisch aber, ebenso wie die anderen Beamten, keine Macht. Zur Volksversammlung zählten nur die römischen Männer. Frauen, Kinder, Sklavinnen und Sklaven hatten keine politischen Rechte.

4 Mögliche Lösung: Der Limes war nicht nur eine militärische Grenze, sondern auch ein Ort des Handels zwischen Römern und Germanen. Händler trieben an den Grenzstationen und den nahe gelegenen Märkten einen regen Warenhandel, von dem beide Seiten profitierten. Die Römer bezogen z. B. Holz, Eisen oder auch Blei aus Germanien. Die Germanen kauften von den Römern Keramik, Schmuck oder Wein. Um Handel treiben zu dürfen, mussten die Germanen jedoch eine Zollgebühr bei den Legionären zahlen.

5 Mögliche Fragen: Wann wurde Rom der Sage nach gegründet? Was bedeutet „Prinzipat“? Wer war Caesar? Wie gingen die Römer mit anderen Religionen um? Was bedeutet Diaspora? Welche Funktion hatte der Limes? Welche Aufgaben hatte der Senat? Welche Stellung hatte der „pater familias“ in der römischen „familia“ inne? Wann ging das Weströmische Reich unter? Wann wurde das Christentum Staatsreligion?

6 strata = Straße, plastrum = Pflaster, carrus = Wagen, cista = Kiste, saccus = Sack, corbis = Korb, murus = Mauer, porta = Pforte, villa = Haus, tegulae = Ziegel, camera = Kammer, speculum = Spie-

gel, fenestra = Fenster, cellarium = Keller, pressa = Presse, vinum = Wein, mustum = Most (Saft), prunum = Pflaume, persicum = Pfirsich, radix = Radieschen, oleum = Öl, caseus = Käse, moneta = Geld

7 Das Museum Kalkriese erinnert beim „Osterleuchten" alle zwei Jahre an die Varusschlacht. Im Jahr 2008 war z. B. das Vorgeschehen der Varusschlacht Thema des „Osterleuchtens". Es wurden Szenen aus Germanien und der Aufmarsch der Römer dargestellt. Im Römermuseum Haltern wurde mithilfe von Spielfiguren der Firma Playmobil an die Varusschlacht erinnert. 15 000 Spielfiguren stellten die drei Legionen des Varus dar, die bei der Schlacht von den Germanen geschlagen wurden.

Kapitel 2: Wer herrschte im Mittelalter? (S. 80/81):

– zum Kasten S. 80: 1. z. B. *Gottesgnadentum:* fußt auf der Überzeugung, dass der König/Kaiser seine Herrschaft direkt von Gott übertragen bekam und er von ihm eingesetzt wurde; *Herrschaftsinsignien:* Symbole der Herrschaft. Ein Herrscher musste die heiligen Gegenstände besitzen und sich mit ihnen dem Volk zeigen, denn sie verliehen seiner Herrschaft die Rechtmäßigkeit; *Investiturstreit:* Der Streit zwischen Kaiser und Papst um die Einsetzung der Bischöfe, bei dem der Papst den Kaiser bannte und der Bann erst durch den Gang nach Canossa 1077 aufgehoben wurde. Der Investiturstreit wurde durch das Wormser Konkordat beigelegt.

1 Arbeitschritte „Eine schriftliche Quelle analysieren" auf S. 71:
zu 1.: Papst Gregor VII.
zu 2.: 1077, Höhepunkt des Investiturstreits (im Streit zwischen Kaiser und Papst ging es um die Einsetzung von Bischöfen)
zu 3.: ein für einen größeren Empfängerkreis verfasster und deshalb offener Brief
zu 4.: an die geistlichen und weltlichen Fürsten in Deutschland
zu 5.: individueller Klärungsbedarf
zu 6.: 1) Gruß an die deutschen Fürsten (Z. 1–4); 2) Zusammenfassung der Ereignisse (Z. 8–12); 3) König bittet Papst um Vergebung (Z. 15–22); 4) Zurückweisung durch den Papst (Z. 22–25); 5) Gang nach Canossa: der König erniedrigt und unterwirft sich dort dem Papst (Z. 25–34); 6) Lösung des Kirchenbanns durch den Papst nach Zusicherungen des Königs (Z. 43–49)
zu 7.: König wird mehrfach als „demütig" (Z. 8 f.), „untertänig" (Z. 16), „[g]ehorsam" (Z. 19), „Mitleid erregend" (Z. 30 f., 36 f.) beschrieben; Papst erweist ihm „Gnade" (Z. 9, 20)
zu 8.: Der König hat sich dem Papst völlig unterworfen. Der Papst stellt sich als eindeutiger Sieger des Konflikts dar.
zu 9.: Darstellung als päpstlicher Sieg zu einseitig, erst 1122 wird der Konflikt gelöst, und zwar durch einen Kompromiss im Wormser Konkordat
zu 10.: Ein solcher Konflikt um die Vormacht zwischen Kirche und Staat ist heute nicht mehr möglich: Zum einen herrscht eine klare Trennung von Kirche und Staat, zum anderen beschränkt sich die „Macht" der Kirchen auf die Regelung ihrer innerkirchlichen Angelegenheiten. Bei ihren Aufgaben in der Gesellschaft kooperieren sie mit staatlichen Einrichtungen (z. B. Sozialstationen mit Caritas/Diakonie, Kindergärten, Krankenhäuser, Altersheime).

2 Das Verhältnis von Papst (mit Stab) und Kaiser (mit Schwert) scheint nach diesem Bild durch Freundschaft und Gleichheit gekennzeichnet. Wie der Investiturstreit zeigt, war es in Wirklichkeit nicht so.

3 Aussage ist richtig: Aufbau zusammenhängender Herrschaftsgebiete durch die Fürsten; in den Landesherrschaften Aufbau einer eigenen Verwaltung der Fürsten ohne Einflussmöglichkeit des Kaisers; Fürsten erhalten ihre Rechte schließlich in Etappen schriftlich verbrieft: Gesetz zugunsten der Fürsten (1232), Goldene Bulle (1356) – seit 1356 Wahl des Königs durch die Kurfürsten.

4 1.falsch (Reisekönigtum); 2. richtig; 3. falsch (vom Papst beauftragt); 4. richtig; 5. falsch (von Einhard so dargestellt, um Karl in besserem Licht zu präsentieren); 6. richtig; 7. falsch (Streit zwischen Kaiser und Papst um Einsetzung von Bischöfen); 8. falsch (Wahl des deutschen Königs durch die Kurfürsten); 9. richtig; 10. richtig.

5 Individuelle Lösung; einerseits wird der Mönch sich bemühen, die Ereignisse in zeitlich genauer Reihenfolge aufzuzeichnen – andererseits wird er diese Ereignisse als Mann der Kirche eher aus der Sicht des Papstes einseitig darstellen (vergleichbar der einseitigen Darstellung der Ereignisse rund um Canossa in M4). Wichtige Sachverhalte/Ereignisse: Mit dem Papst gemeinsames Anliegen einer Kirchenreform → Einsetzung von Geistlichen, Äbten und Bischöfen allein Sache der Kirche; unzulässiger Eingriff des Königs in Mailand → Papst zurecht empört; König kann den Papst gar nicht absetzen

→ berechtigter Kirchenbann des Königs; Ereignisse rund um Canossa → Sieg des Papstes → berechtigte Vorrangstellung des Papstes.

6 In allen Redewendungen wird Canossa mit Niederlagen, Versäumnissen oder Fehlern gleichgesetzt, für die man die Konsequenzen tragen muss; neue Redewendungen: individuelle Lösung.

7 Städte werben vermutlich mit bekannten Persönlichkeiten, um Touristen und Besucher in die Stadt zu locken und um diese in einem positiven Licht darzustellen. In Magdeburg wirbt man mit Otto „dem Großen", da er sich oft in der Stadt aufgehalten hat und weil man dem Namen Otto heute noch oft in der Stadt begegnet. Es soll das Bild einer historisch wichtigen, traditionsreichen und bedeutsamen Stadt vermittelt werden.

Kapitel 3: Wie lebten die Menschen im Mittelalter? (S. 124/125)

– zum Kasten S. 124: *Grundherrschaft:* z. B. ein Adliger, ein Kloster oder ein Bischof verfügte über das Eigentum an Grund und Boden. Er war der Grundherr und überließ abhängigen Bauern, den *Hörigen*, Land zur Bewirtschaftung. Für den Schutz, den der Grundherr gewährte, waren die Hörigen zu Abgaben und *Frondiensten* verpflichtet – dadurch entstand eine gegenseitige Abhängigkeit. *Lehnswesen:* Das Lehen war ein vom Lehnsherrn an den Lehnsmann (Vasall) lebenslang geliehenes Gut, für das der Vasall dem Herrn Dienste leistete (gegenseitige Abhängigkeit). Lehnsherr und Vasall begaben sich in ein gegenseitig verpflichtendes Verhältnis, in dem beide einander Treue schuldeten: Der Herr erwartete im Frieden Rat und im Kriegsfall militärische Hilfe. Als Gegenleistung belohnt der Herr den Vasallen mit einem Lehen. *Leibeigenschaft:* System der Abhängigkeit eines Hörigen (Leibeigenen) von einem Lehnsherrn (s. o.); *Ostsiedlung:* durch Werbung im Westen des Deutschen Reichs angeworbene Siedler, die im östlichen Mitteleuropa und Polen unbesiedeltes Land bebauten, Wälder rodeten und Dörfer und Städte gründeten; da die Gründung der Städte oft nach deutschem Recht erfolgte, nennt man sie auch deutsche Ostsiedlung; *Minne:* Verehrung einer Frau in der mittelalterlichen Welt der Ritterkultur; *Zünfte:* verpflichtender Zusammenschluss von Handwerkern eines Berufszweiges, die Zunft regelte und überwachte Ausbildung, Warenqualität, Handel und Anzahl der Meisterbetriebe und verhinderte Konkurrenz unter den Handwerkern; *Hanse:* mächtigster Städtebund des Mittelalters; sie vertrat die Interessen der städtischen Fernhandelskaufleute und war im späten Mittelalter eine bedeutende wirtschaftliche und politische Institution.

2 Individuelle Lösung; Tipp: Beachte die umstehenden Gebäude und die Lage der Verkaufsstände (zueinander, Himmelsrichtung/Beleuchtung u. a.).

3 Das Bild ist in der Mitte durch die nach vorne laufende Stadtmauer klar geteilt; die linke Hälfte (Stadt) wird durch hohe, dicht aneinandergereihte Steinhäuser gekennzeichnet und durch Menschen, die etwas transportieren oder „bewegen"; die rechte Bildhälfte enthält das durch Landwirtschaft (Felder) gezeichnete Hügelland, nur von einzelnen Gehöften „unterbrochen". Auffallend ist, dass sich in der rechten Bildhälfte zwei Menschengruppen befinden, die sich von ihrem Aussehen (Status) und ihrer Tätigkeit grundlegend voneinander unterscheiden: vornehm gekleidete Reiter, die sich unterhalten, und auf dem Feld körperlich hart arbeitende Bauern. Während es zwei Reitergruppen gibt, von denen eine in die Stadt, die andere von dieser wegreitet, wirkt die Gruppe der auf dem Feld arbeitenden Personen in sich geschlossen. In der Stadt lassen sich Personen unterscheiden, die Lastpferde vor sich hertreiben, eine Person, die eine Schweineherde treibt, und zwei, die etwas am Körper tragen. Die Darstellung von Stadt und Land wirkt deutlich stilisiert: Die Stadt-„Aufnahme" wirkt aufgrund der Enge und Farbgebung sehr energiegeladen und „bunt", die des Landes aufgrund der angedeuteten Weite (Hügellandschaft mit Baum- und Pflanzreihen) ruhig und offen. Aber auch die ländliche Lebenswelt ist eine strukturierte und kultivierte: Das zeigen die Begrenzungen, die offensichtlich von Menschenhand angelegt sind, und die durchgängig landwirtschaftliche Nutzung des Bodens. Das Stadttor, das die Verbindung beider Lebensbereiche darstellt, wird nicht selbst gezeigt, aber dadurch, dass Personen hinter der Mauer verschwinden, andere jenseits dieser hervorkommen, ist klar, dass sich unter dem Turm das Stadttor befinden muss. Der Künstler macht in seinem Bild deutlich, dass die Lebensbereiche und -formen, die er durch Stadt und Land darstellt, sich unterscheiden, aber er verknüpft das nicht mit einer expliziten Wertung. Vielmehr erscheint es so, als seien beide Bereiche füreinander notwendig, als seien sie – trotz der klaren Trennung (Stadtmauer) – miteinander verbunden.

4 Das Land (Felder, Wald und Wiesen) sowie Mühlen-, Jagd- und Fischrechte sollen die Siedler für immer übertragen bekommen. Außerdem sind sie

von Zöllen und von Besteuerungen durch Dritte (Bischof, Richter, Voigt) befreit. Durch das gerodete und bewirtschaftete Land erhält der Bischof jährliche Abgaben in Höhe von einem Zehnt aller erwirtschafteten Produkte. Diese Abgabe erhöht seine Einnahmen und ist ein Motiv für die Ansiedlung.

5 Kloster: Überschussproduktion → Verkauf in Städten; in Krisen (u. a. mangelnde Arbeitskräfte) wird Eigenproduktion unwirtschaftlich → zunehmender Erwerb von Grundherrschaften.

6 Individuelle Lösungen

Kapitel 4: Religionen und Kulturbegegnungen im Mittelalter (S. 148/149)

– zum Kasten S. 148: *Jüngstes Gericht:* Beim „Jüngsten Gericht" werden, nach dem Christentum alle Menschen auferstehen und jeder wird von Christus entweder zur ewigen Glückseligkeit im Himmel oder zur ewigen Verdammnis in der Hölle verurteilt; *Monotheismus*: Glaube an einen einzigen Gott. Das Christentum, der Islam und das Judentum sind monotheistische Religionen; *Pogrom:* gewaltsame Ausschreitung gegen Minderheiten, im Mittelalter besonders gegen Juden im Zusammenhang mit den Kreuzzügen und der Pest; *Diaspora:* bezeichnet das Gebiet, in dem die Juden nach Vertreibung aus Palästina über weite Teile Europas verstreut waren und unter Andersgläubigen lebten; *Ghetto:* besonderes Stadtviertel oder eine Straße, in der die Juden leben mussten; *Schwarzer Tod:* Bezeichnung für die große Pestepidemie in Europa von 1348–1352; *Prophet:* allgemein jemand, der sich von Gott berufen fühlt, Gottes Lehre zu verkünden; *Kalif:* Titel islamischer Herrscher als Nachfolger Mohammeds; *Koran:* das bedeutendste Buch des Islam, im Arabischen bedeutet das Wort Qur'an so viel wie „Lesung" oder „Vortrag"; *Kreuzzüge:* ein von der christlichen Kirche geförderter Kriegszug gegen Heiden oder Andersgläubige, das Zeitalter der Kreuzzüge dauerte vom Ende des 11. bis zum Ende des 13. Jahrhunderts; *Dschihad:* arabische Bezeichnung für „Heiliger Krieg", d.h. der Kampf für die Verteidigung und Verbreitung des Islam; *Fanatismus:* Besessenheit von einer Idee oder Ideologie.

1 **a)** und **b)** Individuelle Lösung

2 In M1 wird beschrieben, wie Juden bei einem Bischof für „eine ganz unerhörte Menge" (Z. 3) Geld Schutz suchen und dennoch von den Kreuzrittern getötet werden (darunter Alte und Kinder); am Leben gebliebene Juden töteten sich selbst und ihre Familien, um nicht durch die Hand der Kreuzritter zu sterben. Die Darstellung entspricht den Berichten über den ersten Kreuzzug und den Pogromen gegenüber Juden.

3 Individuelle Lösung; angesichts des grausamen Auftretens der Kreuzritter ist es verständlich, dass die Juden die Selbsttötung der Ermordung durch Christen vorziehen.

4 Arbeitsschritte S. 91
zu 1.–5.: Um den Herrscher Akbar sitzen zwei christliche Mönche (schwarz) und weitere Personen. Einige von ihnen halten Bücher in den Händen.
In der Mitte befindet sich ein Schriftstück.
Nach oben zeigende Handflächen, wie sie sich u. a. bei Akbar und dem Mann links neben ihm finden, können sowohl eine Huldigungs- und Unterwerfungsgeste als auch eine Geste der Offenheit sein. Bei dem Kniefall der Mönche handelt es sich um eine Geste der Huldigung. Akbar und die christlichen Mönche nehmen eine hervorgehobene Position ein, da der Herrscher erhöht sitzt und die Mönche mit ihrer dunklen Kleidung im deutlichen Kontrast zum farbenfrohen Hof stehen. Auch dem Schriftstück in der Mitte des Bildes kommt durch seine zentrale Position eine besondere Bedeutung zu.
Datierung der Darstellung: 16. Jh., die Abbildung stellt die Gemeinschaft zwischen Muslimen und Christen in den Mittelpunkt.

5 Unter Kulturbegegnungen wird das Aufeinandertreffen der drei Religionen in Europa und im Nahen Osten während des Mittelalters verstanden. Das Aufeinandertreffen der Religionen war sowohl friedlich (z. B. Al-Andalus) als auch feindlich (Pogrome, Kreuzzüge) – heute: schwindender Einfluss der Religionen in Europa (im Gegensatz zu arabischen Ländern); religiöser Austausch vielfältig (z. B. ökumenische Gottesdienste), aber auch die Verfolgung Andersgläubiger und Glaubenskonflikte (z. B. im Nahen Osten).

6 Urteil Verfasser: Die Erfahrung der Kreuzzüge prägt die Haltung der arabischen Welt gegenüber der westlichen stark; der Autor betont vor allem negative Aspekte und Folgen der Kreuzzüge.

Unterrichtsmethoden

1 Die Kugellager-Methode

- Bei der Durchführung sitzt oder stellt ihr euch paarweise in einem Innen- und einem Außenkreis gegenüber.
- In einem vorher festgelegten Zeitrahmen tauscht ihr euch mit eurem Gegenüber über ein vorher festgelegtes Thema aus.
- Auf ein vereinbartes Zeichen der Lehrkraft dreht sich der Innenkreis im Uhrzeigersinn zwei Plätze weiter. Dort findet der Austausch mit dem neuen Partner statt.
- Für einen erneuten Partnerwechsel dreht sich auf das Signal der Lehrkraft der Außenkreis gegen den Uhrzeigersinn zwei Plätze weiter.
- Nach mehreren Runden könnt ihr eure Ergebnisse gemeinsam auswerten.

Tipp: Schafft genug Platz, sodass ihr einen gewissen Abstand zu den anderen Paaren habt. Dafür könnt ihr Tische und Stühle an den Rand schieben oder vielleicht auf den Schulhof gehen.

2 Einen Kurzvortrag halten

- Vorbereitung: Sammle und ordne alle Informationen zu deinem Thema in einer Mindmap.
- Entwickle eine Gliederung für deinen Vortrag: Lege zu jedem Hauptpunkt eine Karteikarte mit den wichtigsten Informationen an und nummeriere die Karteikarten in einer sinnvollen Reihenfolge.
- Überlege dir einen interessanten Einstieg und Schluss für deinen Vortrag.
- Versuche, möglichst frei vorzutragen. Sprich laut, deutlich und nicht zu schnell.
- Schau dein Publikum an. So siehst du auch, wenn es Zwischenfragen gibt.
- Unterstütze deinen Vortrag durch Anschauungsmaterial (Bilder, Grafiken, Gegenstände).

3 Ein gutes Lernplakat gestalten

- Verwende für das Plakat mindestens die Größe DIN A2, besser DIN A1 (= 8 DIN A4-Blätter).
- Beschränke dich auf die wesentlichen Informationen.
- Die Informationen auf dem Plakat müssen sachlich stimmen (z. B. richtige Jahreszahlen).
- Das Thema des Plakats muss deutlich zu lesen sein.
- Schreibe in Stichpunkten oder in kurzen Sätzen.
- Unterstreiche Schlüsselbegriffe oder rahme sie ein.
- Verwende für die Schrift einen schwarzen oder dunkelblauen Stift. Andere Farben eignen sich für Pfeile, Linien oder Hervorhebungen.
- Achte auf die Lesbarkeit der Schrift (Größe und Ordnung). Du kannst Hilfslinien mit Bleistift zeichnen und später wegradieren.
- Gliedere deine Informationen durch unterschiedliche Schriftgrößen. Verwende Ordnungszahlen, wenn du eine bestimmte Reihenfolge darstellen möchtest.

4

Ein Rollenspiel durchführen

- **Ausgangslage festhalten:** Fertigt eine Situationskarte und mehrere Rollenkarten an. *Situationskarte:* kurze Beschreibung, welche Situation nachgespielt werden soll. Welche Probleme sind zu lösen? *Rollenkarte:* Je eine für die dargestellten Personen und für die Beobachter. Auf den Karten sind Tätigkeit, Eigenschaften, Verhalten und die Ziele der Personen notiert.
- **Rollen verteilen:** Vorgaben der Rollenkarten beachten, eigene Vorstellungen dürfen aber auch eingebracht werden.
- **Spiel vorbereiten:** Die Spielerinnen und Spieler heften sich ein Schild mit ihrer Rollenkennzeichnung an. Sie besprechen die Situation (Situationskarte) und die Rollen (Rollenkarten) untereinander.
- **Spiel durchführen:** Spielbeobachter machen sich während des Spiels Notizen zu den einzelnen Rollen.
- **Spiel auswerten:** Die Beobachter bewerten das Spiel und begründen ihre Meinung. Wurden die Rollen glaubhaft gespielt? Welche Argumente wurden genannt? Passten sie in die Situation und die Zeit? Was war gut, was könnte verbessert werden?

5

Ein Standbild entwickeln

In einem Standbild stellt ihr eine bestimmte Handlung oder eine Szene aus einem Bild nach. Dafür benötigt ihr:
einen oder mehrere Standbildbauer, einen oder mehrere Darsteller, Zuschauer.

- Der Standbildbauer formt das Standbild. Er/sie gibt dabei möglichst viele Einzelheiten vor, z. B. Körperhaltung, Gesichtsmimik, Gestik der Hände. Die Darsteller verhalten sich hierbei wie „lebendige Puppen" und folgen, ohne zu sprechen, den Anweisungen.
- Es ist auch möglich, dass jede Rolle doppelt besetzt wird: Ein Darsteller nimmt die Position einer bestimmten Person ein, der andere steht dahinter und sagt laut, was diese Person in dieser Situation vielleicht denkt.
- Die Zuschauer beurteilen im Anschluss das Standbild und können Veränderungen vorschlagen.
- Zum Abschluss berichten die Darsteller über ihre Wahrnehmung.

6

Ein Erklärvideo erstellen

Ein Erklärvideo, auch Explainity-Clip genannt, ist ein mit dem Smartphone oder der Videokamera gedrehter Film von nicht mehr als drei bis fünf Minuten. Es lässt sich gut einsetzen, um geschichtliche Ereignisse und Inhalte einfach, anschaulich und eindrucksvoll unter Einsatz von modernen Medien zu erklären. Zur Herstellung eines Erklärvideos braucht ihr ein Smartphone oder eine Videokamera und ein Blatt Papier, auf dem die zu drehenden Szenen festgehalten werden. Sinnvoll kann es sein, dass ihr euch vor Beginn eurer Arbeit Beispiele für Erklärvideos im Internet anseht.

Brainstorming und Recherche: Überlegt, welche Informationen der Zuschauer braucht, um ihm das Thema zu erklären. Zur Recherche könnt ihr das Internet oder die entsprechenden Seiten des Schulbuchs benutzen.

Storybord: Das Storyboard ist eine Kurzversion eines Drehbuchs. Auf einem Blatt Papier werden Szenen und Bilder und der dazugehörige Text des Sprechers festgehalten. Beim Sprechertext, der zu den gezeigten Bildern passen muss, achtet darauf, dass euer Thema kurz, aber zusammenhängend erklärt wird. Die Bilder, die ihr selbst zeichnen oder abfilmen könnt, können mit der Hand ins Bild gelegt werden.

Das Video drehen: Mithilfe eines Smartphones oder einer Videokamera ein drei- bis fünfminütiges Video drehen, das ihr anschließend im Unterricht präsentiert. Abschließend diskutieren die Zuschauer, ob ihnen durch das Video das Thema klar ist.

Methoden und Medien aus den Bänden 5 und 6

• Einen Sachtext lesen und verstehen S. 180

Ersten Überblick verschaffen

1. Welche Überschrift hat der Text?
2. Wie ist der erste Eindruck von Inhalt und Aufbau des Textes?

Fragen stellen

3. Was weiß ich schon über das Thema?
4. Wer kommt in dem Text vor?
5. Wo und wann findet das Dargestellte statt?
6. Worum geht es?
7. Welche Fragen bleiben offen?

Schlüsselwörter klären

8. Welche schwierigen Wörter oder Unklarheiten muss ich klären?
9. In welche Abschnitte lässt sich der Text gliedern? Welche Überschriften passen zu den Textabschnitten?

Textaufbau erfassen

10. In welche Abschnitte lässt sich der Text gliedern?
11. Welche Überschriften passen zu den Textabschnitten?

Inhalt wiedergeben

12. Gib mithilfe der Überschriften und Schlüsselwörter den Inhalt des Textes wieder.

• Ein Schaubild auswerten S. 21

Einzelne Elemente des Schaubildes erfassen

1. Welche Fachbegriffe werden verwendet und müssen geklärt werden?
2. Welche Bedeutung haben Farben und Pfeile?

Aufbau des Schaubildes untersuchen

3. Wie ist das Schaubild zu lesen?
4. Welche Versammlungen und Ämter gab es?

Inhalt vertiefen und bewerten

5. Was waren die Aufgaben der einzelnen Ämter und Versammlungen?
6. Wie war die Macht im Staat verteilt?

Historischen Zusammenhang einbeziehen

7. Welche weiteren Informationen zur Einordnung und Bedeutung des Schaubildes sind notwendig?

• Eine Geschichtskarte auswerten S. 33

Den Kartentitel auswerten

1. Welche Informationen kannst du dem Kartentitel entnehmen?

Die Kartenlegende entschlüsseln und den Maßstab feststellen

Nimm dir Zeit, die Legende genau zu studieren. Sie ist der Schlüssel zum Verständnis der Karte:

2. Was bedeuten die Farben?
3. Wofür stehen die verwendeten Symbole?
4. Welche Bedeutung haben die kursiv gesetzten Namen?
5. In welchem Maßstab ist die Karte angefertigt?

Die Karte lesen und die Kartenaussagen zusammenfassen

6. Was sagt die Karte im Einzelnen aus?
7. Was ist die Hauptaussage der Karte?

Weitere Fragen zur Karte stellen

Karten können nicht alle wichtigen Informationen zu einem Thema aufnehmen, da sie ansonsten mit Symbolen überfrachtet und kaum mehr lesbar wären.

8. Ausgehend von einer Karte ergeben sich deshalb oft Fragen, zu deren Klärung du weitere Hilfsmittel benötigst.

• Eine schriftliche Quelle analysieren S. 71

Quelle und Verfasser einordnen

1. Wann und wo wurde die Quelle geschrieben? (zeitlicher und örtlicher Abstand zum Ereignis)
2. Wer ist der Autor/die Autorin der Quelle? (Augenzeuge; besondere Beziehungen zwischen ihm und einer der beschriebenen Personen?)
3. Um welche Art von Text handelt es sich? (z. B. Brief, Urkunde, Gesetz, Geschichtsbuch)
4. An wen ist der Text gerichtet?

Textinformationen entnehmen

5. Welche Begriffe muss ich klären?
6. Wie ist die Quelle aufgebaut? Finde Überschriften für die wichtigsten Abschnitte.
7. Welche Schlüsselbegriffe (= wichtige oder wiederholte Wörter) werden verwendet?
8. Was ist die Hauptaussage des Textes? Fasse sie in ein bis zwei Sätzen zusammen.

Tatsachen von Meinungen unterscheiden und selbst Stellung nehmen (beurteilen)

9. Welche Absicht verfolgt der Autor/die Autorin?
10. Welche Aussagen des Textes sind historisch zuverlässig, welche sind die individuellen Meinungen der Autorin/des Autors? Prüfe Textaussagen mithilfe anderer Informationsquellen (Schulbuch, historisch zuverlässige Texte im Internet, Fachbücher).
11. Wie wurde das Ereignis aus damaliger Sicht beurteilt?
12. Welche Meinung vertrittst du zum Thema der Quelle? Wie erscheint dir das Ereignis aus heutiger Sicht?

• Eine Bildquelle interpretieren S. 91

Einzelne Elemente beschreiben

1. Was ist dargestellt (Personen, Gegenstände)?
2. In welchen Positionen (Haltungen), in welchen Bewegungen sind sie zu sehen?
3. Wie lässt sich die Situation beschreiben?
4. Was erscheint merkwürdig?

Zusätzliche Informationen hinzuziehen und Bedeutung der Bildelemente interpretieren

5. Welche Hinweise gibt die Bildunterschrift?
6. Welche Bedeutung würdest du der entsprechenden Geste, Gebärde, Handlung oder auch dem Gegenstand heute noch zuordnen?
7. Recherchiere Hintergrundinformationen zu den Symbolen (Bibliothek, Internet).
8. Welche Einzelaussagen ergeben sich aus den Symbolen und Gesten?

Bildaussage formulieren

9. Welche Gegenstände oder Handlungen scheinen besonders wichtig zu sein für die Aussage des Bildes? Woran erkennst du dies?
10. Welche Gesamtaussage lässt sich formulieren? Gibt es mehrere Deutungen?

• Eine Exkursion durchführen S. 121

Informationen beschaffen

1. Besorgt euch zunächst Übersichtspläne und Informationsmaterial von der Stadtverwaltung oder Museumsverwaltung.

Organisieren

2. Klärt, welcher Termin infrage kommt, und ermittelt Fahrzeiten und Preise der günstigsten Verkehrsmittel.

Themen in der Schule vorbereiten

3. Sichtet das Informationsmaterial, entscheidet über die Arbeitsschwerpunkte.
4. Teilt euch in Gruppen ein. Jede Gruppe bereitet ein Teilthema vor und bearbeitet es bei der Exkursion.
5. Formuliert Einzelfragen, die ihr bearbeiten wollt. Bleibt aber auch offen für Unbekanntes.

In dem Ort bzw. Museum orientieren

6. Verschafft euch vor Ort gemeinsam bei einem Rundgang einen ersten Überblick.
7. Fertigt Notizen, Skizzen und Fotos (Video?) an, evtl. ist auch ein Interview mit einem Stadt- bzw. Museumsmitarbeiter möglich.

Befunde auswerten und dokumentieren

8. Wertet eure Arbeitsergebnisse in der Schule aus.

• Ein historisches Urteil bilden S. 145

Eine Leitfrage formulieren

1. Welche Frage(n) soll(en) beantwortet werden?

Informationen zur Quelle und deren Inhalt erfassen

2. Wer war der Autor/die Autorin der Quelle/der Darstellung?
3. Wann und wo wurde die Quelle/die Darstellung geschrieben?
4. An wen war der Text gerichtet?
5. Was ist die Hauptaussage des Textes?

Ein historisches Sachurteil bilden

6. Welches Interesse verfolgt die Autorin/der Autor und wie ist der Inhalt der Quelle/der Darstellung zu beurteilen (z. B.: was wollte der Redner erreichen)?
7. Wie würden die Zeitgenossen aus ihrer Zeit heraus die Leitfrage beantworten und begründen?
8. Wie könnte die Leitfrage aus einer anderen Perspektive anhand von weiteren Quellen und/oder Darstellungen beantwortet werden (z. B. unterschiedliche Sichtweisen von Beteiligten)?

Ein historisches Werturteil bilden

9. Wie würdest du aus heutiger Sicht die Leitfrage beantworten?

• Das Internet nutzen S. 182

Suche beginnen

1. Zu welchem historischen Thema suche ich Informationen?
2. Welche Internet-Suchmaschine wähle ich aus?
3. Welche Internethinweise gibt das Schulbuch?

Suchabsicht festlegen

4. Welche Suchwörter helfen mir zur Beantwortung meiner Fragen weiter?

Überblick über das Suchergebnis bekommen

5. Welche Links sind interessant und brauchbar für mich?
6. Welche Links stammen von glaubwürdigen Anbietern?

Ergebnisse ordnen

7. Wie gehe ich mit den Informationen einer Webseite um?

Informationen sichern und auswerten

8. Wie halte ich die gefundenen Informationen fest?

• Historische Spielfilme untersuchen S. 52

Formale Betrachtung

1. Wer sind Regisseur und Drehbuchautor?
2. Wann und in welchem Land wurde der Film produziert?
3. Welche Schauspieler sind beteiligt?
4. Wie lang ist der Film?

Filminhalt und historischen Zusammenhang untersuchen

5. Mit welchem historischen Thema setzt sich der Film auseinander?
6. Wie lässt sich die Handlung kurz zusammenfassen?
7. Wer sind die Hauptfiguren?

Botschaft des Films erfassen und bewerten

8. Welche Wirkung verfolgt der Film?
9. Halten sich die Filmmacher an die historische Wirklichkeit?

Lexikon

Im Lexikon werden Fremdwörter, historische Begriffe und Ereignisse erläutert, die in den Texten dieses Buches vorkommen und mit einem * versehen sind. Die Fachbegriffe, die auf den Themenseiten erklärt werden, haben einen Verweis auf die entsprechende Seite.

A

Abbasiden, eine muslimische Herrscherdynastie, die auf den Onkel Mohammeds zurückgeht. Von 749/750 bis 1258 stellten die Abbasiden die → Kalifen.

Abt/Äbtissin, Vorsteher/in einer klösterlichen Gemeinschaft (Abtei). Die Mönche und Nonnen müssen ihnen gegenüber Gehorsam leisten.

Adel/Adlige, bestimmte Personen in einer Gesellschaft, die besondere Rechte genießen. Sie gehören meist schon durch Geburt den herrschenden oder besonders einflussreichen Familien an.

Almosen, kleinere Spende für Bedürftige.

Altertum/Antike, Zeitabschnitt nach der nichtschriftlichen Vor- und Frühgeschichte; beginnend mit den frühen Hochkulturen um 3000 v. Chr., endend mit dem Zerfall des Weströmischen Reichs ca. 500 n. Chr. Die Zeit der klassischen Antike beginnt mit Griechenland um ca. 1000 v. Chr. und endet um 500 n. Chr.

Amphitheater, große Arena, in der u. a. Gladiatorenkämpfe stattfanden.

Annuität, Bezeichnung für feste Traditionen römischer Ämter. Von alters her galt bei den Römern, dass ein Magistrat sein Amt immer nur für ein Jahr ausüben durfte.

Archäologie (griech. Altertumskunde), Wissenschaft, die sich mit Überresten aus Ausgrabungen beschäftigt.

B

Berber, Bezeichnung für einen nordafrikanischen Volksstamm.

Bischof, ursprünglich Vorsteher der christlichen Gemeinden. Seit dem 4. Jh. verwaltete der Bischof als oberster Priester ein bestimmtes Gebiet (Diözese). Im Frühmittelalter wurden die Bischöfe häufig vom König eingesetzt. Dies änderte sich nach dem Wormser Konkordat 1122.

Bürger, in der Antike alle Personen, die am politischen Leben aktiv teilnahmen und das → Bürgerrecht besaßen, im Mittelalter vor allem die städtischen Kaufleute und Handwerker. Im Gegensatz zur Landbevölkerung wurden im Laufe des Mittelalters die Stadtbewohner persönlich frei, konnten über ihren Besitz ungehindert verfügen und unterstanden einem eigenen Richter. Die wichtigsten Pflichten der Bürger waren Steuerzahlung und Stadtverteidigung.

Bürgerrecht, römischer Bürger konnte man durch Geburt werden, d. h. wenn beide Eltern römische Bürger waren, durch Verleihung des Bürgerrechts oder Freilassung. Zunächst waren nur die Bewohner Roms römische Bürger, später wurde das Bürgerrecht auch anderen Bewohnern des Reichs verliehen.
In der mittelalterlichen Stadt besaßen Bürger das Recht, Grundbesitz frei zu verkaufen und zu vererben; auch konnten sie ihren Wohnsitz wechseln. Ursprünglich besaßen nur wohlhabende Kaufleute und Handwerksmeister das Bürgerrecht; sie allein wählten den Rat und besetzten die städtischen Ämter. Frauen nahmen an den Rechten nur durch ihre Männer teil. Juden, Gesellen, Mägde und Tagelöhner waren meist vom Bürgerrecht ausgeschlossen.

D

Deutsche Ostsiedlung, Bezeichnung für die Kolonisation östlicher Gebiete ab Mitte des 12. Jahrhunderts. „Deutsche" genannt, weil die Neusiedler überwiegend aus den westlichen deutschen Ländern kamen und weil die neuen Städte überwiegend nach deutschem Stadtrecht gegründet wurden.

Diaspora, bezeichnet allgemein das Leben einer Gemeinschaft von Menschen in der Fremde, die ihre Heimat aus kulturellen oder religiösen verlassen mussten. Vor allem Bezeichnung für das Gebiet, in dem die Juden nach Vertreibung aus Palästina über weite Teile Europas verstreut waren und unter Andersgläubigen lebten.

Diktator, in der römischen Republik konnte für besondere Krisensituationen auf Vorschlag des Senats einer der beiden Konsuln einen Diktator als außerordentlichen Beamten ernennen. Dieser bekam große Vollmachten. Seine Amtszeit (die Diktatur) war auf höchstens sechs Monate beschränkt. Die übrigen Magistrate (Beamten) blieben während dieser Zeit im Amt, waren jedoch dem Diktator untergeordnet. Die Diktatoren der späten Republik, z. B. Sulla und Caesar, haben nichts mehr mit dem ursprünglichen Amt zu tun, denn Amtsdauer und Machtfülle waren nicht mehr beschränkt, sie waren Alleinherrscher.

Dreifelderwirtschaft, bei dieser landwirtschaftlichen Nutzung des Bodens wird das Ackerland eines Dorfes dreigeteilt. Auf einem wird Wintergetreide und auf einem anderen Sommergetreide angebaut; der dritte Teil bleibt ungenutzt (Brache). Auf jedem Feld wechseln diese Anbauformen im festen Rhythmus; es kann sich also in jedem dritten Jahr erholen.

Dschihad, arabische Bezeichnung für „Heiliger Krieg". So bezeichnen Muslime den Kampf zur Verteidigung und Verbreitung des Islam.

Dynastie, Bezeichnung für ein Herrschergeschlecht oder eine Herrscherfamilie.

E

Expansion, zum Beispiel die Ausdehnung des Römischen Reichs. Durch Kriege und politische Entscheidungen dehnte sich das Römische Reich auf bis dahin nichtrömische Städte und Länder aus, die dann von Römern regiert wurden.

F

Familie, die römische „familia" bestand aus dem pater familias (Familienoberhaupt), dessen Kindern, Enkeln und Urenkeln, aber auch Sklaven und Klienten. Der pater familias hatte über alle Dinge und Personen seiner familia Gewalt. Im Mittelalter verstand man unter „Familie" die Gemeinschaft aller Menschen eines → Fronhofes (vom Grundherrn bis zum unfreien Bauern). In der Stadt sprach man vom „ganzen Haus" und meinte damit alle in einem Haushalt zusammenlebenden Menschen.

Fanatismus, Besessenheit von einer Idee oder Ideologie, für die man sich auch mit Gewalt gegenüber Andersdenkenden einsetzt.

Fehde, bezeichnete im Mittelalter eine Feindschaft oder einen Privatkrieg zwischen Parteien (z. B. Städten oder adligen Familien) zur Durchsetzung vermeintlichen Rechts, wenn keine Gerichtsbarkeit angerufen werden konnte.

Forum Romanum, großer Marktplatz und Mittelpunkt der Stadt Rom. Dort befanden sich die prunkvollsten Bauwerke und Tempel der Stadt.

Fronhof, Haupthof und Mittelpunkt einer Grundherrschaft. Er umfasste das Herrenhaus, die Wirtschaftsgebäude sowie Äcker, Wiesen und Wälder. Auf dem Fronhof tagte das Hofgericht des Grundherrn, dem alle Angehörigen des Fronhofes, auch die Hörigen, unterworfen waren. Vom 12. Jh. an wurden die Fronhöfe meist aufgelöst und das Land an die Bauern verpachtet.

G

Germanen/Germanien, Sammelname für viele einzelne Völker und Stämme in Nord- und Mitteleuropa, die der indogermanischen Sprachfamilie angehören. Besonders in den letzten beiden Jahrhunderten v. Chr. versuchten germanische Stämme sich nach Westen und Süden auszubreiten.

Gewerbe, selbstständige, auf eigene Verantwortung betriebene Arbeit, bei der etwas hergestellt wird. Meist werden damit Handwerks- oder Industriebetriebe umschrieben.

Ghetto, besonderes Stadtviertel oder eine Straße, in der die Juden leben mussten.

Gottesgnadentum, siehe S. 69

Graf(schaft), Graf hieß im frühen Mittelalter der königliche Amtsträger, der in seinem Bereich (Grafschaft) die hohe Gerichtsbarkeit ausübte, zur Heeresfolge aufrief und den Frieden im Inneren sicherte. Das Amt wurde im 9. Jh. erblich und vom örtlichen Adel übernommen, der selbst neue Grafschaften gründete. Einige Grafen bauten ihre Herrschaftsbereiche seit dem 12. Jh. zu eigenständigen Gebieten aus und wurden damit zu Landesherren.

Gründungsmythos, eine Erzählung über einen bestimmten Ursprung, die teilweise erfunden wurde, aber als verbindlich wahrgenommen wird.

Grundherrschaft, z. B. ein Adliger, ein Kloster oder ein Bischof verfügte über das Obereigentum an Grund und Boden. Der Grundherr überließ abhängigen Bauern, den Grundholden (= Hörigen), Land zur Bewirtschaftung. Für den Schutz, den er gewährte, waren die Hörigen zu Abgaben und Frondiensten verpflichtet. Gänzlich unfreie Bauern, die Leibeigenen, arbeiteten auf dem Herrenland bzw. auf Fronhöfen, die den Mittelpunkt einer Grundherrschaft bildeten.

H

Hadithe, Bezeichnung für die mündlichen und schriftlichen Überlieferung des Propheten Mohammed.

Hanse, siehe S. 119

Heiliges Römisches Reich (im 15. Jahrhundert mit dem Zusatz „Deutscher Nation"), Bezeichnung für den Herrschaftsbereich der deutschen Könige und Kaiser vom Mittelalter bis zum Jahr 1806.

Herzog(tum), ursprünglich waren Herzöge Anführer ihres Stammes. Als im 9. Jh. die Herrschaft der fränkischen Könige schwächer wurde, entwickelten sich in den Gebieten der einzelnen Stämme Adlige zu mächtigen Anführern. Macht und Stellung dieser Stammesherzöge war der des Königs vergleichbar: Sie waren oberste Richter, erließen Gesetze, riefen zur Heeresfolge auf und sicherten den Frieden ihres Stammes.

Hörige → Leibeigene

I

Imperium Romanum, siehe S. 15

Insignien, siehe S. 70

Investitur, siehe S. 74

Islam (arab. islam = Hingabe an Gott, Ergebung in Gottes Willen), der Islam bekennt sich wie Judentum und Christentum zu einem Gott. Grundlage des Islam ist der → Koran. Der Islam wurde zu Beginn des 7. Jh. durch den Propheten Mohammed begründet.

J

Juden(tum), Bezeichnung sowohl für die Religion, die Tradition, die Philosophie als auch die Gesamtheit der Juden; erste monotheistische Religion. Die Heilige Schrift der Juden ist die Thora (hebr. = Lehre). Das sind die fünf Bücher Mose, die dem Volk der Juden von Gott übergeben wurden. Der Ort des jüdischen Gottesdienstes ist die Synagoge.

Jüngstes Gericht, beim „Jüngsten Gericht" werden nach dem Christentum alle Menschen auferstehen und jeder wird von Christus entweder zur ewigen Glückseligkeit im Himmel oder zur ewigen Verdammnis in der Hölle verurteilt.

K

Kaiser, siehe S. 66

Kalif (arabisch chalifa = Stellvertreter), Titel islamischer Herrscher als Nachfolger Mohammeds.

Kirchenbann, begeht ein Mensch ein schweres Verbrechen oder weicht er von der rechten Lehre ab, so kann die Kirche als schärfste Strafe über ihn den Kirchenbann (Exkommunikation) verhängen, so wie die weltliche Gewalt die Reichsacht aussprechen kann. Damit wird er von den Sakramenten (z. B. Abendmahl) und aus der christlichen Gemeinschaft ausgeschlossen. Nach auferlegter Buße konnte der Kirchenbann wieder aufgehoben werden.

Kleriker/Klerus, allgemein der Geistliche; in der katholischen Kirche der Amtsträger; zu ihm gehören alle Personen, die durch eine kirchliche Weihe in den Dienst der Kirche getreten sind (Geistliche). Der höhere Klerus – Bischöfe, Äbte u. a. – gehörte in der Regel dem Adel an. Angehörige des niederen Klerus, z. B. Dorfpfarrer oder einfache Mönche, stammten auch aus dem Bürgertum.

Kloster, (lat. claustrum = Verschluss) ein gegenüber der Außenwelt „abgeschlossener Ort", in dem Mönche oder Nonnen leben. Die Leitung eines Klosters liegt in der Hand eines Abtes oder einer Äbtissin. Mönche und Nonnen legen beim Eintritt ins Kloster ein Gelübde ab, ihr Leben lang einer schriftlich überlieferten Ordensregel zu folgen. Sie dürfen nicht heiraten und müssen auf privaten Besitz verzichten.

Knappe, war im Mittelalter eine Bezeichnung für einen Jungen, der sich in der Ausbildung zum Ritter befand. Ein Knappe musste einem anderen Ritter Dienst tun. Die Ausbildung zum Ritter durchlief drei Phasen: Mit 7 Jahren wurde der Junge als Page an einen fremden Hof zu einem Ritter geschickt. Mit 14 wurde er Knappe. Mit 21 Jahren war die Ausbildung zum Ritter beendet.

Kolonisation, in der Antike Gründung von Siedlungen außerhalb der Heimat durch Griechen und Römer. Im Mittelalter Bezeichnung für die von Kolonisatoren durch Waldrodung, Anlage von Feldern und Gründung von Dörfern und Städten neu erschlossenen Gebiete (Ostkolonisation).

König, Adliger, der gegenüber den Herzögen (ursprünglich Heerführer, dann Anführer eines Stammes als dauerhaftes Amt, z. B. Stammesherzog) über die höheren Herrschaftsrechte verfügte.

Konsuln, die beiden höchsten zivilen und militärischen Amtsträger der römischen Republik. Um zu verhindern, dass ein Konsul zu mächtig werden konnte, standen immer zwei Konsuln an der Spitze des römischen Staates.

Koran, das bedeutendste Buch des Islam. Im Arabischen bedeutet das Wort Qur'an so viel wie „Lesung" oder „Vortrag". Darin enthalten sind die Offenbarungen des Erzengels Gabriel, die er im Jahre 610 Mohammed verkündet haben soll. Der Koran besteht aus 114 Kapiteln, den sogenannten Suren. Diese umfassen mehr als 6000 Verse.

Kreuzfahrerstaaten, die Kreuzfahrer gründeten im Verlauf des Ersten Kreuzzuges entlang der östlichen Mittelmeerküste vier sogenannte Kreuzfahrerstaaten: die Grafschaft Edessa, das Fürstentum Antiochia, die Grafschaft Tripolis und das Königreich Jerusalem.

Kreuzritter, Bezeichnung für einen Kämpfer, der an einem → Kreuzzug teilnahm. Nach dem Aufruf des Papstes zum Kreuzzug sollten Herzöge, Fürsten, Grafen und auch Könige und Kaiser als christliche Ritter ins Heilige Land ziehen und gegen ungläubige Muslime kämpfen.

Kreuzzüge, siehe S. 143

Krönung, eine feierliche Zeremonie, durch die ein mittelalterlicher Herrscher die Macht als Regent erhielt. Zeichen seiner Macht waren die → Insignien. Eine Krönung fand im Mittelalter nach einem seit Otto I. gültigen Ablauf (→ Ritual) statt.

Kulturlandschaft, Bezeichnung für Landschaften, die durch den Eingriff der Menschen verändert bzw. nutzbar gemacht wurden (z. B. durch Rodung oder Trockenlegung von Sümpfen).

Kurfürst, einer der ranghöchsten Fürsten des Heiligen Deutschen Reichs. Den Kurfürsten stand seit der Goldenen Bulle 1356 das Recht der Königswahl zu.

L

Landesherr, siehe S. 76

Legitimation, Rechtmäßigkeit der Macht, basierend auf Anerkennung durch das Volk, Geburt oder göttliche Fügung (→ Gottesgnadentum).

Lehnswesen, war ein vom Lehnsherrn an den Lehnsmann (Vasall) lebenslang geliehenes Gut, für das der Vasall dem Herrn Dienste leistete (gegenseitige Abhängigkeit). Lehnsherr und Vasall begaben sich in ein gegenseitig verpflichtendes Verhältnis, in dem beide einander Treue schuldeten: Der Herr erwartete im Frieden Rat und im Kriegsfall militärische Hilfe. Als Gegenleistung belohnt der Herr den Vasallen mit einem Lehen (siehe auch Schaubild S. 89).

Lehnwort, Bezeichnung für ein Wort, das aus einer fremden Sprache übernommen wurde, es wurde dabei in Aussprache und Schreibweise der übernehmenden Sprache angepasst.

Leibeigene/Hörige, waren persönlich abhängig von ihrem Herrn (Leibherrn). Die Leibeigenen erhielten vom Grundherrn Land zur Bewirtschaftung und mussten dafür Abgaben und Dienste leisten. Sie waren an das ihnen übergebene Land gebunden und konnten zusammen damit verkauft werden. Ohne Zustimmung des Herrn konnten sie nicht heiraten und mussten an ihn eine jährliche Kopfsteuer (vielfach ein Huhn) entrichten.

Limes, die Grenzbefestigung zwischen dem Römischen Reich und den von verschiedenen germanischen Völkern beherrschten Gebieten.

Lokator, Bezeichnung für einen Siedlungsunternehmer während der → deutschen Ostsiedlung. Lokatoren warben Neusiedler an. Sie organisierten den Aufbau von Dörfern und Städten in den neu besiedelten Gebieten.

M

Menschenrechte, Rechte, die jedem Menschen allein durch seine Geburt zustehen, unabhängig von seiner Herkunft, seiner Stellung in Staat, Gesellschaft, Familie und Beruf sowie seiner Religion und Kultur. Auch andere Merkmale, wie Hautfarbe, Geschlecht und Sprache, lassen die jedem zustehenden Menschenrechte unberührt.

Märtyrer, Bezeichnung für eine Person, die aufgrund ihres Glaubens Verfolgungen, schweres körperliches Leid und sogar den Tod auf sich nimmt.

Ministeriale (Dienstmannen), waren ursprünglich Unfreie. Seit dem 10. Jh. wurden sie von ihren Herren mit Verwaltungs- und Kriegsdiensten beauftragt.

Minnedienst, war im Mittelalter der höfische Dienst eines Ritters zur Verehrung einer Frau.

Missionare/Missionierung, siehe S. 64

Mittelalter, der Begriff bezeichnet den Zeitraum zwischen 500 n. Chr. und 1500 n. Chr., der Zeit zwischen Antike und Neuzeit in der Geschichte Europas. Die Völkerwanderungen, das Ende des Weströmischen Reichs 476 n. Chr., die Gründung des Frankenreichs um 500 n. Chr. und der Aufstieg des Islam (7. Jh.) werden als Beginn einer neuen Epoche gesehen. Sie endet um 1500 in einer Zeit wichtiger Erfindungen und Entdeckungen (1492 Amerika) und religiöser Umwälzungen (1517 Reformation).

Monotheismus (griech. monos = einzig), der Glaube an einen einzigen Gott. Das Christentum, der Islam und das Judentum sind monotheistische Religionen.

Muslimisch, dem Islam angehören.

Mythos → Gründungsmythos

N

Neuzeit, bezeichnet in der Geschichte Europas den Zeitraum von etwa 1500 bis zur Gegenwart. Die Abgrenzung zum Mittelalter wird mit dem Wandel durch Humanismus, Renaissance, der Entdeckung Amerikas und der Reformation begründet.

O

Optimaten (lat.), in der ausgehenden römischen Republik (1. Jh. v. Chr.) Bezeichnung für die Anhänger der Partei des Adels und der herrschenden Familien (Senatspartei), die im Gegensatz zu den → Popularen stand.

Orden, Gemeinschaft von Männern oder Frauen, die sich durch Gelübde verpflichten, ihr Leben in den Dienst Gottes zu stellen. Sie gelobten Armut, ein eheloses Leben und Gehorsam gegenüber dem Abt oder der Äbtissin. Sie ziehen sich aus der Welt zurück und leben nach festen Regeln in einem Kloster.

P

Patrizier, im Römischen Reich einflussreiche römische Adlige, im Mittelalter die Angehörigen der städtischen Oberschicht.

Pfalz, der Begriff „Pfalz“ leitet sich vom Wohnsitz der antiken römischen Kaiser auf dem Hügel Palatin ab. Im deutschen Sprachgebrauch entstand daraus das Wort „Palast“. Burgen und Pfalzen waren für das mittelalterliche Königtum Stützpunkte der Macht.

Plebejer/Proletarier (lat. plebs = niederes Volk), die gesamte Bevölkerung im Römischen Reich, die nicht zu den Patriziern gehörte. Als Proletarier galten Bürger der untersten Klasse, die keinen Besitz hatten und keine Steuern zahlten.

Pogrom, Bezeichnung für gewalttätige Ausschreitungen und Verfolgungen gegen Menschen, die einer Minderheit angehören, im Mittelalter besonders gewaltsame Ausschreitungen gegen Juden im Zusammenhang mit den Kreuzzügen und der Pest.

Polytheismus, nach den griechischen Wörtern polys = viel und theos = Gott die Bezeichnung für den Glauben an viele Götter. Polytheistische Religionen, wie die der Alten Ägypter, Griechen und Römer, gibt es auch heute noch, z. B. den Hinduismus. Im Gegensatz dazu bezeichnet der Monotheismus (griech. monos = einzig) den Glauben an einen einzigen Gott.

Prinzipat, siehe S. 28

Privilegien (lat. = Sonderrechte), eine Rechtsvereinbarung, die nur für eine bestimmte Gruppe von Personen gültig ist. Im Mittelalter wurden Privilegien von einem weltlichen oder geistlichen Herrn verliehen und meistens in einer Urkunde festgehalten.

Prophet, Bezeichnung für eine Person, die sich von Gott berufen fühlt, um göttliche Botschaften zu verkünden.

Provinz, siehe S. 15

R

Raubritter, siehe S. 105

Reichsacht, bei schweren Vergehen (z. B. Mord) konnten der König bzw. Kaiser oder ein von ihm beauftragter Richter den Täter ächten. Dieser war damit aus der Gemeinschaft ausgestoßen und im gesamten Reich vogelfrei. Jeder hatte das Recht, einen Geächteten zu töten. Der Geächtete verlor seinen Besitz, und wer ihn aufnahm, verfiel selbst der Reichsacht.

Reichsfürst, hoher Adliger im Mittelalter, der keinen Lehnsherrn zwischen sich und dem König hatte.

Reichsstadt, im Heiligen Römischen Reich (bis 1806) gab es Städte, die unmittelbar dem König bzw. dem Kaiser unterstanden. Diese Reichsstädte zahlten zwar Steuern und sollten die Politik des Herrschers unterstützen, die inneren Angelegenheiten konnte der Rat der Stadt jedoch selbst regeln.

Reichstag, im Deutschen Reich des Mittelalters rief der König die Vertreter der Reichsstände (Reichsfürsten, Vertreter der Reichs- und Bischofsstädte) zu Hoftagen zusammen. Diese Versammlung wurde seit 1495 Reichstag genannt.

Ritter, adlige Reiterkrieger. Als Gruppe entstanden sie in den Kriegen des 9./10. Jh. Seit dem 12. Jh. bildeten sie einen Stand mit eigenen Idealen wie Treue und Gefolgschaft. Ihr Niedergang begann im 14. Jh.

Romanisierung, siehe S. 44

S

Salbung, war im Mittelalter eine symbolische Handlung der Übertragung und Legitimation politischer Macht an einen König oder Kaiser. Die Salbung wurde mit heiligem Öl durch den Papst durchgeführt.

Sassanidenreich, persisches Großreich, das vom 3. bis 7. Jahrhundert im Nahen und Mittleren Osten bestand und ein Rivale des Römischen Reiches in der Spätantike war.

Senat (lat. senex = Greis), Rat der Ältesten, eigentliches Regierungsorgan in der römischen Republik.

Sklave, nach römischem Recht waren Sklaven eine Sache, über die der Besitzer frei verfügen konnte. Sklaven wurden im Römischen Reich im Bergbau und in der Landwirtschaft eingesetzt, sie waren auch im Haushalt, als Hauslehrer, im Handwerk und in der Verwaltung tätig. Das Sklavendasein war aber nicht unabänderlich: Sklaven konnten von ihren Herren freigelassen werden.

Sorben, ein westslawisches Volk, wobei heute die Obersorben in der sächsischen Oberlausitz mit dem Zentrum Bautzen und die Niedersorben (auch als Wenden bezeichnet) in der brandenburgischen Niederlausitz mit dem Zentrum Cottbus leben. Die Sorben sind als nationale Minderheit in Brandenburg und Sachsen anerkannt und haben eine eigene Sprache und Kultur. Während der Völkerwanderung im 6. Jahrhundert wanderten westslawische Stämme in das Gebiet zwischen Elbe und Saale ein. Als Sorben wurden zuerst die Stammesverbände zwischen Saale und Mulde bezeichnet. Erst im Laufe des Mittelalters wurde der Name Sorben dann auf die in der Lausitz siedelnden Lusitzer und Milzener übertragen.

Staatsreligion, bezeichnet das innerhalb eines Staates als einziges anerkannte oder dominierendes Glaubensbekenntnis. Das Christentum wurde im Römischen Reich 395 als Staatsreligion anerkannt.

Städtebund → Hanse

„Stadtluft macht frei", siehe S. 113

Stadtrecht, siehe S. 109

Stände, gesellschaftliche Gruppen, die sich voneinander durch Herkunft, Beruf und eigene Rechte abgrenzen. Im Mittelalter unterschied man zwischen dem Stand der Geistlichen, des Adels und der Bauern. In der städtischen Gesellschaft kamen noch die Bürger hinzu.

Ständeordnung, im Mittelalter bestimmte die Geburt, zu welchem Stand ein Mensch gehörte. Seit dem

11. Jh. wurde die Gesellschaft nach der Dreiständelehre eingeteilt. Nicht erfasst wurden von dem Ständemodell Frauen, Kinder oder die Juden. Berufe wie die des Totengräbers, Henkers, aber auch Gruppen wie Schausteller und Bettler zählten zu keinem Stand.

Sunniten und Schiiten, unter den Nachfolgern Mohammeds trennten sich die Muslime in Sunniten und Schiiten. Die Sunniten erkannten alle Kalifen als rechtmäßige Führer der Gemeinde an, die Mohammeds Worten und Taten folgten (arabisch sunna = gewohnte Handlung). Sie stellen heute mit 90 Prozent den Hauptanteil der Muslime weltweit. Eine andere Gruppe folgte nur dem Kalifen Ali, einem Schwiegersohn Mohammeds. Aus seinen Anhängern bildeten sich die Schiiten (arabisch schia = Partei). Sie stellen heute im Iran und im Osten des Irak die Mehrheit der Muslime.

T

Talmud (hebr.= „Belehrung" oder „Lehre"), neben der Thora die wichtigste Schrift des Judentums. Im Talmud werden die 613 Gebote und Verbote der Thora erklärt.

Tanach, Bezeichnung für die Heilige Schrift der Juden. Er besteht aus drei Teilen: Thora, Nevi´im und Ketuvim. Der Ort des jüdischen Gottesdienstes und des Gebets ist die Synagoge.

Territorium/Territorialisierung, bezeichnet die Herausbildung von Landesherrschaft vom 11. bis zum 14. Jh.; damit einhergehend kommt es zum langfristigen Machtverlust des Königs. Der entstandene Flächenstaat (Territorium) wird von einem geistlichen oder weltlichen Fürsten regiert und von Beamten verwaltet.

Thermen, siehe S. 40

Thora, erster Teil der Heiligen Schrift der Juden mit den fünf Büchern Mose.

Tribute, als „tributum" kann fast jede Abgabe bezeichnet werden, die an den römischen Staat geleistet werden musste.

Triumvirat (lat. Bündnis von drei Männern), Pompeius, Crassus und Caesar schlossen sich in einem Triumvirat zusammen, um gemeinsam die Herrschaft über den römischen Staat auszuüben.

V

Varusschlacht, Schlacht zwischen dem römischen Heer unter dem Feldherrn Varus und germanischen Kriegern unter dem Cheruskerfürsten Arminius im Teutoburger Wald, in der das römische Herr vernichtend geschlagen wurde. Bis heute ist der genaue Ort nicht bekannt, an dem die Schlacht stattgefunden hat. Funde lassen es wahrscheinlich erscheinen, dass es bei Kalkriese bei Osnabrück war.

Vasall (keltisch = Knecht), ein Lehnsmann, der von einem Lehnsherrn abhängig ist und für ihn Dienste leisten muss.

Volksversammlung, wenn alle stimmberechtigen Bürger eines Staates zusammentreffen, um ihre politischen Rechte wahrzunehmen, spricht man von einer Volksversammlung.

Völkerwanderung, Bezeichnung für eine Völkerbewegung, die ihre Ursache in Landmangel, Klimaverschlechterung oder Vertreibung durch andere Völker hat. Mit dem Begriff wird üblicherweise die germanische Völkerwanderung zwischen 300 und 500 n. Chr. benannt, die 375 n. Chr. mit dem Einfall der Hunnen in Europa ihren Höhepunkt hatte.

W

Westgoten, Bezeichnung für ein germanisches Volk, das sich seit dem 3. Jh. mehrfach in Konflikten mit dem Römischen Reich befand. Im Zuge der → Völkerwanderungen gründeten sie auf dem Boden des römischen Imperiums ein eigenes Reich. Das Reich der Westgoten befand sich im heutigen Spanien und Frankreich und endete 711.

Westslawen, slawische Völker, die vom 6. bis 8. Jahrhundert in das Gebiet zwischen Elbe und Oder einwanderten und dort siedelten. Im 10. Jahrhundert wurden ihre Gebiete größtenteils von deutschen Reiterheeren erobert und die einzelnen slawischen Stämme christianisiert.

Wettiner, eines der ältesten Adelsgeschlechter in Deutschland, aus dem sich seit dem 11. Jh. von der Mark Meißen aus die Landesherrschaft in Sachsen entwickelt hat. Das Fürstengeschlecht der Wettiner erreichte im 14. Jh. die Kurwürde und stieg damit zu den sieben Reichsfürsten auf.

Wormser Konkordat, Regelung der → Investitur (1122). Ein Bischof hat sowohl weltliche als auch geistliche Aufgaben: Er verwaltet den Besitz der Kirche und die Sakramente; die weltlichen Herrschaftsrechte verleiht ihm der König, die geistlichen Aufgaben werden ihm von der Kirche übertragen.

Z

Zehnt, war eine regelmäßige Abgabe an die Kirche, die ursprünglich ein Zehntel des landwirtschaftlichen Ertrags (Getreide, Vieh, Gemüse, Früchte, Wein) betrug. Der Zehnt wurde zwischen dem Bischof, dem Pfarrer und der Armenfürsorge aufgeteilt.

Zunft, siehe S. 114.

Register

Die mit einem * versehenen Begriffe werden im Lexikon näher erklärt.

Bildquellen

Abbildungen:
Cover U1: akg-images/Bildarchiv Monheim/Paul M. R. Maeyert; 3 ob. re. bpk/Scala; 3 unt. re Herzog August Bibliothek Wolfenbüttel: Cod Guelf. 3.1 Aug. 2° fol. 10R; 4 ob. re. bpk/Hermann Buresch; 4 unt. re. Bayerische Staatsbigliothek/Clm 193,III, fol. 1v; 5 ob. re bpk-Bildarchiv/Knut Petersen; 5 unt. re. bpk-Bildarchiv/Knut Petersen; 10–11 bpk-Bildagentur/Scala; 13 M2 akg-images/Erich Lessing; 13 M3 akg-images/De Agostini Picture Lib./Publiar Foto ; 13 M4 akg-images/Bildarchiv Steffens; 16 M1 brigdemanart.com; 18 M1 akg-images/Werner Forman; 19 M2, Vorder- und Rückseite Numismatische Bilddatenbank Eichstätt; 22 M1 bpk-Bildagentur/Scala; 22 M2 akg-images/Tristan Lafranchis; 23 M3 agk-images/De Agostini/W. Buss; 24 M1 akg-images/Erich Lessing; 26 M1 akg-images; 27 M2 Staatliche Münzsammlung München; 27 M3 akg-images/Bible Land Pictures; 28, M1 u. 53 ob. M1 bpk/Scala; 30 M1 bpk/DeAPcture Library; 32 M2 akg-images/Bildarchiv Steffens; 36 M1 akg images; 36 M2 akg-images/Erich Lessing; 37 M3 li akg-images/Album/Prisma; 37 M3 re, bpk/Münzkabinett, SMB/Reinhard Saczewski; 38 M1 akg-images/Heritage-Images/CM Dixon; 39 M3 akg-images; 39 M4 bpk/Scala – courtesy of the Ministero Beni e Att. Culturali; 39 M5 Bridgeman Images/De Agostini Picture Library/G. Dagli Orti; 40 M1 Mauritius images/image-BROKER/Katja Kreder; 41 M3 Kulturamt der Stadt Kempten – R. Mayrock; 41 M5 ASTERIX®- OBELIX®- IDEFIX®/© 2019 LES EDITIONS ALBERT RENE/GOSCINNY – UDERZO; 42 M2 akg-images/Bildarchiv Steffens; 43 M4 stock.adobe.com/alebri78; 47 M2 akg-images/Museum Kalkriese; 48 M1 Bridgeman; 49 M3 akg-images; 50 M1 ASTERIX®- OBELIX®- IDEFIX®/© 2019 LES EDITIONS ALBERT RENE/GOSCINNY – UDERZO; 52 ZL li. akg-images/Pirozzi; ; 54 M2 Ulrich Sauerborn, Limesmuseum Aalen; 55 M3 DDP-Images; 56-57 akg-images/Nimatallah; 59 M2 bpk-Bildagentur; 59 M3 picture alliance/Pacific Press; 59 M4 akg-images; 60 M1 picture-alliance/Artcolor; 62 M1 Württembergische Landesbibliothek Stuttgart; 63 M2 Bridgeman Images/De Agostini Picture Library/A. Dagli Orti; 64m M1 akg-images; 66 M1 bpk/RMN – Grand Palais/Jean-Gilles Berizzi; 67 M2 Picture-Alliance/dpa; 69 M2 akg-images/Mondadori-Portfolio; 70 oben akg-images; 72 M1 akg-images/De Agostini Picture Lib.; 73 M2 akg images; 74 M1 Herzog August Bibliothek Wolfenbüttel: Cod Guelf. 3.1 Aug. 2° fol. 10R; 75 unt. li. bpk-Bildagentur/Bildarchiv Foto Marburg/Thomas Scheidt; 75 unt. re Bridgeman Images; 76 M1 bpk-Bildagentur; 77 M4 akg-images; 80 M1 akg-images; 82-83 bpk-Bildagentur/Scala – cortesy of the Ministero Beni e Att. Culturali; 84 M1 Buyenlarge Archive/UIG/Bridgeman Images; 85 M2 u. 122 unt.li. akg-images; 85 M3 akg-images/British Library; 85 M4 akg-images; 86 M1 akg-images; 88 M1 akg-images; 90 M1 akg-images; 90 M2 li. akg images; 90 M2 re. akg-images; 93 M2akg images/British Library; 93 M3 akg images; 94 M1 akg-images/North Wind Picture Archives; 95, M2 u. 123 ob. li. bpk/RMN – Grand Palais/René-Gabriel Ojéda; 95 M3 li. u. re. INTERFOTO/Karl-Heinz Hänel; 95M3 re. mauritius images/imageBROKER/Moritz Wolf; 96 M1 bpk/Hermann Buresch; 101 M2 akg-images/euroluftbild/Robert Grahn; 102 M1 bpk-Bildagentur/RMN – Grand Palais/René Gabriel Ojéda; 102 M2 akg-images/Erich Lessing; 105 M4 akg-images; 106 M1 akg-images/eurobild.de/Bernd Clemens; 108 M1 akg-images; 109 M2 Stadtarchiv Freiburg i. Br.; 110 M1 u. 122 ob. li. Ecole Nationale Superieure des Beaux-Arts, Paris, France/Bridgeman Images; 111 M2 bpk/RMN – Grand Palais/Bulloz; 111 M3 The Bridgeman Art Library; 112 M1 bpk-Bildagentur; 114 M1 bpk-Bildagentur/Lutz Braun; 115 M2 bpk_Bildagentur/British Library Board; 116 M1 Bridgeman Images/De Agostini Picture Library/G. Dagli Orti; 117 M2 akg-images/Jérôme da Cunha; 118 M2 Archiv der Hansestadt Lübeck; 119 M4 u. 122 re. akg images; 120 M1 Bridgeman Images/Photo (c) Luigino Visconti; 120 M2 bpk-Bildagentur; 120 M3 akg-images/euroluftbild.de/Bernd Clemens; 122 ob. li. shutterstock/Jihan Nafiaa Zahri; 124 M2 Palazzo Pubblico, Siena, Italy/Alinari/Bridgeman Images; 126-127 akg-images/Tristan Lafranchis; 129 M2 akg-images/Bildarchiv Monheim; 129 M3 akg-images/Schütze/Rodemann ; 129 M4 F1online/Juan José Pascual/AGE; 131 M1 Berliner Dom; 131 M2 picture alliance/APN/photo Eckhard Schulz, mit freundlicher Genehmigung der IRG zu Leipzig; 131 M3 Bridgeman Images/Gogong/UIG; 132 M1 akp-images/British Library; 133 M2 bpk/Bayerische Staatsgemäldesammlung; 136 M1 Schapowalow/Reinhard Schmidt; 140 M1 akg-images/Bildarchiv Steffens; 141 M2 akg images/Hervé Champollion; 143 M1 bpk/Scala; 144 M1 akg-images; 146 M1 Bridgeman Images/© Luisa Ricciarini/Leemage; 148 M2 De Agostini Picture Library/Bridgeman Images; 149 M3 b Bayerische Staatsbigliothek/Clm 193,III, fol. 1v; 150 M1 bpk-Bildagentur/Antikensammlung, SMB/Johannes Laurentius; 152 M1 Bridgeman Images/Tarker; 153 M1 akg-images; 154 M3 akg-images/André Held; 155 M1 akg-images; 157 M2 akg-images/Hervé Champollion; 157 M3 akg-images; 157 M4 akg-images/Hilbich; 162 M1 akg-images; 166 M2 akg-images; 167 M4 bpk-Bildagentur; 167 M4 bpk-Bildarchiv/Knut Petersen; 169 M1akg-images/Bildarchiv Monheim; 170 M1 akg-images; 171 M2 akg-images.

Illustrationen, Grafiken, Karten:
Cornelsen/Thomas Binder, Magdeburg: 147 M1, 169 M1; Cornelsen/Carlos Borrell Eiköter, Berlin: Umschlag vorne, 15 M1, K1–K5, 32 M1, 41 M2, 44 M1, 49 M2, 58 M1, 61 M2, 65 M2, 67 M4, 68 M1 li. u. re., 98 M1, 119 M3, 125 M3, 128 M1, 138 M1; Cornelsen/Elisabeth Galas, Bad Breisig: 17 M2, 21 M2, 25 M2, 29 M2, 41 M2, 87 M2, 89 M2, 97 M2; Gabriele Heinisch, Berlin: 97 M2; Cornelsen/Markus Kluger, Berlin 92 M1, 97 M3, 97 M4; Cornelsen/Klaus Kühner.hüttenwerke, Hamburg: 12 M1, 46 M1, 78 M1, 107 M2, 135 M1, 156 M1, 158 M1, 159 M2, 160 M1, 165 M1, Umschlag hinten; Cornelsen/Carsten Märtin, Oldenburg: 43 M3; Cornelsen/Michael Teßmer, Hamburg: 34–35, 51 M2; Cornelsen/Hans Wunderlich, Berlin: 45 M2, 45 M3, 100 M1.